主　　编　曹士兵　中国应用法学研究所所长
副 主 编　关　毅　国家法官学院科研部主任
　　　　　刘　畅　国家法官学院科研部副主任
主编助理　边疆戈　国家法官学院科研部编辑
　　　　　苏　烽　国家法官学院科研部编辑

中国法院

2019年度案例

国家法官学院案例开发研究中心◎编

刑事案例三

（侵犯公民人身权利、民主权利罪、侵犯财产罪）

中国法制出版社
CHINA LEGAL PUBLISHING HOUSE

《中国法院年度案例》通讯编辑名单

序

法律的生命在于实施，而法律实施的核心在于法律的统一适用。《中国法院年度案例》丛书出版的价值追求，即公开精品案例，研究案例所体现的裁判方法和理念，提炼裁判规则，为司法统一贡献力量。

《中国法院年度案例》丛书，是国家法官学院于2012年开始编辑出版的一套大型案例丛书，之后每年年初定期出版，由国家法官学院案例开发研究中心具体承担编辑工作。此前，该中心坚持20余年连续不辍编辑出版了《中国审判案例要览》丛书近90卷，分中文版和英文版在海内外发行，颇有口碑，享有赞誉。现在编辑出版的《中国法院年度案例》丛书，旨在探索编辑案例的新方法、新模式，以弥补当前各种案例书的不足。该丛书2012～2018年已连续出版7套，一直受到读者的广泛好评，并迅速售罄。为更加全面地反映我国司法审判的发展进程，顺应审判实践发展的需要，响应读者需求，2014年度新增3个分册：金融纠纷、行政纠纷、刑事案例，2015年度将刑事案例调整为刑法总则案例、刑法分则案例2册，2016年度新增知识产权纠纷分册，2017年度新增执行案例分册，2018年将刑事案例扩充为4个分册。现国家法官学院案例开发研究中心及时编撰推出《中国法院2019年度案例》系列丛书，共23册。

总的说来，当前市面上的案例丛书百花齐放，既有判决书网，可以查询各地、各类的裁判文书，又有各种专门领域的案例汇编书籍，以及各种案例指导、案例参考等读物，十分活跃，也各具特色。而《中国法院年度案例》丛书则试图把案例书籍变得“好读有用”，故在编辑中坚持以下方法：一是高度提炼案例内容，控制案例篇幅，每个案例基本在3000字以内；二是突出争议焦点，剔除无效信息，尽可能在有限的篇幅内为读者提供有效、有益的信息；三是注重对案件裁判文书的再加工，大多数案例由案件的主审法官撰写“法官后语”，高度提炼、总结案例的指导价值。

同时，《中国法院年度案例》丛书还有以下特色：一是信息量大。国家法官学院案例开发研究中心每年从全国各地法院收集到的上一年度审结的典型案例超过10000件，使该丛书有广泛的选编基础，可提供给读者新近发生的全国各地的代表性案例。二是方便检索。为节约读者选取案例的时间，丛书分卷细化，每卷下还将案例主要根据案由分类编排，每个案例用一句话概括裁判规则、裁判思路或焦点问题作为主标题，让读者一目了然，迅速找到需求目标。

中国法制出版社始终全力支持《中国法院年度案例》的出版，给了作者和编辑们巨大的鼓励。2018年新推出数据库增值服务，2019年继续提供数据库增值服务并充实完善数据内容。购买本书，扫描前勒口二维码，即可在本年度免费查阅使用上一年度案例数据库。我们在此谨表谢忱，并希望通过共同努力，逐步完善，做得更好，真正探索出一条编辑案例书籍、挖掘案例价值的新路，更好地服务于学习、研究法律的读者，服务于社会，服务于国家的法治建设。

本丛书既可作为法官、检察官、律师等司法实务工作人员的办案参考和司法人员培训推荐教程，也是社会大众学法用法的极佳指导，亦是教学科研机构案例研究的精品素材。当然，案例作者和编辑在编写过程中也不能一步到位实现最初的编写愿望，可能会存在各种不足，甚至错误，欢迎读者批评指正，我们愿听取建议，并不断改进。

曹士兵

目　录

Contents

一、侵犯公民人身权利、民主权利罪

（一）故意杀人罪

（二）过失致人死亡罪

（三）故意伤害罪

（四）强奸罪

（五）强制猥亵罪

（六）猥亵儿童罪

（七）绑架罪

（八）非法拘禁罪

一、侵犯公民人身权利、民主权利罪

（一）故意杀人罪

1

故意杀人未遂与故意伤害的区别

——陈必丰故意杀人、危险驾驶案

【案件基本信息】

1. 裁判书字号

福建省厦门市同安区人民法院（2017）闽0212刑初627号刑事判决书

2. 案由：故意杀人罪、危险驾驶罪

【基本案情】

2017年6月9日晚，被告人陈必丰与同事在同安区新民镇后宅村喝酒。其间，被告人陈必丰打电话给其妻子柯某某，后双方发生口角。当晚22时许，被告人陈必丰酒后驾驶一辆无牌摩托车到位于该村的甲有限公司保安室拿走一把砍柴刀，并驾车至同安区西柯镇西柯村顶柯里××号旁大榕树下，持刀至柯某某住房楼下，欲寻找柯某某未果。

随后，被告人陈必丰为发泄心中怒火，遂持砍柴刀将路人被害人周某某、陆某某、吴某某、林某某砍伤。后被告人陈必丰又持刀到顶柯里××号出租房一楼，将被害人叶某某、顾某某等人砍伤。经鉴定：被害人吴某某损伤程度系轻微伤；被害人叶某某损伤程度系轻伤一级；被害人顾某某损伤程度为重伤二级。经抽血检测，被告人陈必丰血液中酒精含量为177.02mg/100ml，属醉酒驾驶机动车。

2017年6月9日，被告人陈必丰在该出租房一楼过道内被抓获归案，后如实供述上述犯罪事实。

【案件焦点】

被告人陈必丰的行为是故意伤害罪还是故意杀人罪（未遂），如何根据在案证据定罪。

【法院裁判要旨】

福建省厦门市同安区人民法院经审理认为：对于被告人陈必丰提出自己的行为并不是故意杀人的辩解及其辩护人所提被告人的行为应定性为故意伤害罪的辩护意见。经查，本案中被告人陈必丰酒后与妻子发生口角，继而产生杀害妻子全家的恶念，因未能进入妻子家中而未能得逞，后将怒火随意发泄在无辜路人身上，不计后果地持砍柴刀向叶某某、顾某某的头部致命部位砍打多刀，其应当预见到自己的行为会剥夺他人的生命，并且放任该结果的产生，只是因被告人意志以外的原因未能得逞，被告人陈必丰为泄私愤，砍杀多名无辜路人，致多人受伤，其中两人伤情严重，其主观恶性和社会危害性大。被告人陈必丰已着手实行故意杀人行为，由于意志以外的原因而未能得逞，系犯罪未遂，可以比照既遂犯从轻或者减轻处罚。

被告人陈必丰故意伤害造成附带民事诉讼原告人叶某某经济损失，应予赔偿。

福建省厦门市同安区人民法院依照《中华人民共和国刑法》第二百三十二条、第一百三十三条之一第一款第二项、第二十三条、第十八条第四款、第六十九条、第六十七条第三款、第六十四条、第三十六条第一款，《中华人民共和国民法通则》第一百一十九条，《中华人民共和国侵权责任法》第十六条，《中华人民共和国民事诉讼法》第六十四条以及《最高人民法院关于审理人身损害赔偿案件适用法律若干问题的解释》第十七条、第十九条、第二十条、第二十一条、第二十二条、第二十三条、第二十四条、第二十五条之规定，判决如下：

一、被告人陈必丰犯故意杀人罪，判处有期徒刑十年；犯危险驾驶罪，判处拘役二个月又十五天，并处罚金人民币3000元；数罪并罚，决定执行有期徒刑十年，并处罚金人民币3000元；

二、暂扣在公安机关的作案工具砍柴刀一把予以没收；

三、被告人陈必丰应于本判决生效之日起十日内赔偿附带民事诉讼原告人叶某某的经济损失人民币159091.86元；

四、驳回附带民事诉讼原告人叶某某的其他诉讼请求。

【法官后语】

故意杀人未遂和故意伤害区别的关键点在于行为人主观罪过内容，即行为人在主观上是否具有杀人的故意。故意杀人，是指行为人明知自己的行为会造成他人的死亡，并且希望或者放任他人死亡结果的发生，侵犯的客体是他人的生命权利；而故意伤害是指行为人对于自己的行为会造成伤害他人身体健康权利的结果是明知的，从而实施行为，侵犯的客体是他人的身体健康权。除主观意图外，我们还应从行为人的客观加害行为，如使用的作案工具、行为是否有节制以及加害部位等方面综合分析。如果行为人在加害行为发生前有表示明显的杀人意图，之后由于意志以外的原因没有找到原来的加害对象，出于泄愤，持可致命的凶器朝另一加害对象的要害部位没有节制地进行伤害行为，由于行为人意志以外的因素，并未造成人员死亡的后果。笔者认为，在这种情况下，对行为人的行为也应当以故意杀人罪未遂来定罪。

结合本案分析，被告人陈必丰酒后与妻子发生口角，继而产生杀害妻子全家的恶念，陈必丰在庭审过程中也表示其当时酒后有说了一些要去杀她们的话，后来就去值班室拿了一把砍柴刀，持刀等候在其妻住房楼下。从陈必丰说出要杀人的话到实际行动持刀守候的行为可以看出被告人陈必丰主观上是有杀人意图的，并且做出了杀人的准备行为，即准备一把砍柴刀并且驾车持刀“守株待兔”。后来因未能进入妻子家中而未能得逞，被告人就将怒火随意发泄在无辜路人身上，此时，加害对象已经由被告人妻子转移到其他不特定人了，这并不影响被告人故意杀人的主观意图。之后被告人不计后果地持砍柴刀向被害人的头部致命部位砍打多刀，可见被告人此时砍人行为是极不节制的。根据一般人的常识来说，人的头部、胸部、腹部是要害部位，对这些部位的侵害，比对其他部位更容易引起被害人的死亡，也可更加直观地反映出行为人的心态。本案中，被告人陈必丰砍的位置是被害人头部致命部位，并且是砍打多刀，其应当预见到自己的行为会剥夺他人的生命，并且放任该结果的产生，即使最后由于意志以外的原因并未造成被害人死亡的后果，也应当认定被告人主观上是具有杀人故意的。结合客观上被告人的行为造成被害人一轻伤、一重伤的损害后果，根据主客观相一致的原则，本案对被告人陈必丰应以故意杀人未遂定罪量刑。

编写人：福建省厦门市同安区人民法院　金玲　彭婷婷

2

如何认定采取遗弃手段实施的不作为的故意杀人罪

——杨某某、王某某故意杀人案

【案件基本信息】

1. 裁判书字号

云南省昆明市盘龙区人民法院（2017）云 0103 刑初 253 号刑事判决书

2. 案由：故意杀人罪

【基本案情】

2016 年 6 月 24 日 14 时 40 分，被告人王某某在云南省第三人民医院剖腹产下一女婴，经医院诊断患有新生儿窒息、先天性心脏病等严重疾病。2016 年 6 月 28 日 14 时 30 分，被告人杨某某、王某某强行要求出院并放弃一切治疗。2016 年 6 月 29 日 14 时许，被告人杨某某、王某某驾车准备回会泽老家，途中经商量将该女婴遗弃于昆明市盘龙区两面寺后山东绕城高速旁山坡上。该女婴因呼吸循环衰竭于 2016 年 11 月 14 日经医院救治无效死亡。2016 年 8 月 2 日 12 时许，被告人杨某某、王某某经昆明市公安局盘龙分局青龙派出所民警电话通知后到公安机关接受调查。

【案件焦点】

杨某某、王某某遗弃患病子女的行为构成遗弃罪还是不作为的故意杀人罪。

【法院裁判要旨】

云南省昆明市盘龙区人民法院经审理认为：被告人杨某某作为被害人的亲生父亲，负有扶养及救治被害人的义务，在明知被害人患有先天性心脏病、肺炎等疾病的情况下，因无力承担医治费用放弃治疗，与被告人王某某商议后，二人明知被害人患有严重疾病且生活不能自理，而将刚出生几天的被害人扔弃于人迹罕至的场所，主观上具有放任被害人死亡的故意，客观上实施了足以致使被害人死亡的行为，但因意志以外的原因未得逞，故其行为已构成故意杀人罪（未遂）。公诉机关指控的犯罪事实清楚，证据确实、充分，指控罪名成立。对于被告人杨某某的辩护人辩称被告人杨某某应以遗弃罪定罪处罚的辩护意见，因与查明事实及法律规定不符，故法院不予采纳。被告人杨某某、王某某自动投案，并如实供述自己的罪行，属自首，依法可以从轻或者减轻处罚；被告人杨某某、王某某已经着手实施犯罪，由于意志以外的原因未得逞，属犯罪未遂，依法可以比照既遂从轻或者减轻处罚。

云南省昆明市盘龙区人民法院依照《中华人民共和国刑事诉讼法》第一百九十五条[①]之规定，作出如下判决：

一、被告人杨某某犯故意杀人罪（未遂），判处有期徒刑三年；

二、被告人王某某犯故意杀人罪（未遂），判处有期徒刑三年，缓刑三年。

一审宣判后，二被告人没有提起上诉，检察机关亦未抗诉，该判决已发生法律效力。

【法官后语】

正确区分遗弃罪和采取遗弃手段实施的不作为的故意杀人罪是裁判本案的关键。行为人实施遗弃行为，主观上对被害人的死亡持希望或者放任态度，客观上被害人生命因行为人的遗弃面临紧迫、现实的危险，且被害人生命对行为人的作为义务具有高度依赖性时，行为人的遗弃行为就构成不作为的故意杀人罪。本案中二被告人的行为即符合上述几个要点，应当以故意杀人罪追究二被告人的刑事责任。

1. 遗弃罪和故意杀人罪的概念

遗弃罪，是指对于年老、年幼、患病或者其他没有独立生活能力的人，负有扶

① 对应2018年《刑事诉讼法》第二百条。

养义务而拒绝扶养，情节恶劣的行为。故意杀人罪，是指故意非法剥夺他人生命的行为。遗弃罪是给被害人的生命、身体健康造成危险的犯罪，故意杀人罪是剥夺被害人生命的犯罪。虽然二者的性质与社会危害程度有较大差别，但同属于侵害公民人身权利的犯罪，难免会有行为外观重叠的情形。类似于本案的行为人负有救助、抚养义务而拒不履行义务，采取遗弃的不作为方式导致或可能导致被害人死亡的情况在实践中并不鲜见。根据我国《刑法》规定，遗弃罪的法定刑为五年以下有期徒刑、拘役或者管制；故意杀人罪的法定刑为死刑、无期徒刑或者十年以上有期徒刑，情节较轻的，为三年以上十年以下有期徒刑。在二者法定刑差别较大的情况下，裁判机关能准确定性是对被告人负责，也是对法律负责。

2. 遗弃罪和故意杀人罪的区分关键

区分遗弃罪与采取遗弃手段实施的不作为的故意杀人罪，主要可从行为人的主观故意和遗弃行为产生的客观情况来进行辨析。

第一，一般情况下，构成遗弃罪不要求行为人主观上希望或者放任被害人死亡，也即被害人死亡的结果是违背其意志的，但要求行为人对被害人生命、身体遭受危险具有认识，并持希望或者放任态度；构成故意杀人罪则要求行为人希望或者放任出现被害人死亡的结果。在本案当中，二被告人由于家庭困难放弃对出生仅数天的被害人的治疗，且将被害人遗弃在周围没有道路亦无人居住的半山腰，在主观上已不仅仅是意识到自己的行为会使被害人生命遭受危险，而是更进一步地对被害人的死亡结果持放任的态度。

第二，从客观上来看，行为人实施了遗弃行为之后，如果被害人生命所面临的危险具有高度紧迫性、被害人生命对行为人的作为义务具有高度依赖性，那么行为人的遗弃行为就可能构成故意杀人罪；反之则可能构成遗弃罪。不论是遗弃罪还是故意杀人罪，二者的客观方面均包含行为人实施遗弃的时间、地点、手段等客观要件，这些客观要件会对被害人生命面临的危险的紧迫程度和对行为人作为义务的依赖程度产生影响。例如，行为人将生活不能自理的被害人遗弃在福利院、医院、民政部门、派出所等单位或者车站、广场、农贸市场、大型商场等场所，由于上述单位或者场所具有人流量大、有专门人员进行管理、承当社会公共职能等特点，被害人生命所面临的危险不具有高度的紧迫性，对行为人作为义务不具有高度的依赖性，因而将行为人的弃置行为认定为遗弃罪比较合适。相较而言，如果行为人将被害人遗弃在人迹罕至的荒郊野岭，使遗弃者的生命完全处于行为人的支配之下时，被害人生命所面临的危险就具有了现实性和紧迫性，对行为人履行作为义务的依赖就具有了排他性，此时行为人的遗弃行为就可能构成故意杀人罪。

编写人：云南省昆明市盘龙区人民法院　杜冰

（二）过失致人死亡罪

3

被告人在非公共交通道路上因操作机动车不当致使他人死亡的行为是否应以交通肇事罪定罪处罚

——李开某过失致人死亡案

【案件基本信息】

1. 裁判书字号

湖南省株州市攸县人民法院（2017）湘0223刑初17号刑事判决书

2. 案由：过失致人死亡罪

【基本案情】

攸县槚山乡胡沙垅村黄家组黄曼某因建新房需整理地基，便请被告人李开某驾驶其所有的轮式装载机械车铲地基和被害人朱某驾驶其农用车拖运泥土。2016年10月25日10时许，朱某在驾车倒放泥土过程中，农用车轮胎陷入路（陡坡）外所堆放的泥土中，黄曼某喊来李开某帮忙施救。李开某于是驾驶轮式装载车来到现场，准备采用车头对车头、用钢丝绳牵引的方法施救，朱某则手拿钢丝绳站在农用车前等待，在李开某驾驶轮式装载机械车缓缓靠近农用车时，因装载机制动出现故障无法及时停止下来，造成轮式装载机械车滑向农用车，将正在两车之间的朱某挤压扎伤，致朱某经抢救无效后死亡。2016年11月28日，经湖南省龙人司法鉴定所鉴定，李开某驾驶的装载机产品标牌不符合标准要求、动力传动系统不符合原厂设计要求、制动系统不符合标准要求。经攸县公安局交警部门认定，被告人李开某因准驾车型不符、车辆技术状况不合格，承担事故的全部责任。

2016年12月15日，被告人李开某主动到攸县公安局交警大队投案，并如实供述了上述犯罪事实。

另查明，2017年5月25日，被告人李开某与被害人朱某的亲属达成了民事赔偿和解协议，被告人按协议赔偿损失26万元，取得了被害人家属的谅解。

公诉机关认为，被告人李开某无证驾驶机动车，发生交通事故致一人死亡，承担事故的全部责任，其行为应当以交通肇事罪追究责任。

被告人李开某及其辩护人对公诉机关指控的犯罪事实均无异议。辩护人辩称，被告人李开某系作业时受雇主黄曼某指派在施救过程中造成了被害人朱某死亡的后果，被告人李开某系违章操作，其行为应构成重大责任事故罪；被告人李开某具有自首情节，且赔偿了被害方的损失并取得了谅解，请求从轻处罚。辩护人提供了和解协议书、谅解书等证据。

【案件焦点】

1. 被告人在非公共交通道路上无证驾驶机动车，因操作机动车不当致使他人死亡的行为是否符合交通肇事罪的定罪标准；2. 被告人系受雇进行工作，过程中按照雇主指派进行施救行为，因操作机动车不当致使他人死亡的行为，是否构成重大责任事故罪。

【法院裁判要旨】

湖南省株州市攸县人民法院经审理认为：被告人李开某驾驶轮式装载机对他人车辆实施救助行为时，未履行安全注意义务，过失致一人死亡，其行为已构成过失致人死亡罪，被告人的行为既不符合交通肇事的犯罪构成，也不符合重大责任事故罪的犯罪构成，因此公诉机关指控的罪名不妥，应予变更，对被告人的辩护人辩称被告人的行为构成重大责任事故罪的辩称理由，本院不予采纳。案发后，被告人李开某主动到公安机关投案并如实供述自己的犯罪事实，系自首，可从轻处罚；被告人李开某与被害人亲属达成了调解协议，并按协议履行了全部赔偿义务，取得了对方的谅解，可酌情从轻处罚；故对辩护人辩称被告人具有自首情节，取得被害方家属谅解，依法应从轻处罚的辩称理由，本院予以采纳。根据被告人李开某的犯罪情节、悔罪表现，经社区矫正社会调查评估，可以对其宣告缓刑。据此，依照《中华人民共和国刑法》第二百三十三条第一款、第六十七条第一款、第七十二条第一款、第七十三条第二款及第三款之规定，判决如下：

被告人李开某犯过失致人死亡罪，判处有期徒刑六个月，宣告缓刑一年。

【法官后语】

本案处理的重点在于区分交通肇事罪、重大责任事故罪与过失致人死亡罪。根据《刑法》第一百三十三条的规定，交通肇事罪是违反交通运输管理法规，因而发生重大事故，致人重伤、死亡或者使公私财产遭受重大损失的行为，交通肇事罪侵犯的客体是交通运输的安全和正常秩序，本质上是危害公共安全犯罪。本案中，被告人在非公共交通道路上无证驾驶机动车，因操作机动车不当致使他人死亡，其无证驾驶机动车的行为虽然违反交通运输管理法规，也发生致人死亡的严重后果，但其行为并不足以危害公共安全，并不符合交通肇事罪的本质，因此其行为不构成交通肇事罪。《刑法》第一百三十四条规定，重大责任事故罪是在生产、作业中违反有关安全管理的规定，因而发生重大伤亡事故或者造成其他严重后果的行为，重大责任事故罪侵犯的客体是生产、作业过程的安全，威胁的是广大职工的利益和国家的利益，本案中，被告人确系在受雇工作过程中接受雇主指派进行施救行为，因操作机动车不当致使他人死亡的，但雇主喊被告人进行施救行为，被告人实施的救助行为并不属于在生产过程中违章操作，因为其行为威胁的是被害人的个人安全，不存在《刑法》第一百三十四条规定的对象的不特定性，因此其行为不构成重大责任事故罪。但是，在本案中，被告人在实施救助行为时负有安全注意义务，对于自己的行为可能造成的严重后果应当预见而因疏忽大意没有预见，故被告人对于其行为所造成的严重后果应当承担法律责任，应以过失致人死亡罪定罪处罚。

编写人：湖南省株州市攸县人民法院　丁慕蓉

4

过失致人死亡罪与故意伤害罪的区别

——叶进忠过失致人死亡案

【案件基本信息】

1. 裁判书字号

福建省厦门市同安区人民法院（2017）闽0212刑初624号判决书

2. 案由：过失致人死亡罪

【基本案情】

2016年12月26日8时许，被告人叶进忠与同事吴某某在厦门市同安区大同街道古庄村甲肉制品有限公司内因工作琐事发生口角，被告人叶进忠向吴某某推了一下，致使吴某某向后摔倒受伤。同日，吴某某被送往厦门市同安中医院，经医院诊断为颅脑损伤并进行手术，后又被送往厦门市中医院进行治疗。2017年4月27日17时许，吴某某在厦门市湖里区乙公寓一区×号楼××室死亡。同年5月19日，厦门市公安局同安分局对吴某某进行尸检，经鉴定：吴某某系头部受钝性外力作用致重度颅脑损伤术后并发肺部感染引起呼吸循环衰竭死亡。2016年12月27日12时许，被告人叶进忠在厦门市同安区中医院住院部三楼陪护吴某某时被民警带回调查，后如实供述上述犯罪事实。

【案件焦点】

被告人叶进忠的行为是故意伤害致人死亡还是过失致人死亡，如何根据在案证据定罪。

【法院裁判要旨】

福建省厦门市同安区人民法院经审理认为：被告人叶进忠虽然是在与被害人吴某某发生口角的过程中，在情绪激动的情况下出手推了被害人一下，但是结合本案具体情况，叶进忠与被害人系同事师徒关系，之间并无尖锐的纠纷或冲突的存在，叶进忠与吴某某因琐事口角几句，在情绪激动的情况下出手推对方一下，致对方倒地，之后并未继续打斗，也无其他伤害行为，吴某某因此颅脑头部受钝性外力作用致重度颅脑损伤，其手术后并发肺部感染引起呼吸循环衰竭死亡的结果违背了叶进忠的意志，被告人叶进忠应当预见自己的行为可能导致对方伤害的后果，却在情绪激动的情况下由于疏忽大意而没有预见，属于过失，应以过失致人死亡罪予以认定，附带民事诉讼原告人所提相关意见不能成立，本院不予采纳。被告人叶进忠过失致人死亡，其行为已构成过失致人死亡罪。公诉机关指控的罪名成立。

附带民事诉讼原告人吴某甲请求被告人叶进忠赔偿其经济损失，于法有据。依照《最高人民法院关于审理人身损害赔偿案件适用法律若干问题的解释》所规定的赔偿标准，本院确定吴某某因伤不治死亡造成的经济损失共计 1296097.98 元。

福建省厦门市同安区人民法院依照《中华人民共和国刑法》第二百三十三条、第六十七条第三款、第三十六条第一款，《中华人民共和国民法通则》第一百一十九条，《中华人民共和国侵权责任法》第十六条，《中华人民共和国民事诉讼法》第六十四条以及《最高人民法院关于审理人身损害赔偿案件适用法律若干问题的解释》第十七条、第十九条、第二十条、第二十一条、第二十二条、第二十三条、第二十四条、第二十七条、第二十九条，作出如下判决：

一、被告人叶进忠犯过失致人死亡罪，判处有期徒刑六年六个月；

二、被告人叶进忠应于本判决生效之日起十日内赔偿附带民事诉讼原告人吴某甲人民币 1296097.98 元；

三、驳回附带民事诉讼原告人吴某甲的其他诉讼请求。

【法官后语】

本案的争议焦点在于被告人叶进忠的行为是构成过失致人死亡罪还是构成故意伤害罪。公诉机关指控的罪名是过失致人死亡罪，审理过程中，附带民事诉讼原告人提出本案应以故意伤害罪对被告人定罪量刑。认定本案是否为过失致人死亡罪，应从以下方面分析：

故意伤害罪和过失致人死亡罪行为人在主观故意内容上是有着本质区别的。故意伤害致人死亡的行为人在实施伤害行为主观上是有伤害他人身体健康的故意的，而过失致人死亡的行为人主观上是没有希望或者放任他人死亡的故意，也没有伤害他人的主观故意的。结合本案具体情况，叶进忠与被害人系同事师徒关系，之间并无尖锐的纠纷或冲突的存在，叶进忠与吴某某因琐事口角几句，在情绪激动的情况下出手推对方一下，致对方倒地，之后并未继续打斗，也无其他伤害行为，从这可以看出被告人对于被害人是没有伤害身体健康的故意的，对于造成被害人死亡的损害后果也并不存在希望或者放任的故意。被害人吴某某的死亡原因系因其颅脑头部受钝性外力作用致重度颅脑损伤，其手术后并发肺部感染引起呼吸循环衰竭死亡，该死亡结果违背了被告人叶进忠的意志，被告人叶进忠应当预见自己的行为可能导致对方伤害的后果，却在情绪激动的情况下由于疏忽大意而没有预见，属于过失，因此本案应以过失致人死亡罪予以认定，公诉机关指控被告人叶进忠犯过失致人死亡罪的罪名成立。

编写人：福建省厦门市同安区人民法院　金玲　彭婷婷

5

结果预见义务与结果避免义务的准确认定

——万某过失致人死亡案

【案件基本信息】

1. 裁判书字号

北京市第二中级人民法院（2017）京02刑终164号刑事附带民事裁定书

2. 案由：过失致人死亡罪

【基本案情】

2015年1月21日22时许，被告人万某在北京市东城区鼓楼外大街甲酒店与李某发生冲突，随后纠集他人来到现场。当日23时30分左右，被害人李某与朋友走出酒店准备离开时被被告人万某拉拽至酒店北侧地下通道上方石台处，李某在挣脱过程中有后仰下坠动作，被告人万某及朋友一同将其拽至另一侧灌木处，但李某继续挣脱，随后失足坠入地下通道。经医治，李某于2015年1月24日死亡。经刑事科学技术鉴定，李某符合巨大钝性外力作用于躯体右侧致肝脏破裂导致失血性休克，凝血功能障碍，最终呼吸、循环衰竭死亡。被告人万某于2015年2月3日被传唤。

因被害人李某死亡给附带民事诉讼原告人造成的各项经济损失：医疗费102867.82元、丧葬费及部分交通费、误工费、住院伙食补助费、住宿费等。

庭审中，被告人万某辩称：案发当日被害人骚扰其妻子并对其进行了殴打，且是被害人自己跳下的地下通道。自己与对方没有身体接触，故自己的行为不构成犯罪，对被害人家属也不存在赔偿义务。

辩护人认为，被告人将饮酒后的被害人从饭店门口带至附近的地下通道入口附近进行交谈，而该场所本身并非危险场所，被害人虽饮酒但仍是完全行为能力人，对自身的安全有注意、保证义务。被告人的先行行为并未使被害人处于危险状态，因此并未产生作为义务。且在被害人坐在围栏上产生后仰动作后，被告人已经进行了救助，被害人的死亡后果是由多种原因共同导致的，且被害人醉酒应是最主要原因；另外被害人如何越过围栏坠落地下通道的关键事实，证据不足。综上，建议法庭宣告被告人万某无罪。

【案件焦点】

被告人的行为构成疏忽大意的过失犯罪还是过于自信的过失犯罪。

【法院裁判要旨】

北京市东城区人民法院经审理认为：被告人万某无视国法，因琐事将醉酒后的被害人强行带至危险地带，虽预见到被害人可能发生危害后果，并采取了一定避险手段但并未完全尽到注意义务，致被害人失足死亡，其行为已构成过失致人死亡罪，但应属情节较轻。辩护人关于被告人无罪的辩护意见，综观全案证据可见，被害人被强行带至地下通道入口附近时处于醉酒状态，意识已不清醒，被告人此时已预见到被害人可能发生危险，也采取了拉拽被害人到安全地带的措施，尽了一定注意义务。但此后被告人完全有能力将被害人交予对方看管终止争执避免危害后果发生。而其只是自信地认为只要不再纠缠，被害人定会由对方人员看管保证安全，使其本应承担的注意义务并未完全尽到。同时被害人失足坠入地下通道后被告人并未采取任何救助措施而迅速逃离现场，故辩护人的辩护意见无事实、法律依据，不予采纳。被害人失足死亡与被告人的犯罪行为存在因果关系，因此造成附带民事诉讼原告人的财产损失，被告人理应依法按其责任比例予以赔偿。附带民事诉讼原告人要求被告人赔偿医疗费、丧葬费、误工费、护理费、住院伙食补助费并无不妥，但误工费、护理费、住院伙食补助费三项，未提供相关证据，另要求的交通费、住宿费数额过高，法院均依据相关规定酌情确定。据此，对被告人万某依照《中华人民共和国刑法》第二百三十三条、第三十六条第一款及《中华人民共和国民法通则》第一百一十九条之规定，判决如下：

一、被告人万某犯过失致人死亡罪，判处有期徒刑一年十个月；

二、被告人万某赔偿附带民事诉讼原告人各项经济损失共计人民币75000元；

三、驳回附带民事原告人的其他诉讼请求。

一审宣判后，被告人万某提起上诉。上诉理由是：被害人的死亡与其没有因果关系，自己不应承担责任，请求改判其无罪。

北京市第二中级人民法院经审理同意一审法院的裁判意见，裁定：

驳回上诉，维持原判。

【法官后语】

违反注意义务是导致危害结果发生的直接原因，行为人需对出于本人意识状态下的行为负责，一个行为或一个事件的危害结果具有一定的可预见性和可避免性，这就要求有注意能力的行为人在行为时小心谨慎，集中精力去认识行为的危害性质，以避免实施危害社会的行为、导致危害结果的发生。由于注意义务分为结果预见义务和结果避免义务，所以过失犯罪的行为类型相应地也就分为疏忽大意的过失犯罪和过于自信的过失犯罪。在疏忽大意的过失犯罪的情况下，具备注意能力的行为人应当预见结果而没有预见，违反了结果预见义务进而导致危害结果的发生；在过于自信的过失犯罪的情况下，具备注意能力的行为人已经预见了结果，虽然并不希望结果发生但因轻信能够避免而没有采取足够的措施，最终导致危害结果的发生，违反了结果避免义务。

笔者认为，本案中被告人的行为应构成过于自信的过失犯罪，理由如下：

首先，被告人具有注意能力。考量到行为人的年龄、职业、经验、当时的客观环境，当晚被告人没有饮酒，虽然其有“教训”被害人的意图、情绪比较激动，但这并不影响其作为一个正常人的认知水平，可以认定被告人具备正常的注意能力。被告人已经有预见被害人处于危险状态，尽到了结果预见义务。被害人李某在被带至地下通道上方石台处后，有后仰下坠的动作，被告人意识到被害人意识不清醒，其先前的行为可能产生严重危害结果，因此和朋友一同将其拽至另一侧灌木处，被告人的这一行为证明其已经预见被害人可能发生危险后果。

其次，被告人具备结果预见义务。判断行为人是否违反了注意义务，应当结合主、客观两个方面来认定，以主观标准为根据、以客观标准做参考。主观标准以行为人的注意能力为基础，结合其具体环境下的认知能力，对行为人的结果预见义务和结果避免义务作出判断；客观标准就是对于一般的正常人、在正常条件下的结果预见义务和结果避免义务。因此，行为人是否违反了注意义务，主要就是将主观标准和客观标准进行比较，当行为人的主观标准低于客观标准时，行为人就不应当预见或者避免危害结果，此时即使危害结果发生也不能认定行为人有过失；当行为人的主观标准可以达到客观标准，行为人就有能力预见或者避免危害结果的发生，有能力预见但却没有预见，要承担疏忽大意的过失责任，虽已预见但却没有避免危害结果的发生，则要承担过于自信的过失责任。被告人明知被害人饮酒，还将其带至地下通道上方石台处，客观上使被害人处于危险之中，被告人的先行行为使其产生了一定的注意义务。而被害人当晚饮酒较多意识已不清醒，被带至地下通道时有下仰动作，被告人不仅应当预见被害人可能陷入危险，而且有能力和义务使被害人脱离险境，恢复安全状态。

最后，被告人具备预见义务却没有避免危害结果的发生。被告人没有尽到结果避免义务。虽然被告人将被害人拉离了石台，但并没有实施有效的行为使被告人脱离险境，只是将有一定行为能力的被害人拉离隔离带，并看到被害人的朋友在周围，就轻信能够使被害人脱离危险状态。也正是由于被告人没有将被害人交与其朋友妥善照看，导致被害人轻易挣脱，走到石台处坠落死亡。因此，行为人具有注意能力，在具备结果预见义务的前提下，没有避免危害结果的发生，故被告人的行为构成过于自信的过失致人死亡罪。

编写人：北京市东城区人民法院　石魏

6

使用轻微暴力致特异体质者死亡案件如何定性

——孙得新过失致人死亡案

【案件基本信息】

1. 裁判书字号

黑龙江省哈尔滨市香坊区人民法院（2017）黑0110刑初283号刑事附带民事判决书

2. 案由：过失致人死亡罪

【基本案情】

2015年10月18日8时30分许，涉案人王利某（已判刑）在哈尔滨市香坊区甲市场其经营的早餐部门前，与在此就餐的顾客张静某（男，殁年55岁）因咸菜是否单独收费一事发生口角并相互厮打。后王利某连襟被告人孙得新闻讯赶到现场继续对张静某进行殴打。张静某被打后离开现场前行约30米左右突然倒地昏迷，与张静某同行的亲属张某见状立即拨打120急救电话，张静某后经120急救中心医生现场抢救无效死亡。经法医鉴定：张静某因与他人发生肢体冲突导致身体剧烈运动、情绪激动进而诱发冠心病急性发作死亡。公安机关经侦查，于2017年1月17日将孙得新抓获。

【案件焦点】

被告人孙得新的行为应如何定性，即其行为应认定为意外事件、故意伤害罪还是过失致人死亡罪。

【法院裁判要旨】

黑龙江省哈尔滨市香坊区人民法院经审理认为：被告人孙得新殴打被害人张静某，诱发张静某冠心病急性发作死亡，其行为构成过失致人死亡罪，公诉机关指控的犯罪事实及罪名成立，提出的适用法律意见正确，应予采纳。被害人张某甲、张某乙、张一某及委托代理人诉称，孙得新的行为构成故意杀人罪，经查，孙得新在殴打张静某的过程中，不明知张静某患有严重疾病，其殴打行为仅是诱发张静某所患疾病急性发作，其没有伤害并致死张静某的故意，张静某死亡的直接原因是其患有冠心病，因此该诉请于法无据，不予支持。孙得新经教不改，应酌情从重处罚；其能自愿认罪，可从轻处罚。孙得新的行为给附带民事诉讼原告人张某甲、张某乙、张一某遭受的经济损失应承担赔偿责任，其诉讼请求合理且有证据证实的即死亡赔偿金 514720 元、丧葬费 26217.5 元；赡养费 30241.67 元，扣除王利某已赔付的 200000 元部分，应予以支持。其余诉讼请求，与法无据，不予支持。

黑龙江省哈尔滨市香坊区人民法院依照《中华人民共和国刑法》第二百三十三条、第六十七条第一款、第七十二条第一款和第七十三条第二款、第三款，作出如下判决：

一、被告人孙得新犯过失致人死亡罪，判处有期徒刑四年；

二、被告人孙得新于本判决生效后立即向附带民事诉讼原告人张某甲、张某乙、张一某赔偿人民币 371179.17 元；

三、驳回附带民事诉讼原告人张某甲、张某乙、张一某的其他诉讼请求。

【法官后语】

本案在审理过程中，存在三种意见：

第一种意见：孙得新的行为构成过失致人死亡罪。被告人主观上没有伤害的故意，只有“殴打”的故意而没有“伤害”的故意，对被害人的“伤害”仅是短暂的肉体疼痛，被害人死亡的结果既不是行为人希望发生的也不是行为人放任发生的，而是疏忽大意的过失所致，由于没有出现基本伤害结果（伤害）而出现了加重结果（死亡），因此应当以加重结果的过失犯罪定罪，即应按过失致人死亡罪定罪处罚。

第二种意见：孙得新的行为构成故意伤害（致人死亡）罪。孙得新在主观上具有伤害张静某的故意，在客观上实施了导致张静某死亡的轻微暴力行为，且该行为与死亡结果存在因果关系，符合故意伤害罪的犯罪特征，因此本案应定性为本罪。

第三种意见：意外事件，孙得新不构成犯罪。孙得新与张静某在此前并无矛盾，孙得新没有伤害或者致死张静某的故意，而且孙得新主观上也并不知道张静某有心脏病，没有预见可能性，孙得新主观上不存在罪过。从客观上看，孙得新的殴打行为没有给张静某造成明显外伤，这种轻微的暴力行为不足以致人死亡，张静某的死亡结果是由于其潜在疾病发作所造成的，孙得新对死亡结果不能预见，因此本案属于意外事件，孙得新无罪。

笔者同意第一种意见。故意伤害致人死亡与过失致人死亡之间既有联系又有区别。联系表现在两者最终结果都侵害了他人的生命权，侵犯的客体是一致的；对于被害人死亡的结果，两者的主观状态都是一样的，都存在过失。两者的区别主要体现在：故意伤害致人死亡，行为人主观上有伤害他人身体健康的故意，死亡是故意伤害的加重结果。过失致人死亡，行为人对被害人死亡结果在主观上既没有伤害的故意也没有致其死亡的故意，是由于行为人主观上的疏忽大意或过于自信，才导致被害人死亡的结果。而意外事件导致被害人死亡的情况，行为人对于该结果的发生不存在主观罪过，在当时的条件下行为人不能预见也不可能预见自己的行为会导致被害人死亡的结果。本案主要从以下几个方面进行考虑：

1. 对孙得新轻微暴力行为的认定

危害行为是任何犯罪成立都必须具备的客观构成要件，那么轻微暴力行为能否定义为刑法上的危害行为呢？这是本案定性的一个重要因素。轻微暴力主要表现为一般的殴打、推搡、击打等行为，这些行为往往是很轻微的，达不到轻伤以上后果，正常情况下这种程度的暴力行为不会发生被害人死亡的结果。结合本案来看，孙得新的轻微暴力行为本身在理论上不会产生导致他人死亡的社会危害性，但该轻微暴力行为即诱发了被害人冠心病急性发作死亡，那么这一轻微暴力行为就具有较为严重的社会危害性，就应属于我国刑法所规定的危害行为。

2. 行为人主观上是否具有伤害的故意

故意伤害中的“故意”是指“明知自己的行为会发生危害社会的结果，并且希望或者放任这种结果发生”。其构成因素有两个：一是认识因素，即明知自己的行为会发生危害社会的结果；二是意志因素，即希望或者放任危害结果的发生。结合本案来看，孙得新实施殴打行为是基于一时的冲动，其与被害人互不相识，被害人这种特异体质在外形上与正常人无异，被告人根本无法从表面进行判断，对其行为可能发生的后果也不明知，尽管行为人实施的行为与被害人自身特异体质、情绪等因素相结合共同导致被害人死亡，但这一结果既不是行为人希望发生的也不是行为人放任发生的，而是疏忽大意并没有预见到，因此，从行为的时间、地点、条件、行为人与被害人之间的关系上看，被告人主观是具有过失的。

3. 孙得新的轻微暴力行为与张静某的死亡结果之间是否存在因果关系

要将所发生的结果归责于行为人，就要求行为人的实行行为与结果之间具有“原因与结果”这种“引起与被引起”的关系，否则就违背了我国刑法上罪责自负的要求。结合本案，孙得新的轻微暴力行为是不会导致被害人死亡的，正是由于被害人特异体质这一偶然因素的介入最终导致被害人死亡。但被害人患有严重疾病这个介入因素，并不能成为否认孙得新轻微暴力行为与被害人死亡结果不具有因果关系的事由或理由。被害人系因与他人发生肢体冲突导致身体剧烈运动、情绪激动进而诱发冠心病急性发作死亡，而这个外力正是源于孙得新的轻微暴力行为，也就是说，被害人张静某的死亡结果是包括自身患有疾病和孙得新轻微暴力行为两个因素共同造成的，缺乏其中一个条件，其死亡结果都不会发生。因此，从本案事实及证据上看，应认定为孙得新的轻微暴力行为与被害人张静某的死亡结果之间存在刑法上的因果关系。

编写人：黑龙江省哈尔滨市香坊区人民法院　李莹

7

认定过失犯罪中应以注意能力作为审查注意义务的关键

——陈某被诉过失致人死亡宣告无罪案

【案件基本信息】

1. 裁判书字号

重庆市第一中级人民法院（2017）渝01刑终602号刑事裁定书

2. 案由：过失致人死亡罪

【基本案情】

2015年8月25日，被告人陈某与其女友即被害人鞠某某共同入住重庆市渝北区双龙湖街道渝湖路××号甲商务宾馆。同年8月27日中午，陈某与鞠某某发生矛盾。鞠某某使用陈某购买的水果刀割手腕自残，以表达偿还对陈某的亏欠，并右手握刀躺在床上。陈某按住鞠某某的手腕帮其止血，并用浴巾垫在左手腕下。陈某在劝解鞠某某过程中再次发生矛盾。鞠某某生气并举刀刺向自己。陈某立即双手抓住鞠某某持刀的右手欲阻止其自残。双方在争夺刀具的过程中，陈某重心发生改变，倒向鞠某某，同时松开左手撑住床，右手握在鞠某某持刀的右手上，因惯性随鞠某某使力的方向捅去，刀刃全部没入鞠某某左胸部。陈某认为鞠某某已死亡，未采取任何救助措施。同日18时30分许，陈某离开宾馆后跳水自杀未能成功。经鉴定，鞠某某死亡原因系左肺动脉破损致失血性休克死亡，死亡时间为2015年8月27日14时至16时。

【案件焦点】

1. 被告人陈某对被害人二次自残前的言辞及被害人二次自残时的夺刀行为可能引发的结果是否具有注意义务；2. 被告人陈某对因上述行为而引发相应后果的过程中是否具有注意能力；3. 被告人陈某在被害人被刺后的相关行为是否加速了被害人的死亡或者阻碍了被害人及时获得救治。

【法院裁判要旨】

重庆市渝北区人民法院经审理认为：根据被告人陈某自己的认知能力或是一般常识均无法预见和判断鞠某某被刺。在案证据仅能认定被告人陈某没有鼓动被害人鞠某某自伤或自残的言行，被害人鞠某某的死亡是由其自伤行为所导致的，被告人陈某在整个事件中不存在疏忽大意或者过于自信的过失行为，公诉机关指控被告人陈某犯过失致人死亡罪的证据不足，指控的罪名不能成立。关于附带民事诉讼原告人的诉讼请求，因现有证据不足以证实被告人陈某有侵权行为，故不应由被告人陈某承担赔偿责任。遂判决被告人陈某无罪并依法驳回附带民事诉讼原告人的附带民事诉讼请求。

宣判后，重庆市渝北区人民检察院以被告人陈某存在疏忽大意的过失，陈某的行为与死亡结果之间具有刑法上的因果关系，陈某的行为构成过失致人死亡罪，原审判决确有错误为由提出抗诉。附带民事诉讼原告人提出上诉。

重庆市第一中级人民法院经审理认为：两人发生争执时，陈某言辞欠妥当但并非内容明确的唆使或挑衅，不能据此认为陈某应当预见鞠某某可能第二次自残，亦不能认定陈某的行为直接导致鞠某某二次自残。虽然鞠某某的死亡确系双方力量叠加造成，但该结果的发生超出陈某的预期，也超出社会一般人的预期，陈某主观上没有过失。现有证据不足以证实陈某确有拔刀行为，即使有该行为，亦无证据证实陈某拔刀行为与鞠某某死亡结果之间的联系，故不能认定该行为与鞠某某的死亡结果之间存在因果关系。现无证据证实鞠某某被捅刺后有被救治的可能，系因陈某离开失救而死，故不能认定陈某的未救治行为与鞠某某的死亡结果之间存在因果关系。综上，陈某的行为不构成过失致人死亡罪，不应承担民事赔偿责任。原审判决认定事实和适用法律正确，审判程序合法。遂依法裁定：

驳回抗诉及上诉，维持原判。

【法官后语】

注意义务的实质是科以行为人防止相应结果发生的义务。但在具体案件中，由于行为人受教育程度、知识经验、客观环境等因素的影响，对相应结果的预见及避免能力有所差异，即存在注意能力上的异同。因此，在认定行为人构成过失犯罪时，首先应以一个处于行为人立场上的合理、审慎的一般人会采取的措施作为行为准则，确定行为人负有的注意义务内容。同时，该义务应当与行为结果的紧迫性及危害程度相匹配。其次考察行为人的注意能力，特别是在在案证据能够证明其注意能力受知识经验、客观环境等因素影响，无法达到一般人的行为标准时，应当在行为人可能预见到的结果限度内，以其当时所具备的注意能力确定注意义务。当行为人的行为与上述标准均存在偏离时，应当认定其违反注意义务，而当行为人受自身或者外部因素影响没有认识到其不具备行使适当行为的能力时，应当减轻或者免除其责任。

1. 关于被告人陈某是否具有相应注意义务的问题

本案中，被告人陈某供述其与被害人鞠某某因感情问题发生争吵，鞠某某为偿还陈某遂用水果刀割手腕，陈某见状为鞠某某止血。鞠某某认为二人已经扯平便提出分手，陈某质问鞠某某“你这样就算还了吗”，鞠某某说“不够我再割一刀”，遂举刀刺向自己继而导致被刺身亡。

在鞠某某第一次自残后，陈某的言辞虽欠妥当，但并不含有明显的唆使或者挑衅意图，并且从鞠某某前一次自残的手段及位置看，其没有自杀意图。此时，陈某对其言辞的注意范围显然不应当包括可能造成鞠某某自杀的后果。因此，陈某在该时段不具有注意义务。

然而，在鞠某某第二次挥刀时，陈某基于二人间的恋爱关系，特别是二人处于密闭的酒店房间内这一要素，负有阻止危害后果发生的注意义务。根据一般人的立场，基于特定关系，特别是特定的空间环境，在场人员应当对鞠某某的自残行为进行即时、有效的阻止，并防止伤害效果扩大。因此，对陈某注意能力的考察是其是否构成犯罪的关键。

2. 关于被告人陈某是否具有相应注意能力的问题

本案中，在鞠某某第二次用水果刀刺向自己时，陈某立即向相反方向夺刀，但因作用力的叠加使陈某重心改变，导致被告人陈某将刀刺入了被害人左胸部。

在面对该情况时，一般人的合理反应是用与被害人相反方向的作用力夺刀以阻止危害结果发生。但是如前所述，陈某在第二次自残行为前无法预计被害人会以自身生命安全作为自残对象。因此，对陈某注意能力的考察应当以行为时的客观条件为前提。

本案中，陈某的供述、侦查实验笔录及尸检报告能够相互印证，证实由于事发突然，陈某在当时仓促的时间和局促的空间下，不具备即时调整位置，同时尽力阻止危害结果发生的能力。即使陈某能够预见其夺刀行为可能失手导致鞠某某受伤，但受制于时间、空间因素，也不必然具备避免危害结果发生的可能性。在注意义务与注意能力不相匹配的情况下，苛责行为人严格履行注意义务是没有事实基础的。所以，该结果的发生超出陈某的预期，也超出一般人的预期，陈某在该过程中不具备注意能力，也不负有注意义务。

3. 关于被告人陈某事后行为的问题

在鞠某某被刺之后，陈某具有救助的义务，但应当注意救助义务的附随性与限定性。本案中，陈某基于其与鞠某某之间的身份关系和共处封闭空间无法得到其他人救助的客观情况而负有救助义务。同时，由于该被刺状态是因为不可归责于陈某的原因所引起的，因此不应过分扩充救助义务的范围。

陈某供述在水果刀刺入鞠某某胸部后，其用手触碰刀柄，发现有血流出，继而通过摸鼻息、听心跳等方式确认被害人没有生命迹象，于是离开房间。陈某触碰刀柄的行为是对当时情况进行试探的本能表现。陈某依据刺入部位及渗血的情况，根据其个人生活经验判断，认为被害人不具备救治可能，因此应当认定陈某已实施了必要的救助行为。本案中，没有证据证实该行为是在加害故意的驱使下所为，也没有证据证实该触碰行为加速了被害人的死亡。事后陈某离开房间的行为，联系其跳桥的举动，应当认定是由于事发的突然性与冲击性所造成的应激行为。而本案中，没有证据证实被害人确切的死亡时间，从而也无法证实被害人是否具有救助可能。因此，不能认定被告人陈某的事后行为加速了被害人的死亡或者延误了被害人的救治。

综上，在案证据仅能证实被告人陈某没有鼓动被害人鞠某某自伤或自残的言行，被告人陈某在被害人第二次自残中不具有相当的注意能力，不负有相应的注意义务，现有证据不足以证实被害人是否具备救治可能及确切的死亡时间。故被告人陈某不构成犯罪，不承担民事赔偿责任。

编写人：重庆市渝北区人民法院　唐中政　刘杨

（三）故意伤害罪

8

诱发被害人自身疾病猝死中因果关系的认定

——欧某故意伤害案

【案件基本信息】

1. 裁判书字号

广西壮族自治区玉林市中级人民法院（2017）桂09刑终299号刑事裁定书

2. 案由：故意伤害罪

【基本案情】

2016年7月19日13时许，被告人欧某到被害人姚某家，与姚某就二人之间的经济纠纷进行协商，当时姚某的朋友钟某某在场，后欧某与姚某发生争吵，双方都打电话找人过来帮忙，争吵中，欧某从姚某家中拿起一根木块击打了一下姚某头部，钟某某见状从欧某手中夺过木块，并隔开二人，姚某被打后拿起一把锄头打向欧某，欧某随手用一把木凳阻挡，钟某某从中劝阻并推开双方，欧某与姚某坐下来继续商谈。随后，姚某的朋友陈某、梁某等人到来，在陈某与欧某交谈时，姚某突然从木凳子上倒地并昏迷，陈某见状立即对姚某实施抢救，梁某拨打120急救电话。几分钟后，容县人民医院医生到场对姚某进行检查，确认姚某已死亡。经鉴定，姚某的死亡原因系长期高血压病、冠状动脉粥样硬化所引起冠状动脉粥样硬化性心脏病猝死，姚某生前所受暴力及争吵系其死亡的诱因。

被告人欧某及其辩护人对公诉机关起诉指控的犯罪事实无异议，但认为欧某的行为不构成犯罪，不应负刑事责任。

【案件焦点】

欧某的行为与姚某的死亡结果之间是否具有刑法上的因果关系。

【法院裁判要旨】

广西壮族自治区玉林市容县人民法院经审理认为：首先，被告人欧某在与被害人争吵过程中用木块击打被害人头部，其主观上应当认识到对被害人要害部位击打的行为会伤害被害人的身体健康，且客观上实施了击打被害人头部的行为，被告人的伤害故意、伤害行为均已经成立，且本案中出现了被害人死亡的后果，因而符合故意伤害致人死亡的构成要件；其次，被告人欧某的加害行为与被害人因争吵产生的情绪激动等原因，共同诱发被害人冠状动脉粥样硬化性心脏病猝死。因此，被告人的伤害行为与被害人死亡的结果具有刑法中故意伤害犯罪的因果关系。综上，本案被告人主观上具有伤害他人身体的故意，客观上实施了伤害他人的行为，虽然致人死亡的结果超出其本人主观意愿，但符合故意伤害致人死亡的构成要件。因此，被告人欧某应当对被害人死亡的后果承担刑事责任。被告人欧某的辩解、辩护人的辩护意见与法律规定和查明的事实不符，应不予采纳。

广西壮族自治区玉林市容县人民法院依照《中华人民共和国刑法》第二百三

十四条、第六十七条第一款，《最高人民法院关于处理自首和立功具体应用法律若干问题的解释》第一条和第三条的规定，作出如下判决：

被告人欧某犯故意伤害罪，判处有期徒刑九年。

欧某上诉提出被害人是因自身疾病引发死亡，被害人存在过错，原判量刑过重，请求二审法院对其从轻处罚。

广西壮族自治区玉林市中级人民法院经审理认为：被告人欧某故意非法损害他人身体健康，致人死亡，其行为已触犯刑律，构成故意伤害罪。同时，本案系欧某与被害人姚某因经济纠纷发生争执，在争执过程中欧某用木块击打姚某的头部所引发，被害人姚某并无刑法意义上的过错。根据法律规定，故意伤害致人死亡的，处十年以上有期徒刑、无期徒刑或者死刑，原判对欧某减轻处罚，判处有期徒刑九年已经充分考虑到本案被害人的死亡原因，量刑适当，并无过重。

广西壮族自治区玉林市中级人民法院依照《中华人民共和国刑事诉讼法》第二百二十五条第一款第一项[①]的规定，作出如下裁定：

驳回欧某的上诉，维持原判。

【法官后语】

本案处理重点为判断被告人欧某的行为与被害人姚某的死亡结果之间是否具有刑法上的因果关系。

刑法上的因果关系是指危害行为与现实危害结果之前的关系，在故意犯罪中，因果关系是解决犯罪是否既遂的问题，若认为故意犯罪中没有因果关系，只是不对结果承担责任，但仍然承担犯罪未遂的刑事责任。因果关系的认定可以用“条件说”和“相当性”来解释。“无 A 则无 B”即本案中，若没有欧某的故意伤害行为，就不会导致姚某的死亡，这是条件说的观点；相当性则是“通常有 A 则有 B”，本案中，欧某用一根木块击打了姚某的头部，其应该认识到自己的行为可能会导致严重的伤害甚至是死亡的结果，且头部的创伤对人的生命来说通常是致命的。若被害人没有自身疾病，在被木块打击头部的本身就有致死的危险性，所以其殴打行为本身就具有一定的相当性。即便在通常情况下，某一行为并不足以导致某种看似异

---

① 对应 2018 年《刑事诉讼法》第二百三十六条第一款第一项。

常的结果，但若因行为时的具体条件特殊，最终造成该异常结果出现的，不能否定行为与结果之间的因果关系。在本案中，被告人欧某的加害行为与被害人因争吵产生的情绪激动等原因，共同诱发被害人冠状动脉粥样硬化性心脏病猝死。即使被害人具有长期高血压，并有心脏病，但在被告人与被害人争吵之时，诱发被害人心脏病的原因就是被害人遭受的暴力与争吵，这个诱因在当时是具有排他性的，可以确认欧某的行为与被害人姚某的死亡结果之间具有因果关系。

值得注意的是，在被害人的自身疾病情况中判断犯罪行为与结果具有因果关系，仅是解决了犯罪客观要件的问题，被告人最终承不承担刑事责任，还要看被告人当时的主观心态，看其主观是否具有故意或过失，再分别定故意或者过失犯罪，甚至是根本不能预料到的意外事件。认定行为人是否具有伤害的故意时，应全面考察本案主客观的因素，如实施行为时所处的环境，使用的工具、打击的部位、力量等来分析行为人是否具有伤害的故意。在故意伤害致死的情况下，行为人主观上存在混合的罪过形式，即同时具有伤害故意和致人死亡的过失。被告人主观上明知自己的行为会造成他人身体伤害的结果，并希望或放任伤害结果的发生，但并没有希望或放任死亡结果的发生，即只有致人伤害的故意而无致人死亡的故意，所以本案是故意伤害行为的结果加重犯，适用故意伤害致死的法定刑。

编写人：广西壮族自治区玉林市容县人民法院　梁妙

9

故意伤害行为导致被害人心脏病发作猝死的量刑

——孙维六故意伤害案

【案件基本信息】

1. 裁判书字号

河北省唐山市丰南区人民法院（2017）冀0207刑初154号刑事附带民事判决书

2. 案由：故意伤害罪

【基本案情】

被告人孙维六与被害人孙维甲系亲兄弟，二人因财物管理多次发生纠纷。2017年2月16日15时许，孙维六在唐山市丰南区大新庄镇孙沙坨村孙维甲家老宅院内，再次向孙维甲索要钱款时与其发生争执并互殴，孙维六从孙维甲家院子里拿起一个木制的拍子殴打孙维甲头面部，拍子一端的木板折掉后持木棒从孙维甲家南院至院外街道上孙维乙家北门口处与持树根的孙维甲继续互殴，后孙维甲倒地死亡。经鉴定，孙维甲符合外伤疼痛、情绪激动等因素诱发冠心病急性发作引起胃内容物反流进入气管导致窒息死亡。因此，造成附带民事诉讼原告人刘艳某丧葬费、交通费、误工费等各项经济损失共计人民币29294.7元。

【案件焦点】

殴打行为导致被害人心脏病发作猝死的，被告人是否对被害人的死亡后果承担刑事责任，如何量刑。

【法院裁判要旨】

河北省唐山市丰南区人民法院经审理认为：对于公诉机关指控的被告人孙维六构成故意杀人罪及其指定辩护人提出的被告人孙维六的行为不构成故意杀人罪，应当属于意外事件的观点，经查，被告人孙维六虽在侦查阶段的供述中称与其三哥孙维甲因经济问题多次发生纠纷，遂产生杀人的主观故意，且有证人证言证实其曾有过要钱不给就杀了他的言语，但被告人孙维六在庭审过程中对其具有故意杀害被害人的主观故意予以否认，且其与孙维甲互殴过程中，持随手捡拾的工具殴打孙维甲，致孙维甲因殴打所致的疼痛、情绪激动诱发冠心病急性发作导致死亡，综合其使用的工具、对被害人造成的实质性伤害后果及被害人死亡的原因等客观情节，不足以证明被告人孙维六具有故意杀人的故意，公诉机关指控被告人孙维六犯故意杀人罪不妥，被告人孙维六对被害人孙维甲的死亡后果应承担刑事责任，不属于意外事件，故对其辩护观点本院不予支持。被告人孙维六故意伤害他人身体健康，致人死亡，其行为已构成故意伤害（致死）罪。对给附带民事诉讼原告人刘艳某造成的经济损失，被告人孙维六应承担全部民事赔偿责任。

河北省唐山市丰南区人民法院依照《中华人民共和国刑法》第二百三十四条第二款、第六十三条第二款，《中华人民共和国民法通则》第一百零六条第二款，《中华人民共和国侵权责任法》第六条第一款、第十五条第一款第六项及《最高人民法院关于适用〈中华人民共和国刑事诉讼法〉的解释》第一百五十五条第一款、第二款之规定，作出如下判决：

一、被告人孙维六犯故意伤害罪，判处有期徒刑六年；

二、被告人孙维六赔偿附带民事诉讼原告人刘艳某丧葬费、交通费、误工费等各项经济损失共计人民币29294.7元。

【法官后语】

本案处理重点主要在于殴打行为导致被害人心脏病发作猝死的，被告人是否对被害人的死亡后果承担刑事责任，如何量刑。

1. 被告人孙维六的伤害行为与被害人孙维甲的死亡之间具有刑法上的因果关系，被告人应当对被害人的死亡后果承担刑事责任

本案中，被告人孙维六与其兄孙维甲因经济纠纷产生矛盾，案发当日见面后矛盾激化，二人互殴，孙维六持随手捡拾的木质工具对孙维甲头部进行殴打，其主观上应当认识到对被害人击打的行为可能会造成其身体受伤的结果，其主观上具有伤害的故意，客观上实施了伤害行为，造成了被害人死亡的后果，其行为符合故意伤害罪（致死）的构成要件。被告人的伤害行为与被害人的死亡结果之间是否具有刑法上的因果关系是认定被告人是否构成犯罪的关键。被害人孙维甲因外伤疼痛、情绪激动等因素诱发冠心病急性发作引起胃内容物反流进入气管导致窒息死亡，虽然这样的结果具有一定的偶然性，但被告人不实施伤害行为，就不会诱发被害人疾病发作导致死亡。故其伤害行为与死亡结果具有刑法上的因果关系。

2. 对被告人孙维六可经法定程序报最高人民法院核准在法定最低刑以下判处刑罚

故意伤害致人死亡的，法定刑为十年以上有期徒刑、无期徒刑或者死刑。本案被告人孙维六故意伤害他人致人死亡，不具有法定减轻处罚的情节，但被害人的死亡属于一果多因，被告人的伤害行为只是诱因之一，由被告人对其死亡结果承担全部的责任，罪责刑不相适应，考虑在法定最低刑量刑仍然过重，依据《刑法》第六

十三条第二款之规定，适用特别减轻处罚法定核准程序，报最高人民法院核准，在法定刑以下对被告人孙维六判处有期徒刑六年，符合罪刑相适应原则。

编写人：河北省唐山市丰南区人民法院　陈新

10

故意伤害结果加重之因果关系如何认定

——薛涛故意伤害案

【案件基本信息】

1. 裁判书字号

湖南省张家界市慈利县人民法院（2018）湘0821刑初6号刑事判决书

2. 案由：故意伤害罪

【基本案情】

被害人唐会某系被告人薛涛大伯母。唐会某的牛栏屋修建在薛涛房屋旁边，两家因是否拆除牛栏屋及邻里纠纷时有争吵。2017年9月，被告人薛涛与被害人唐会某之女薛书某协商，薛书某同意近期将牛栏屋拆除。同年9月24日16时许，被告人薛涛以被害人唐会某家未能及时拆除牛栏屋为由，用锤子将牛栏屋门墙砸坏，并用木棒将牛栏屋上的瓦戳乱了一部分，被害人唐会某见状对薛涛家人进行谩骂，后被其女薛书某劝回家。次日凌晨1时许，被害人唐会某前往牛栏屋牵牛时，在薛涛屋旁又随口谩骂，被告人薛涛听到叫骂声后，从家中厨房拿起一把西瓜刀跑到唐会某面前朝唐会某所撑的雨伞砍了两刀，致唐会某头部受伤，经鉴定为利器损伤所致的重伤一级。

被害人唐会某受伤后，当日入住湖南省慈利县人民医院，在重症监护室治疗77天后，因被害人唐会某长期处于昏迷状态，已进入植物生存状态，随时可能死亡，被害人家属在征得医院同意后出院，于2018年1月23日在家中死亡。

另查明，被告人薛涛主动到案，如实供述犯罪事实。在被害人住院治疗期间，被告人家属积极向医院交纳治疗费。

【案件焦点】

1. 被害人的死亡是否是被告人的伤害行为导致；2. 被害人是否应对该加重结果承担责任。

【法院裁判要旨】

湖南省张家界市慈利县人民法院经审理认为：被告人薛涛故意伤害他人身体，致一人死亡，其行为已构成故意伤害罪，湖南省张家界市慈利县人民检察院指控被告人薛涛犯故意伤害罪的事实和罪名成立，本院予以支持。被告人薛涛犯罪后能主动投案，如实供述自己的罪行，是自首，依法可以减轻处罚。本案系邻里纠纷引起，案发后，被告人薛涛的亲属主动缴纳被害人治疗费用，可对被告人薛涛酌情从轻处罚。为保护公民的人身健康权利不受侵犯，惩罚犯罪，依照《中华人民共和国刑法》第二百三十四条、第六十七条第一款之规定，判决如下：

被告人薛涛犯故意伤害罪，判处有期徒刑六年。

【法官后语】

《刑法》第二百三十四条即根据被害人身体健康损害程度的不同，规定了故意伤害罪法定刑的三个层级。不同的损害后果决定了适用哪个量刑幅度。而故意伤害致人重伤、致人死亡此类结果加重犯的认定在于判断被告人的基本伤害行为与被害人结果之间的因果关系。本案的关键亦在于此。

故意伤害罪结果加重犯的因果关系具体该如何认定？若被告人的基本伤害行为与加重结果之间存在的是直接因果关系，被告人显然应承担结果加重的刑事责任。若被告人的基本伤害行为与加重结果之间存在的是间接因果关系，如有被告人的身体状况、医院的治疗行为等其他因素的介入，则应考虑其他因素对结果的作用力的大小。若其他因素对被害人损害结果的加重起到了关键性、决定性作用，则被告人的伤害行为与被害人的加重结果之间实际上仅存在很弱的关系，被告人不应受到结果加重的处罚。若其他因素的介入并不影响加害结果的产生或者对结果产生仅仅存在一定的促进作用，则可以认定被告人的伤害行为与被害人加重结果之间存在的是必然的因果关系，被告人应就加重的结果承担责任。

就本案而言，结合依法认定的事实，被害人在被告人的加害行为之后经急诊及抢救近80天，仍处于植物生存状态，且随时可能死亡，已无好转可能，此后被害人一方经医院准许出院，被害人随即死亡。被害人的死亡与被告人的加害行为之间存在着必然的因果关系，被害人一方已经实施了积极的医疗行为，其在被害人随时可能死亡及无可能好转的情况下做出的出院行为不是被害人死亡的决定性因素，至多是起到一定的促进作用，且这个促进作用相当小，因此，被告人的伤害行为直接导致了被害人死亡的结果，属于故意伤害他人致人死亡的加重情节。

编写人：湖南省张家界市慈利县人民法院　涂玲芳

11

刑事案件中被害人过错的认定

——余正某故意伤害案

【案件基本信息】

1. 裁判书字号

广东省潮州市中级人民法院（2017）粤51刑终58号刑事附带民事判决书

2. 案由：故意伤害罪

【基本案情】

2016年7月15日晚，被告人余正某与被害人王某因琐事在潮州市潮安区古巷镇古巷三村一小卖部前发生争吵，余正某被人劝止后离开现场。之后，余正某持一把菜刀返回现场再次与王某发生口角，并持刀砍打王某致其多处受伤，王某也持凳子打余正某。后余正某逃离现场。案发后，余正某的家属已代其向王某先行支付赔偿款12550元。经法医鉴定：王某的身体损伤程度评定为轻伤二级，余正某的身体损伤程度评定为轻微伤。

【案件焦点】

司法实践中如何认定被害人是否存在过错。

【法院裁判要旨】

广东省潮州市潮安区人民法院经审理认为：被告人余正某持械故意伤害他人身体，致一人轻伤，其行为已构成故意伤害罪，依法应予以惩处，并应赔偿被害人王某因本案而遭受的物质损失。鉴于余正某归案后如实供述自己的罪行，且案发后能积极赔偿被害人的部分经济损失，依法予以从轻处罚。王某在本案中有一定过错，依法可以减轻余正某20%的民事赔偿责任，即余正某应赔偿王某经济损失共计43530.53元。抵除余正某一方前已支付的12550元，余正某还应当赔偿王某30980.53元。依照《中华人民共和国刑法》等有关条款之规定，判决如下：

一、被告人余正某犯故意伤害罪，判处有期徒刑一年二个月；

二、被告人余正某应赔偿附带民事诉讼原告人王某的医疗费、后续治疗费、住院伙食补助费、误工费、护理费、营养费、鉴定费、交通费共计43530.53元，抵除余正某一方前已支付的款项12550元，余款30980.53元应于本判决发生法律效力之日起十日内付还；

三、驳回附带民事诉讼原告人王某的其他诉讼请求。

宣判后，该案刑事部分判决在法定期限内没有抗诉、上诉，已经发生法律效力。附带民事诉讼原告人王某对该案附带民事部分判决不服，以整个案件都是余正某故意挑起事端，其在本案中没有任何过错，原审判决认定其在本案中有一定过错不当为由提出上诉。

广东省潮州市中级人民法院经审理认为：由于在案证据不足以认定上诉人王某在本案中存在过错，因此原审判决认定王某在本案中有一定过错并据此减轻原审被告人余正某应当承担的民事赔偿责任不当，依法应予纠正，遂判决如下：

一、维持潮州市潮安区人民法院（2016）粤5103刑初524号刑事附带民事判决的第三项；

二、撤销潮州市潮安区人民法院（2016）粤5103刑初524号刑事附带民事判决的第二项；

三、原审被告人余正某应赔偿上诉人王某因本案而遭受的物质损失共计54413.16元，抵除余正某一方前已支付的款项12550元，余款41863.16元应于本判决发生法律效力之日起十日内付还。

【法官后语】

本案中，关于被害人王某是否存在过错的问题，有两种意见：第一种意见认为，虽然余正某有持刀砍打王某，但因王某在现场未能冷静处理双方纠纷，且王某在打架过程中也将余正某打致轻微伤，故应认定王某在本案中存在过错。第二种意见认为，由于在案证据不足以认定被害人王某存在过错，因此一审判决认定王某在本案中有一定不当，应予纠正。

笔者同意第二种意见，理由如下：

刑事案件中的被害人过错不同于一般话语环境中的过错，具有其自身特定的含义。刑法意义上的被害人过错，是指被害人出于故意实施了错误或不当的行为，且该行为违背了社会公序良俗、伦理规范或法律，侵犯了被告人的合法权利或者正当利益，客观上导致了犯罪行为的发生。

实践中，认定被害人具有刑法意义上的过错，应具备以下条件：第一，过错行为的实施者是被害人。如果过错行为是第三人所实施的，而被告人却针对被害人实施了犯罪行为，那么由于被告人与被害人之间不存在利益关联性，因此不能认定被害人存在刑法意义上的过错。第二，行为违反了法律规定，或者违背社会公序良俗、伦理规范，应当受到社会的否定性评价。第三，行为是出于故意。单纯的过失行为或不可归咎于被害人的其他行为不能认定为被害人过错。第四，行为人的过错须达到一定的程度。即并非所有的过错都属于刑法意义上的过错，只有当行为人的过错达到一定的程度，才属于刑法评判的范畴。轻微的过错，不属于刑法意义上的被害人过错责任。第五，被害人的过错行为侵犯了被告人的合法权利或者社会公共利益，且过错行为的发生与犯罪行为的发生具有时间上的相近性。第六，被害人的过错行为与犯罪行为的发生具有刑法意义上的因果关系，即被害人的过错行为直接导致了被告人犯罪行为的发生，是刑事案件发生的一个条件，两者间具有引起与被引起的因果关系。

本案中，从在案证据来看，被害人王某的行为与犯罪行为的发生不具有刑法意义上的因果关系。首先，被害人王某和证人杨某均证实余正某与王某第一次、第二次发生争吵均是由余正某先挑起事端。其次，被害人王某和证人周某、杨某均证实案发时是余正某先持刀砍人后王某才拿起凳子抵挡并打余正某，而不是王某先拿凳子打余正某。最后，王某在被余正某拿刀砍打后虽有拿起凳子抵挡并在此过程中致余正某轻微伤，但这是由于余正某的先行侵犯行为所引起的，不能据此将王某的行为简单认定为过错行为。

综上，由于本案并非由于王某的过错行为而引发，王某的行为与犯罪行为的发生不具有刑法意义上的因果关系，因此二审法院依法改判王某在本案中不存在过错是正确的。

编写人：广东省潮州市中级人民法院 谢保伟 江瑾

12

如何区分故意伤害与“随意殴打他人”型寻衅滋事

——冉小某等故意伤害案

【案件基本信息】

1. 裁判书字号

福建省厦门市湖里区人民法院（2017）闽0206刑初324号刑事判决书

2. 案由：故意伤害罪

【基本案情】

2016年1月至2月，被告人冉小某因听说被害人陈培某背后说其坏话而怀恨在心，遂在被害人陈培某驾驶的车辆上偷装GPS，纠集被告人马伟某、陈立某、庄少某，准备木棍多次驾车跟踪被害人陈培某欲对其进行教训未果。同年2月4日14时许，被告人冉小某、庄少某、马伟某、陈立某再次驾车尾随被害人陈培某至厦门市湖里区枋湖南路××号某食品店，待其从店内走出，被告人冉小某、马伟刚、陈立灿持木棍殴打被害人陈培某，被告人庄少川驾车在附近等候，后被告人冉小某等人乘车离开现场。经鉴定，被害人陈培某被打伤致左尺骨粉碎性骨折，系轻伤一级。

【案件焦点】

四被告人的行为系构成故意伤害罪抑或寻衅滋事罪。

【法院裁判要旨】

福建省厦门市湖里区人民法院经审理认为：被告人冉小某系对被害人陈培某素有积怨而产生犯意，且多次驾车跟踪被害人欲侵害之，事发当时，四被告人又尾随被害人并共同对其进行殴打。从本案整个过程来看，四被告人犯罪目的清楚，犯罪对象明确具体，这与寻衅滋事犯罪中体现的寻求刺激、发泄情绪、逞强耍横、无事生非而随意殴打他人特征不符。被告人冉小某、马伟某、陈立某、庄少某故意伤害他人身体，致一人轻伤，其行为均已构成故意伤害罪，且系共同犯罪。公诉机关指控的罪名不当，依法应予纠正。被告人冉小某在共同犯罪中起主要作用，是主犯；被告人马伟某、陈立某、庄少某在共同犯罪中起次要作用，系从犯，应当从轻处罚。被告人冉小某曾因犯聚众斗殴罪、故意伤害罪、非法运输、储存枪支弹药罪被判处有期徒刑，又犯本案之罪，酌情从重处罚。被告人陈立灿归案后如实供述犯罪事实，并当庭自愿认罪，可从轻处罚。被告人冉小某、马伟刚、庄少川当庭自愿认罪，可酌情从轻处罚。据此，依照《中华人民共和国刑法》第二百三十四条第一款、第二十五条第一款、第二十六条、第二十七条、第六十七条第三款及《最高人民法院关于适用〈中华人民共和国刑事诉讼法〉的解释》第二百四十一条第一款第二项之规定，判决如下：

一、被告人冉小某犯故意伤害罪，判处有期徒刑二年一个月；

二、被告人马伟某犯故意伤害罪，判处有期徒刑一年七个月；

三、被告人陈立某犯故意伤害罪，判处有期徒刑一年五个月；

四、被告人庄少某犯故意伤害罪，判处有期徒刑一年二个月。

【法官后语】

鉴于在司法实践中，寻衅滋事中的“随意殴打他人”行为与故意伤害罪在客观方面的“暴力”行为上有一定的重合和交叉情况，因而两罪非常容易混淆。对于如何区分寻衅滋事罪与故意伤害罪构成要件的不同，结合本案的评析，笔者认为应当综合考虑以下三个方面：

1. 正确理解故意伤害罪中的“故意”与寻衅滋事罪随意殴打的“随意”。任何故意犯罪行为都有其产生的主观原因或者动机，因此判断是“随意”还是“故意”，要从行为人的主观原因结合客观事实进行判断。一般而言，“随意”意味着行为人殴打的理由、对象、方式等明显异常，也即从一般理性人角度思考，不能接受被告人殴打行为时，该殴打行为便是“随意”。如果殴打他人的起因为无端生事和小题大做，则为“随意”。而如果殴打他人的起因明确“事出有因”，则为“故意”。

2. 从两罪保护的法益出发综合考量。寻衅滋事罪规定在《刑法》分则第二章妨害社会管理秩序罪的第一节扰乱公共秩序罪中，其旨在保护公共秩序与社会秩序。具体到“随意殴打他人”型寻衅滋事罪，其旨在保护社会一般交往中个人的身体安全。故意伤害罪规定在《刑法》分则第四章第二节侵犯生命、健康的犯罪中，其旨在保护他人的身体健康权利。换言之，故意伤害罪侵害的客体比较单一，而“随意殴打他人”型寻衅滋事罪侵害的客体相对比较复杂，既侵害了社会公共秩序，又侵犯了他人的身体健康权。

3. 从被告人的客观行为表现方面来具体区分。故意伤害罪所侵害的对象往往系特定对象，且被告人在殴打行为实施之前往往有一个准备过程。被告人与被害人有某种程度的相识或者人际往来，且基于人际交往产生了纠纷未得到解决，导致矛盾升级，进而产生了被告人挑起事端，殴打被害人的行为。而寻衅滋事罪侵害的对象比较随意、不特定，只是为了“寻求刺激、发泄情绪、逞强耍横、无事生非”，在行为发生时大多是临时起意。

就本案而言，从犯罪主观方面分析，被告人冉小某系与被害人素有积怨而产生打击报复的犯意，被告人主观上有使被害人身体健康受到损害的“故意”，并非为了满足“寻求刺激、发泄情绪、逞强耍横、无事生非”等不健康的心理需要而去“随意”殴打他人。从犯罪客观行为方面分析，本案的对象具体明确，且被告人冉小某采用GPS定位的方式，多次跟踪被害人，且找准时机纠集另外三名被告人对被害人进行报复，并最终造成被害人轻伤的法律后果。故四被告人的犯罪行为在客观行为方面符合故意伤害罪的特征。从侵犯的法益角度分析，被告人侵犯的系被害人的身体健康权，没有侵害社会公共秩序。综上，四被告人的犯罪行为符合故意伤害罪的四个构成要件，应以故意伤害罪论处。

编写人：福建省厦门市湖里区人民法院　张晓毅

13

一拳致人死亡的情形下，如何认定被告人构成故意伤害（致人死亡）罪还是过失致人死亡罪

——张遥奎故意伤害案

【案件基本信息】

1. 裁判书字号

新疆维吾尔自治区乌鲁木齐市中级人民法院（2017）新01刑初87号刑事判决书

2. 案由：故意伤害罪

【基本案情】

2016年8月22日23时许，被告人张遥奎与他人在乌鲁木齐市新市区青格达湖乡新联村一组甲饭馆内吃饭、喝啤酒时，因酒后进入饭馆的被害人徐元某出言不逊，双方发生争执，被告人张遥奎手持啤酒瓶准备砸向被害人徐元某时被他人拉开，随后被告人张遥奎又向被害人徐元某左面部击打一下，致使被害人徐元某摔倒在地，被害人徐元某倒地后遂陷入昏迷，其爱人王红某及其他人以为其严重醉酒无法回家，遂当晚将其安置在甲饭馆内沙发上休息，次日清晨其爱人王红某与被告人张遥奎等人发现被害人徐元某没有意识，呼叫不醒，遂拨打120，将被害人徐元某送往乌鲁木齐市乙医院抢救，经医院手术治疗后，被害人徐元某并未清醒好转，2016年9月15日，徐元某家属放弃治疗并办理出院手续后，将被害人徐元某接回家中自行护理。2016年10月4日，被害人徐元某在家中死亡。经鉴定：徐元某死亡原因为钝性重度颅脑损伤术后脑坏死、脑水肿、脑疝及并发支气管肺炎，导致生命功能衰竭而死亡，死亡与原发损伤有直接的因果关系。2016年8月23日，被告人张遥奎在其家中被公安机关抓获。

【案件焦点】

本案被告人对被害人仅实施了轻微暴力行为，造成被害人死亡的后果，在此情形下，应认定被告人的行为构成故意伤害（致人死亡）还是过失致人死亡。

【法院裁判要旨】

新疆维吾尔自治区乌鲁木齐市中级人民法院经审理认为：被告人张遥奎因琐事与被害人徐元某发生争执，继而用拳击打被害人徐元某左面部，致被害人徐元某倒地后昏迷，送往医院经抢救无效死亡。经法医鉴定，被害人徐元某死亡与原发损伤有直接的因果关系。被告人张遥奎明知其行为可能使对方受到伤害而放任该行为的发生，主观上存在间接故意，公诉机关指控的犯罪事实和罪名成立，应予支持。被告人张遥奎的辩护人提出张遥奎系过失致人死亡的辩护意见不成立，不予采纳。本案系邻里纠纷，且该纠纷系被害人徐元某首先出言不逊引起，被害人徐元某对本案纠纷的产生负有一定责任。案发后，被告人张遥奎能够积极帮助将被害人徐元某抬上120车进行抢救，且在得知被害人家属已经报案的情况下仍在家中等待，抓捕时无拒捕行为，并能如实供述犯罪事实，根据最高人民法院关于自首和立功的司法解释，应对被告人张遥奎认定为自首，依法应当减轻处罚。在本案审理过程中，被告人张遥奎能够认罪悔罪，其家属积极赔偿被害人家属的损失，得到了被害人家属的谅解，依法可以从轻处罚。被告人张遥奎辩护人的上述辩护意见成立，予以采纳。张遥奎辩护人提出被害人的损伤具有多种致伤可能性，不能排除合理怀疑的意见因没有其他证据予以印证，不予采纳。综上，根据本案的具体情况以及被告人张遥奎的犯罪事实、犯罪手段、主观恶性及社会危害性等量刑情节，依照《中华人民共和国刑法》第二百三十四条第二款、第六十三条第一款、第六十七条第一款之规定，作出如下判决：

被告人张遥奎犯故意伤害罪，判处有期徒刑三年。

【法官后语】

我国《刑法》第二百三十三条规定："过失致人死亡的，处三年以上七年以下有期徒刑；情节较轻的，处三年以下有期徒刑。本法另有规定的，依照规定。"第二百三十四条第二款规定："犯前款罪，致人重伤的，处三年以上十年以下有期徒刑；致人死亡或者以特别残忍手段致人重伤造成严重残疾的，处十年以上有期徒刑、无期徒刑或者死刑。本法另有规定的，依照规定。”

故意伤害（致人死亡）与过失致人死亡，二者在客观上都是造成了被害人死亡的后果，主观上对死亡结果均出于过失，但两罪承担的法律责任则是大不相同。区分两罪的关键是看行为人有无伤害他人身体健康的故意。过失致人死亡时，行为人主观上既无杀人的故意，也无伤害的故意，故意伤害致人死亡显然以具有伤害的故意为前提，过失造成的死亡结果，则是故意伤害罪的加重情节。所以不能把所有的“故意”殴打致人死亡案件，都认定成故意伤害致人死亡，但也不能因为仅打了一拳或一掌造成致人死亡后果的，都认定为过失致人死亡。实践中，有很多案例对轻微暴力行为致被害人死亡，且死亡结果与殴打行为只是间接因果关系的案件定性为过失致人死亡罪。具体到本案，当时对案件定性存在两种意见，其中一种意见就是被告人构成过失致人死亡罪，理由是：(1) 被告人没有希望或者放任被害人死亡结果发生的主观故意。从被告人仅仅徒手击打了被害人面部一拳，以及事后拨打120，协助将被害人送往医院抢救这些客观事实分析，可见被告人主观上并没有希望或者放任被害人死亡结果发生的主观故意。(2) 被告人实施的只是一般殴打行为，并非刑法意义上的故意伤害。被告人在实施向被害人面部打一拳这个行为时，主观上只是出于教训被害人的目的，本案被告人的行为只属于一般生活意义上的殴打行为，并非刑法意义上的故意伤害。(3) 本案定性为过失致人死亡更符合刑法罪刑相适应的基本原则。另一种意见认为：虽然被告人仅是用拳头击打了被害人面部一下，看似轻微暴力行为，其实不然，人的面部系人体较为脆弱的部位，尤其太阳穴部位（颞部），一拳就有可能造成很严重的伤害后果，被告人作为一名成年人，其猛力用拳头击打被害人面部，对可能造成被害人受伤或死亡的后果其应当是明知的，且住院病历等相关材料能够证实被告人这一拳造成了被害人颞部血肿，足见被告人一拳力度不小，且法医鉴定亦认定被害人徐元某死亡与原发损伤有直接的因果关系，即被告人殴打行为是造成被害人死亡的直接原因而非间接原因，从而更加印证了被告人具有伤害他人的主观故意，因此，法院依法认定被告人构成张遥奎系故意伤害（致人死亡）罪。

编写人：新疆维吾尔自治区乌鲁木齐市中级人民法院　刘晓

14

故意伤害罪与故意杀人罪的区分

——全泓某故意伤害案

【案件基本信息】

1. 裁判书字号

广东省广州市中级人民法院（2017）粤01刑终1368号刑事裁定书

2. 案由：故意伤害罪

【基本案情】

2014年年底，被告人全泓某与被害人余某某确立情侣关系并一直交往，其间因感情纠纷致二人产生隔阂。2016年8月6日13时许，被告人全泓某至被害人余某某住处广州市天河区某街××号某大厦××房，与余某某家人相谈其与余某某之间的问题未果。当日16时许，因余某某拒绝单独出去与其交谈，二人发生争执，全泓某遂掏出随身携带的水果刀抵在余某某颈部，造成余某某颈部受伤，后被余某某用力抓住刀刃，全泓某将刀抽回时又致余某某颈部受伤，并致其双手受伤。经鉴定，余某某颈部及双手指的损伤符合锐性暴力作用所致，并造成颈前部多个创口长度累计8.0cm以上，右手食指损伤致其右手功能丧失达16%以上，其伤情属轻伤一级。余某某父母及弟弟见状上前抢夺全泓某刀具并将其控制后报警，余某某父亲余常青的手指在制止过程中受伤（经鉴定，其伤情不构成轻微伤）。公安机关接报后至现场将被告人全泓某抓获归案，并缴获作案工具水果刀1把。

广东省广州市天河区人民检察院以被告人全泓某犯故意杀人罪提起公诉。被告人全泓某承认其有持刀划伤被害人余某某颈部及手部，但辩称其没有杀害被害人的主观故意，其行为应构成故意伤害罪。

【案件焦点】

本案应定性为故意杀人罪还是故意伤害罪。

【法院裁判要旨】

广东省广州市天河区人民法院经审理认为：综合判断本案的起因、作案方式及过程、击打的部位及实害后果等因素，依据主客观相一致的原则，现有证据不足以认定被告人全泓某具有非法剥夺他人生命的主观故意，其行为在客观上亦没有达到足以致人死亡的暴力程度，故被告人全泓某的行为不符合故意杀人罪的构成要件，应以故意伤害罪论处。

广东省广州市天河区人民法院依照《中华人民共和国刑法》第二百三十四条第一款、第六十七条第三款、第三十六条第一款、第六十四条，《中华人民共和国侵权责任法》第六条第一款、第十五条第一款第六项，《中华人民共和国刑事诉讼法》第九十九条①，《最高人民法院关于适用〈中华人民共和国刑事诉讼法〉的解释》第一百五十一条、第一百六十三条以及《最高人民法院关于审理人身损害赔偿案件适用法律若干问题的解释》第十七条第一款、第十九条、第二十条、第二十一条、第二十二条、第二十三条、第二十四条之规定，判决如下：

一、被告人全泓某犯故意伤害罪，判处有期徒刑二年；

二、缴获的作案工具水果刀1把，予以没收；

三、被告人全泓某赔偿附带民事诉讼原告人余某某人民币39585.99元。

一审宣判后，被告人全泓某不服，向广东省广州市中级人民法院提起上诉。

广东省广州市中级人民法院经审理认为：综合分析全案证据情况，上诉人全泓某持刀具抵住并伤害被害人颈部，又导致被害人手部受伤，依法应构成故意伤害罪；原审法院已经考虑到本案由感情纠纷引发，上诉人全泓某是初犯，归案后认罪态度好，赔偿了被害人经济损失等情节，对其在法定量刑幅度内量刑并无不当。广东省广州市中级人民法院依照《中华人民共和国刑事诉讼法》第二百二十五条第一款第一项②的规定，裁定如下：

驳回上诉，维持原判。

---

① 对应2018年《刑事诉讼法》第一百零一条。

② 对应2018年《刑事诉讼法》第二百三十六条第一款第一项。

【法官后语】

故意伤害罪与故意杀人罪在犯罪构成要件和责任要件方面存在明显不同，使得在理论上比较容易区分，但由于犯罪构成要件和责任要件的抽象性、具体案件的多样性，特别是当两者造成的危害结果相同时——如故意伤害与故意杀人未遂、故意伤害致死与故意杀人既遂，使司法实践中往往难以区分。“目的说”认为，故意伤害罪与故意杀人罪的界限在于犯罪目的不同。但该观点显然忽视了间接故意杀人与间接故意伤害的情形。“故意说”认为，故意伤害罪与故意杀人罪的区别在于主观故意内容不同。该观点看到了上述“目的说”的缺陷，成为现在的通说观点，但仅根据故意的内容不同认定犯罪亦不合适，如行为人实施的是客观上不可能导致人死亡的行为，即使其具有杀人的故意，也不应成立故意杀人罪。“事实说”认为，故意伤害罪与故意杀人罪的区别应当以案件的客观事实为标准，而不能以行为人的主观故意内容为标准。该观点与“故意说”存在的缺陷相似，如行为人不具有杀人的故意，即没有认识到可能致人死亡的结果，即使其客观上实施了杀人行为，也不应认定为故意杀人罪。

其实，“故意说”与“事实说”并不是绝对对立的非此即彼关系，两者之间完全可以统一并存。也就是说，故意伤害罪与故意杀人罪的区分应依据主客观相一致的原则，如果行为人主观上对造成死亡结果具有希望或放任心理的，客观上也实施了杀人行为，是故意杀人罪；如果实施的是客观上不可能导致人死亡的行为，即使行为人具有杀人的故意，也不成立故意杀人罪。如果行为人主观上仅对造成伤害结果具有希望或放任心理的，客观上也实施了伤害行为，是故意伤害罪；如果行为人不具有杀人的故意（没有认识到可能致人死亡的结果），即使其客观上实施了杀人行为，也不能认定为故意杀人罪。而判断行为人是具有杀人的故意还是伤害的故意，需要综合考察案件的全部事实来认定：（1）从案件起因来看，行为人与被害人平时是什么关系，是否素有积怨还是关系较好，是由一时冲动引发还是经预谋策划；（2）从作案时间、地点及环境来看，行为人是有意选择的时间、地点还是随机的时间、地点，案发时是否有其他人在场或刻意避开他人作案；（3）从作案工具来看，行为人使用的是何种凶器，杀伤力如何，系事先准备还是随手取得；（4）从打击部位来看，行为人打击的部位是要害部位还是非要害部位，是有意选择要害部位打击还是顺手可能打击某部位就打击某部位；（5）从打击强度来看，行为人是大力打击还是有节制地控制打击力度；(6) 从作案过程来看，行为人在被害人丧失反抗能力的情况下是继续打击还是立即停止打击行为，是经他人劝阻后主动停止打击行为，还是被他人控制后才停止打击行为；(7) 从事后行为来看，行为人是否有积极抢救被害人或报警，对伤害或死亡结果表现出何种态度。综合上述情况来看，凡具有明显杀人的故意，客观上实施了杀人行为的，应以故意杀人罪论处；凡具有明显伤害的故意，客观上实施了伤害行为，应以故意伤害罪论处；凡主观上不顾被害人死伤的，即死亡与伤害结果都在行为人的犯意之内，应以实害造成的结果来认定犯罪行为的性质；确实难以区分的案件，应按存疑时有利于被告人的原则，以较轻的故意伤害罪论处。

就本案而言：(1) 从案件起因来看，被告人与被害人为相处两年的情侣关系，案发前无剧烈冲突，被告人系因感情纠纷一时冲动而实施本案行为，且稳定供述其仅是想吓唬被害人，让被害人出去与其单独交谈。被害人虽陈述称被告人在交往过程中曾多次威胁要杀她，但缺乏其他证据相印证，且被告人对此予以否认，故对被害人该节陈述不予采信。(2) 从作案时间、地点及环境来看，被告人于当日下午至被害人住处，案发时被害人父母及弟弟均在场。(3) 从作案工具、打击部位、打击强度、实害后果、作案过程来看，被告人虽持水果刀攻击被害人的颈部，但法医学人体损伤程度鉴定书证实所造成两处伤痕均只伤及皮肤、皮下脂肪组织的轻伤，在他人劝阻的情况下很快就停止了犯罪行为，并没有激烈反抗逃离现场。被害人虽陈述称水果刀已刺进其喉咙部位4cm深，危及生命，但与法医学人体损伤程度鉴定书显示其颈部的两处伤痕深度约0.5cm的意见明显不符，故对被害人该节陈述亦不予采信。因此，综合判断上述因素，依据主客观相一致的原则，在案证据不足以认定被告人具有非法剥夺他人生命的主观故意，其行为在客观上亦没有达到足以致人死亡的暴力程度，故被告人行为应以故意伤害罪论处。

编写人：广东省广州市天河区人民法院　李凯　方洪立

15

驾车追逐、挤逼他人致人伤亡如何定性

——刘浩武、黄家斌故意伤害案

【案件基本信息】

1. 裁判书字号

广东省潮州市中级人民法院（2017）粤51刑终74号刑事判决书

2. 案由：故意伤害罪

【基本案情】

2015年9月28日凌晨，方某娟之弟方某因琐事与被害人曾某鸿、林某栓、曾某欢等人打架。方某娟得知情况后，联系其男友被告人刘浩武前去现场查看情况，刘浩武遂叫被告人黄家斌到场帮忙。刘浩武、黄家斌赶到现场后，发现被害人一方驾乘多辆二轮摩托车沿潮汕公路往汕头方向行驶。刘浩武以为对方在追赶方某，遂驾驶小汽车载黄家斌追赶被害人一方。当追至潮汕公路白塔村路段时，刘浩武驾车追逐、挤逼驾驶摩托车在右侧车道行驶的曾某欢等人，还让黄家斌持汽车方向盘锁出来威吓对方，致使曾某欢驾驶摩托车碰撞到道路右侧花圃后摔倒受伤。

之后，刘浩武、黄家斌继续驾驶小汽车追逐驾驶摩托车载林某栓逃离现场的曾某鸿。当追至潮汕公路乌洋村一路口时，刘浩武驾车在潮汕公路的中间车道与右侧车道之间追逐、挤逼曾某鸿一方。当追至潮汕公路乌洋村路段时，曾某鸿驾驶的摩托车因躲避不及而碰撞到许某临时靠边停放的小汽车，致曾某鸿、林某栓当场倒地受伤。与此同时，刘浩武、黄家斌驾驶的小汽车超过许某的小汽车后，听到曾某鸿驾驶的摩托车发出碰撞的声音但仍继续驾车逃离现场。林某栓经抢救无效于当天下午死亡，曾某鸿的伤情构成轻伤。

【案件焦点】

行为人驾驶汽车在公路上高速追逐、挤逼他人致人伤亡的，其行为构成故意伤害罪还是过失致人死亡罪。

【法院裁判要旨】

广东省潮州市潮安区人民法院经审理认为：被告人刘浩武、黄家斌合伙驾驶小汽车持续追逐、挤逼他人，致使他人驾驶的摩托车碰撞到路边停放的小汽车而摔倒，造成一人死亡、一人轻伤，其行为均已构成故意伤害罪。刘浩武在共同犯罪中系主犯，应按照其所参与的全部犯罪处罚。黄家斌在共同犯罪中起次要作用，系从犯，依法予以减轻处罚。依照《中华人民共和国刑法》有关条款之规定，判决如下：

一、被告人刘浩武犯故意伤害罪，判处有期徒刑十年，剥夺政治权利三年；

二、被告人黄家斌犯故意伤害罪，判处有期徒刑五年。

被告人刘浩武不服，以其行为构成过失致人死亡罪为由提出上诉。

广东省潮州市中级人民法院经审理认为：原审判决认定事实清楚，定罪和适用法律正确，量刑适当，审判程序合法，遂裁定：

驳回上诉，维持原判。

【法官后语】

本案审理中，对于被告人刘浩武、黄家斌的行为是构成故意伤害罪还是过失致人死亡罪，有两种意见：

第一种意见认为，刘浩武、黄家斌合伙驾驶汽车在公路上追赶、挤逼被害人，应当预见其行为可能会导致被害人伤亡，但因轻信能够避免，以致发生被害人伤亡的后果，其行为均已构成过失致人死亡罪。

第二种意见认为，刘浩武、黄家斌明知驾驶汽车在公路上持续高速追赶、挤逼被害人可能会导致被害人紧张、慌乱进而引发伤亡结果的发生，并且放任这种结果的发生，其行为均已构成故意伤害罪。

笔者同意第二种意见，理由如下：

间接故意是指行为人明知自己的行为会发生危害社会的结果，并且放任这种危害结果发生的心理态度。过于自信的过失是指行为人已经预见到自己的行为可能发生危害社会的结果，但轻信能够避免，以致发生危害结果的心理态度。

间接故意和过于自信的过失之间，存在相似之处，即行为人都已预见到自己的行为有发生危害结果的可能性，并且都不希望危害结果的发生。尽管如此，但这二者仍存在本质的区别。这种本质的差别，主要体现为：一是认识因素上的区别。间接故意是明知危害结果发生的可能性，即行为人对其行为可能发生的危害结果有比较清楚、现实的认识；而过于自信的过失是预见危害结果发生的可能性，即行为人对其行为可能发生的危害结果虽然有一定的认识，但是这种认识是模糊的、存疑的、不确切的，特别是对这种危害结果发生的现实性，行为人往往认识不足。二是意志因素上的区别。间接故意的行为人虽不希望危害结果发生，但也并不反对、不排斥危害结果的发生，因而也就不会凭借客观条件和采取措施去设法阻止危害结果的发生，而是听之任之，有意放任危害结果的发生。过于自信过失的行为人不仅不希望危害结果发生，而且希望能够避免危害结果的发生，即排斥、反对危害结果的发生。发生危害结果是违背其主观意愿，出乎其意料之外的。三是行为人不希望危害结果的发生是否有客观依据。没有客观依据，其行为必然导致危害结果发生的，是间接故意；有客观依据，其行为并不必然导致危害结果发生的，则属于过于自信的过失。

笔者认为，司法实践中判断这二者的区别，要坚持主客观相结合的原则，全面考量反映行为人主、客观方面的证据后进行综合判断。具体可以综合以下四个方面判断：（1）危害结果发生可能性的大小；（2）行为人轻信危害结果能够避免是否有客观根据；（3）行为人有无为了避免危害结果的发生而采取了一定的预防措施；（4）危害结果发生后，行为人是否采取了补救措施。

本案中，从刘浩武、黄家斌犯罪时的心理状态分析可知，其二人明知驾车高速追逐他人的行为，势必会造成被害人心理高度紧张而不顾危险驾驶摩托车高速行驶，并极易导致被害人在高速行驶过程中发生事故、造成伤亡。但刘浩武、黄家斌对此置之不理，仍驾车在公路上持续高速追逐、挤逼被害人，且没有采取任何预防危害结果发生的措施，而是将危害结果不会发生的根据，建立在被害人侥幸不会摔倒的错误判断上。也就是说，虽然其二人并不积极主动追求被害人伤亡结果的发生，但也未采取任何防止措施，相反地采取积极驾车持续高速追逐、挤逼被害人的危险行为，且在被害人倒地受伤后也没有采取任何补救措施，而是驾车直接离开现场，显见其主观上对被害人的伤亡持放任的态度。刘浩武、黄家斌的这种犯罪心理状态不符合过于自信过失的特征，而应当认定为是间接故意，因此其二人的行为均已构成故意伤害罪而非过失致人死亡罪。

编写人：广东省潮州市中级人民法院　江瑾　沈斌

16

共同犯罪中各被告人应对犯罪后果共同承担责任

——温某某等故意伤害案

【案件基本信息】

1. 裁判书字号

福建省厦门市集美区人民法院（2017）闽0211刑初43号刑事附带民事判决书

2. 案由：故意伤害罪

【基本案情】

2016年5月15日15时许，被告人温某某（时年十四周岁）、蓝某某（时年十六周岁）在厦门市集美区侨英街道浒井社偶遇正骑摩托车送被告人王某某（时年十六周岁）回暂住处的小学同学被害人万某（男，殁年十七周岁）和李开某。因王某某彼时寄宿于温某某的暂住处浒井社××号×××室，王某某遂与温某某、蓝某某一道返回。三被告人回到暂住处后，温某某因之前与被害人万某发生过肢体冲突而怀恨在心，遂提议去殴打万某。在温某某的指使下，王某某打电话给李开某确定李开某与万某位处集美区下蔡社，并骗说要找他们一道去玩耍。后温某某与蓝某某分别携带匕首和甩棍，与王某某一道前往下蔡社与万某、李开某汇合，后五人分骑两辆摩托车前往集美区滨海西大道凤林海边。

当五人骑至BRT凤林车站西侧绿化带时，温某某见无行人过往便停车，佯装要一起玩牌时，径直走向被害人万某并对其拳打脚踢，其间蓝某某也上前踹万某腹部和殴打其头部。接着温某某从蓝某某的口袋掏出甩棍，朝被害人万某的头部甩打数下，在甩棍断成几节后又从裤子口袋掏出折叠刀朝被害人万某左胸部捅刺一刀。后温某某携带折叠刀与蓝某某和未动手的王某某一同逃离现场。三人回到暂住处后，温某某将折叠刀上的血迹洗净后将刀具搁置桌上。

被害人万某经抢救无效死亡。经鉴定，被害人万某系左胸部被单刃锐器捅刺致心脏破裂心包填塞死亡。

案发当日，温某某自动到集美区侨英派出所投案，并先后联系蓝某某和王某某，将他们约至集美区某百货门口，民警先将投案途中的蓝某某抓获，后将王某某抓获。三人到案后，均如实供述了主要犯罪事实。民警在案发现场缴获甩棍四节，在温某某的指认下缴获了存于其暂住处的折叠刀。

【案件焦点】

被告人王某某和蓝某某并没有对被告人温某某持刀伤人的行为进行制止或者劝阻，是否应共同对故意伤害行为产生的后果承担责任。

【法院裁判要旨】

福建省厦门市集美区人民法院经审理认为：被告人温某某、蓝某某、王某某因琐事纠纷持械故意伤害他人身体，致一人死亡，其行为均已构成故意伤害罪。公诉机关指控的罪名成立。本案系共同犯罪，被告人温某某在故意伤害犯罪中起组织作用，是主犯；被告人蓝某某、王某某在共同犯罪中起次要作用，系从犯，对其依法均可以减轻处罚。被告人温某某犯罪时已年满十四周岁不满十六周岁，被告人蓝某某、王某某犯罪时均已年满十六周岁不满十八周岁，均系未成年犯罪，依法均应当减轻处罚。被告人温某某自动向公安机关投案，如实供述自己的罪行，系自首，依法可以减轻处罚。被告人温某某劝说被告人蓝某某投案且协助抓捕被告人王某某，具有立功表现，依法可以减轻处罚。被告人蓝某某在投案途中被抓获，并如实供述自己的罪行，系自首，依法可以减轻处罚。被告人王某某到案后如实供述自己的罪行，可以从轻处罚。被告人温某某、蓝某某已赔偿被害人家属部分经济损失，对其均可酌情从轻处罚。

关于蓝某某和王某某的辩护人提出的本案系温某某故意伤害实行过限导致的，故被告人蓝某某和王某某应仅在一般故意伤害的范围内承担刑事责任，而不应就过限部分承担责任的辩护意见，本院认为，本案系共同犯罪，三被告人在整个犯罪行为中各有分工，应共同对故意伤害后果承担责任。故该辩护意见理由不充分，不予采纳。辩护人的其他相关辩护意见理由充分，予以采纳。

关于民事赔偿部分，被告人温某某、蓝某某、王某某对其侵权行为造成他人的经济损失应承担赔偿责任。因三被告人均系无独立经济能力的未成年人，故其法定代理人应连带承担赔偿责任。附带民事诉讼原告人万其某、彭金某的各项经济损失共计411858元，扣除案发后，被告人温某某、蓝某某、附带民事诉讼被告人温文某、钟英某、蓝庆某、朱贵某已共同赔偿被害人家属经济损失人民币50000元，故被告人温某某、蓝某某、王某某、附带民事诉讼被告人温文某、钟英某、蓝庆某、朱贵某、王考某、宋庆某应赔偿附带民事诉讼原告人万其某、彭金某经济损失361858元。关于附带民事诉讼被告人王考某、宋庆某的诉讼代理人提出的因被告人王某某系从犯，故被告人王某某、附带民事诉讼被告人王考某、宋庆某仅应共同承担10%的赔偿份额的答辩意见，本院认为，本案系共同犯罪，三被告人因共同故意，实施了侵害行为致被害人死亡，构成共同侵权，应承担连带责任。故该答辩意见理由不充分，不予采纳。

福建省厦门市集美区人民法院依照《中华人民共和国刑法》第二百三十四条、第十七条、第二十五条、第二十六条、第二十七条、第六十七条、第六十八条，《最高人民法院关于适用〈中华人民共和国刑事诉讼法〉的解释》第一百五十五条、《最高人民法院关于民事诉讼证据的若干规定》第二条，《最高人民法院关于审理人身损害赔偿案件适用法律若干问题的解释》第三条、第二十条、第二十二条、第二十七条、第二十九条之规定，判决如下：

一、被告人温某某犯故意伤害罪，判处有期徒刑八年七个月；

二、被告人蓝某某犯故意伤害罪，判处有期徒刑四年九个月；

三、被告人王某某犯故意伤害罪，判处有期徒刑五年四个月；

四、随案移送的作案工具甩棍四节、折叠刀一把予以没收，物证牛仔裤一条、裤子上可疑斑迹一张予以封存；

五、被告人温某某、蓝某某、王某某、附带民事诉讼被告人温文某、钟英某、蓝庆某、朱贵某、王考某、宋庆某应于本判决生效之日起十日内赔偿附带民事诉讼原告人万其某、彭金某经济损失人民币361858元；

六、驳回附带民事诉讼原告人万其某、彭金某的其他诉讼请求。

【法官后语】

本案系由校园纠纷产生的校园暴力，进而引发为校外暴力的一个恶性案件。本案的争议点在于三被告人在共谋“故意伤害被害人”的前提下，由于主谋被告人温某某在实施犯罪过程中过于冲动，使用刀具伤害被害人，导致被害人抢救无效死亡的犯罪后果，那共犯被告人蓝某某和王某某是仅就故意伤害的行为在有期徒刑三年以下承担责任还是要对一人死亡的犯罪后果在法定刑有期徒刑十年以上共同承担责任？

按照我国《刑法》的规定，“共同犯罪是指二人以上共同故意的犯罪”。客观上说，一方面，各共同犯罪人的行为都指向同一目标，彼此联系，相互配合，形成一个犯罪行为整体。另一方面，各共同犯罪人的行为都与发生的犯罪结果有因果关系。主观上说，各共同犯罪人对他们的共同犯罪行为会发生危害社会的后果都抱有希望或者放任的态度。本案为一典型的共同犯罪案件。三被告人虽分工不同，但相同的“故意伤害”犯意导致了一人死亡的犯罪后果，在犯罪实施过程中，被告人王某某和蓝某某并没有对被告人温某某持刀伤人的行为进行制止或者劝阻，故应共同对故意伤害行为产生的后果承担责任。考虑到三被告人在具体行为上有“仅叫人，没有殴打行为”“仅动手殴打，没有使用工具”“直接使用工具致人死亡”的区别，故在共同犯罪时进行了主从犯的区分，认定温某某在故意伤害犯罪中起组织作用，是主犯；蓝某某和王某某在共同犯罪中起次要作用，系从犯。

同时法院在审理过程中了解到，被告人温某某、蓝某某和被害人万某曾系小学同学。就读期间，被告人温某某与被害人万某有过矛盾，也动手互殴过，但因为未分胜负，故温某某怀恨在心。当小学辍学后，温某某再次偶遇万某时，就萌生了再次殴打、教训万某的念头，加上蓝某某和王某某的盲目跟从，故而引发了一场后果严重的伤害案件。而三被告人均是仅有小学文化程度的外来农民工子女，因不喜读书，害怕吃苦，早早辍学。温某某和王某某更是长期处于无业的状态。在缺乏有效的校园监管和家庭监管的情况下，被告人温某某在案发前便有斗殴、寻衅滋事等行为。本案反映了三名未成年被告人正直青春期，喜欢逞强好胜，容易冲动，且逆反心理比较严重。在校园内一旦碰到问题不能通过正常途径解决，就易通过暴力手段对抗。这样的群体通常“哥们儿义气”较重，是非观念和法制意识比较薄弱，盲从性强，亟需加强法制教育。案件开庭审理后，承办法官联系了心理老师为三名被告人及其父母和被害人的父母、姐姐分别进行了心理辅导，重点围绕矫正犯罪心理、修复被害心理和加强家庭教育理念等方面。该案对引导学生运用法律约束自身行为，家庭加强未成年人教育引导、营造安全和谐校园环境方面能够起到良好的示范、震慑和教育作用。

编写人：福建省厦门市集美区人民法院　陈于婧

（四）强奸罪

17

普通共同强奸和轮奸如何区分认定

——纪某某、张某某强奸案

【案件基本信息】

1. 裁判书字号

江苏省淮安市中级人民法院（2017）苏08刑终172号刑事裁定书

2. 案由：强奸罪

【基本案情】

2015年10月至11月，被告人纪某某因被害人顾某某损坏刘甲（男，系纪某某的朋友）名誉、被告人张某某辱骂刘甲等原因，欲教训顾某某和张某某（二人系朋友关系）。同年11月的一天晚上6时许，纪某某和刘乙、纪某某（未成年）等人至淮安区流均镇汽车站附近的甲宾馆找到张某某，纪某某欲教训张某某，张某某便取出一根棒球棍给纪某某，对纪某某讲“要打就拿棒球棍打”。纪某某接过棒球棍欲打张某某被刘乙等人劝阻后，便要求张某某与其一起去教训顾某某，张某某表示同意，后纪某某携带棒球棍，带领张某某去找顾某某。

当日晚8时许，因不知顾某某住址，纪某某、张某某找到赵某某（女，未成年，顾某某的同学），让其带路去找顾某某，并利用赵某某QQ信息骗开顾某某家门，纪某某、张某某强行进入顾某某家中。纪某某持棒球棍恐吓、言语威胁顾某某，并要求顾某某拍摄裸照，顾某某提出自己拍摄。后纪某某对顾某某自行拍摄的裸照不满意，便要求重新拍摄遭到顾某某拒绝，纪某某便将顾某某按在床上，捂住顾某某嘴部，同时指使张某某上前脱顾某某衣服并实施奸淫。张某某在纪某某的指使下，强行脱掉顾某某的裤子，同时采取捂嘴、按压等方式强行对顾某某实施了奸淫。其间，纪某某用手机拍摄了张某某奸淫顾某某的照片，并催促张某某快点结束以便让其亦奸淫顾某某。张某某奸淫结束后穿衣服时，纪某某开始在旁边脱自己衣服，并让张某某离开时留下香烟、锁好门。纪某某在张某某离开后，强行对顾某某实施了奸淫。

【案件焦点】

二被告人是普通共同强奸还是轮奸。

【法院裁判要旨】

江苏省淮安市淮安区人民法院经审理认为：被告人纪某某、张某某违背被害人意志，采用暴力、胁迫等手段，轮流对被害人实施奸淫，二被告人的行为均构成强奸罪，并系共同犯罪，且具有轮奸情节，依法应处十年以上有期徒刑。在强奸共同犯罪中，被告人纪某某提起犯意并指使张某某实施强奸犯罪，随后自己亦实施强奸犯罪，被告人张某某受指使积极实施强奸犯罪，都起主要作用，均系主犯；但被告人张某某系作用相对较小的主犯，可以酌情从轻处罚。对于被告人纪某某在庭审辩论阶段提出其未实施强奸犯罪的辩护意见，经查，纪某某的强奸犯罪事实有被害人顾某某的陈述和被告人张某某的供述予以证实，并得到了纪某某、仇善某等多名证人证言的印证，同时纪某某在侦查阶段曾多次、稳定地供述该事实，在庭审调查阶段亦予以认可，故对其该点自行辩护意见不予采纳。

对于被告人张某某及其辩护人提出的张某某不具有轮奸情节的辩解、辩护意见，本院经审理认为：首先，控方所举证据能够证实纪某某和张某某二人在主观上具有实施轮奸的共同意思联络，二被告人对于纪某某催促张某某快点结束奸淫、张某某奸淫结束在穿衣服时，纪某某开始在旁边脱衣服等系列言行的意图具有共同的犯罪认知，即纪某某准备随后奸淫顾某某，张某某对此应当明知；其次，张某某和纪某某具有轮流奸淫顾某某（既遂）的客观行为，应当认定为二被告人具有轮奸情节，故对该点辩解辩护意见不予采纳。

江苏省淮安市淮安区人民法院依照《中华人民共和国刑法》第二百三十六条第三款第四项、第二十五条第一款、第二十六条第一款和第四款、第六十七条第三款、第五十六条第一款、第五十五条第一款、第六十九条、第六十四条之规定，作出如下判决：

一、被告人纪某某犯强奸罪，判处有期徒刑十三年，剥夺政治权利二年；

二、被告人张某某犯强奸罪，判处有期徒刑十二年，剥夺政治权利一年。

纪某某、张某某持原审辩解提起上诉。

江苏省淮安市中级人民法院经审理认为：上诉人纪某某、张某某违背妇女意志，采用暴力、胁迫等手段，强行与妇女发生性关系，其行为均已构成强奸罪，且具有轮奸情节。一审判决认定事实清楚，证据确实充分，定性准确，量刑适当，审判程序合法。江苏省淮安市中级人民法院依照《中华人民共和国刑事诉讼法》第二百二十五条第一款第一项①的规定，作出如下裁定：

驳回上诉，维持原判。

【法官后语】

本案处理重点主要在于对如何区分普通共同强奸和轮奸。司法实践中，对于“轮奸”情节的认定，一直扑朔迷离，在实务中也会存在很多情形。轮奸指两个以上男子出于共同的奸淫认识，在同一时间内、同一地点或者较近的一段时间、一定场所，先后轮流对同一妇女（或幼女）实施奸淫的行为。根据《刑法》第二百三十六条第三款第四项的规定，轮奸是情节加重犯而非结果加重犯，因此不需要每个人都“得逞”。作为强奸罪加重处罚的一种法定情形，它解决的仅是对行为人所要适用的法定刑档次和刑罚轻重问题。轮奸中各行为人是否奸淫得逞的具体情形，包括均得逞、因意志以外原因均未得逞或者一人以上得逞、一人以上未得逞的，则属于强奸罪既遂或未遂所要解决的问题。“轮奸”是一种客观情节条件，只存在“有

① 对应2018年《刑事诉讼法》第二百三十六条第一款第一项。

该情节”或者“无该情节”的情况，其本身并没有独立的既未遂问题，只有强奸罪的既未遂问题。理论上认为，只要二人同时有轮流实施奸淫的故意（包括事先商量和事中的默契），不管具体行为是否得逞，一般是排除普通强奸罪的共同犯罪，系轮奸情节。但实践中，是否一律认定为轮奸情节，还需分具体的情况。普通强奸罪的共同犯罪，只限于一人有奸淫故意，其他人有帮助实施的故意，而并非也想奸淫。本案中，二被告人之间存在的轮奸故意属于事中的默契，在奸淫过程中，二被告人对彼此言语和动作的理解，具有共同的犯罪认知，属于应当明知的范畴。

值得注意的是实务中对“轮奸”情节的认定。由于“轮奸”情节加重之后刑期上升较多，因此实务中的认定应当考虑到罪刑相适应，可能会跟理论上对“轮奸”的认定有所区别，主要具体表现在：（1）二人以上共同参与轮奸，一人奸淫得逞，其他人未得逞或者直接放弃的，全案应当认定为“轮奸”情节。并且对全部人员按照强奸罪既遂认定（轮奸情节）。但可以对未得逞的和放弃奸淫行为的人认定为从犯，适用从轻或者减轻、免除处罚。（2）二人以上共同参与“轮奸”，均未得逞或者均中止奸淫行为，或者部分未得逞、部分中止的，全案认定为基本情节的强奸罪，不认定“轮奸”情节。并可以分别针对各参与人的情况分别认定犯罪未遂或者中止，以达到实质的公平。

编写人：江苏省淮安市淮安区人民法院　李鸿雁

18

强奸罪中违背妇女意志与胁迫的认定

——黄松柏强奸案

【案件基本信息】

1. 裁判书字号

福建省厦门市同安区人民法院（2017）闽0212刑初第609号刑事判决书

2. 案由：强奸罪

【基本案情】

2017年5月8日21时许，被告人黄松柏以取换洗衣服作为借口，让老板即被害人张某某送其回厦门市翔安区新圩镇××号的住处，后被告人黄松柏不顾张某某的反抗强行与其发生性关系，并趁其不备拍下两段不雅视频。后被告人黄松柏以视频作为要挟，让张某某与其保持男女关系，张某某因担心事情曝光影响声誉不敢报警。2017年5月19日14时许，被告人黄松柏又找借口让被害人张某某驾车至厦门市同安区大同街道××号其暂住处，因其有不雅视频，被害人张某某只得答应，后在该处被告人黄松柏再次强行与张某某发生性关系。事后张某某将被告人黄松柏手机内的视频删除。之后，被告人黄松柏将备份的不雅视频外传，张某某遂报警。

【案件焦点】

黄松柏第二次与被害人发生性行为，是否构成强奸罪。即在第二次性行为中，黄松柏是否违背了被害人的意志，强行与之发生性关系，黄松柏以不雅视频相威胁的方式是否达到了胁迫的程度。

【法院裁判要旨】

福建省厦门市同安区人民法院经审理认为：关于辩护人提出黄松柏2017年5月19日的行为不应以强奸罪论处的辩护意见。经查，黄松柏供称其在第一次与被害人张某某发生性关系后，背着被害人张某某偷拍了两段不雅视频，第二天将其中的一段视频通过手机微信发送给被害人张某某，之后又在其暂住处与被害人张某某发生性关系；证人黄某某的证言证实2017年5月17日黄松柏用微信给她发送两张不雅视频的截图，后她问被害人张某某到底和黄松柏发生了什么事情，被害人张某某说她送黄松柏回家拿衣服后被他拉到家里强奸，黄松柏用两段不雅视频逼张某某跟其在一起，让张某某和黄松柏保持不正当的男女关系；被害人张某某的陈述证实黄松柏第一次强行与她发生性关系的隔天给她发了一段她被强奸后穿裤子的视频，后让她继续跟他保持关系不然发布视频给她朋友，2017年5月17日，黄松柏发视频截图给黄某某，然后她就如实告诉了黄某某。18日中午，黄松柏发微信让她隔天中午去暂住处帮他载衣服回新圩住处，因为他手里有视频，所以不敢拒绝，19日中午，她到黄松柏的暂住处，黄松柏就拉扯她上楼，她不敢和他拉扯也不敢用力反抗，黄松柏就将她从一楼抱到二楼住处强行与她发生性关系。以上证据能相互印证，足以证实黄松柏在2017年5月8日强行与被害人张某某发生性关系后拍摄了不雅视频，以此胁迫被害人张某某与其保持关系，后于2017年5月19日再次强行与被害人张某某发生性关系的事实。黄松柏于2017年5月19日强行与被害人张某某发生性关系的行为，符合强奸罪的构成要件，应以强奸罪定罪处罚。辩护人提出的相关辩护意见，理由依据不足，不予采纳。

福建省厦门市同安区人民法院依照《中华人民共和国刑法》第二百三十六条第一款、第六十五条第一款、第六十四条之规定，作出如下判决：

一、黄松柏犯强奸罪，判处有期徒刑四年二个月；

二、随案移送的作案工具手机1部，予以没收。

【法官后语】

本案的争议焦点在于黄松柏第二次与被害人发生性行为是否构成强奸罪。具体说，在第二次性行为中，黄松柏是否违背了被害人的意志，强行与之发生性关系，黄松柏以不雅视频相威胁的方式是否达到了胁迫的程度。

我国刑法理论通说一直认为，所谓强奸罪，是指以暴力、胁迫或者其他手段，违背妇女意志，强行与妇女发生性交的行为。其中，违背妇女意志和暴力、胁迫或者其他手段是强奸罪本质特征的两个不可分割的组成部分。违背妇女意志是强奸罪的实质，手段行为对被害妇女人身、精神的强制性，是实质的外部表现。认定强奸罪必须将两者有机地结合起来。

笔者赞同本案对第二起行为的定性，即认为黄松柏构成强奸罪。具体理由如下：

首先，第二起性行为中黄松柏违背了被害人的意志。强奸罪的法益是妇女对自己性自由的决定权，其基本内容是妇女按照自己的意志决定性行为的权利。被害妇女对自己性自由的决定权是否受到威胁或侵害，与她本人的意愿密不可分。只有当行为人的行为实际上违背了妇女的意愿时，才意味着她对自己性自由的决定权受到了侵害或威胁。违背妇女意志是强奸罪的本质特征。强奸罪的行为对象是妇女。妇女的社会地位、思想品德、生活作用、结婚与否等均不影响强奸罪的构成。也就是说，“陪酒女”“陪舞女”“卖淫女”等的社会身份并不影响强奸罪的构成。司法实践中，在认定是否违背妇女意志时，不能以被害妇女作风好坏来划分。因为我国刑法对妇女性权利均予以同等保护，并不因为系卖淫妇女就对其予以歧视，只要行为人违背妇女意志强行与其性交的行为就构成强奸罪。在本案中，黄松柏在第一次强奸被害人的过程中偷拍了被害人的不雅视频，由于黄松柏手上有被害人的不雅视频，导致被害人在遭受第二次性侵时，不敢反抗，这明显违背了被害人的对自己性自由的决定权。

其次，黄松柏是用胁迫的手段与被害人发生了性关系。具体到本案中，黄松柏以向被害人的朋友散布她的不雅视频让她名誉扫地的方式相威胁，使被害人产生自己名誉扫地、家庭破裂的恐惧心理，从而不敢反抗。这些都符合胁迫的本质——足以引起被害妇女的恐惧心理，使妇女不敢反抗的手段。

最后，黄松柏具有强奸的故意。强奸罪的故意内容是，明知自己以暴力、胁迫或其他手段与妇女发生性交的行为，会侵害妇女的性的自己决定权的结果，并且希望或放任这种结果的发生。本案中黄松柏具有强奸被害人的故意。

综上，笔者赞同本案对第二起行为的定性，黄松柏违背了被害人的意志，强行与之发生性关系，黄松柏以不雅视频相威胁的方式已经达到了胁迫的程度，黄松柏构成强奸罪。

编写人：福建省厦门市同安区人民法院　蔡弯　潘艺晴

19

如何明确强奸幼女罪的明知界限

——黄道燕强奸案

【案件基本信息】

1. 裁判书字号

福建省厦门市集美区人民法院（2016）闽0211刑初150号刑事判决书

2. 案由：强奸罪

【基本案情】

2015年5月，被告人黄道燕因其女儿经常带学妹周某某（时年十三周岁）到家中玩而与被害人周某某认识，并了解到被害人周某某当时就读初中二年级。2015年6月的一天，被告人黄道燕与被害人周某某发生了性关系。2015年11月28日，被害人周某某被检出怀有身孕，后于2015年12月8日进行了流产手术。

经鉴定，被告人黄道燕为被害人周某某流产胎儿生物学父亲的似然比率为8.10×107。

2015年11月28日，被告人黄道燕被抓获。到案后，被告人黄道燕未如实供述主要犯罪事实。

【案件焦点】

被告人是否明知被害人系身心未发育成熟的幼女。

【法院裁判要旨】

福建省厦门市集美区人民法院经审理认为：被告人黄道燕奸淫不满十四周岁的幼女，其行为已构成强奸罪，且依法应从重处罚。公诉机关指控的罪名成立。关于被告人黄道燕提出其不知被害人周某某未满十四周岁、其行为不构成强奸罪的辩解意见。经查，首先，被告人黄道燕在侦查、审查起诉阶段均称不知道周某某几岁，“没想那么多”；在庭审阶段则表示其非常了解年龄在法律界定上的重要意义，正是因为周某某明确告诉过其快满十五周岁，才使其“彻底坠入犯罪的深渊”（见其悔过书），被告人黄道燕对年龄问题的供述前后不一，可信度极低。其次，证人黄某凤及被害人周某某均证实被告人黄道燕明确知道周某某比黄某凤低一届，为初中二年级学生，结合其本人有两个子女正就读初中且读初中二年级时均未满十四周岁，应推定其应当知道被害人周某某未满十四周岁或可能未满十四周岁。其明知被害人系身心未发育成熟的幼女，仍与其发生性关系，其行为符合强奸罪的构成要件。故该辩解意见与查明事实不符，理由不充分，不予采纳。被告人黄道燕曾因故意犯罪被判处有期徒刑，刑罚执行完毕后，在五年以内再犯应当判处有期徒刑以上刑罚之罪，是累犯，依法应当从重处罚；其造成未成年幼女怀孕，应酌情从重处罚。

福建省厦门市集美区人民法院依照《中华人民共和国刑法》第二百三十六条第一款和第二款、第六十四条、第六十五条第一款之规定，判决如下：

一、被告人黄道燕犯强奸罪，判处有期徒刑六年九个月；

二、随案移送的个人物品手机1部发还被告人黄道燕。

【法官后语】

本案系一起典型的强奸幼女案，本案争议的焦点在于被告人是否存在犯罪的故意，即是否在明知被害人为未满十四周岁的幼女的情况下仍同其发生性关系。本案经审理认为，被告人明知被害人系身心未发育成熟的幼女，仍与其发生性关系，其行为符合强奸罪的构成要件，故依法判决被告人黄道燕犯强奸罪，判处有期徒刑六年九个月。笔者认同本案法官的观点，主要的理由如下：

1. 被告人的犯罪行为符合强奸幼女罪的犯罪构成

奸淫幼女属于强奸罪的特殊类型。构成奸淫幼女需符合下列要件：

（1）犯罪对象系未满十四周岁的幼女

不满十四周岁的女性即为幼女，这是法定的统一标准，因为未满十四周岁的幼女身心发育往往还不成熟，即使部分幼女由于自身关系，身体上发育较快，容易同较大龄少女甚至成年女性相混淆，但其在心智上仍较幼稚，缺乏对性行为的正确认识，不明白性行为会产生的后果，也没有抗拒或自保的能力，因此笔者认为未满十四周岁的幼女是没有性决定权的。故不论行为人是否采用暴力或是诱骗手段，也不需问幼女是否自愿，只要与幼女性交，就侵害了其性权利。

（2）主观上具有奸淫幼女的故意

我国刑法实践及理论界均坚持罪过责任原则，虽然学界有一种观点认为，强奸幼女罪并没有明文要求行为人“明知是幼女”，故本罪的成立不要求行为人认识到对方是不满十四周岁的幼女。笔者认为这一观点并没有正确认识罪过责任原则，强奸幼女罪是故意犯罪，包括了直接故意及间接故意。这一点已在最高人民法院、最高人民检察院、公安部、司法部印发的《关于依法惩治性侵害未成年人犯罪的意见》第十九条明确：“知道或者应当知道对方是不满十四周岁的幼女，而实施奸淫等性侵害行为的，应当认定行为人‘明知’对方是幼女。对于不满十二周岁的被害人实施奸淫等性侵害行为的，应当认定行为人‘明知’对方是幼女。对于已满十二周岁不满十四周岁的被害人，从其身体发育状况、言谈举止、衣着特征、生活作息规律等观察可能是幼女，而实施奸淫等性侵害行为的，应当认定行为人‘明知’对方是幼女。”在本罪中，幼女属于特定对象，是犯罪构成要素，行为人对此必须有认识，或者明知女方一定是幼女，或者明知女方可能是幼女，或者不管女方是否幼女，在此基础上决意实施奸淫行为的，就具备奸淫幼女的故意。

2. 综合本案案情及证据，被告人系“明知”被害人为幼女

根据我国《刑法》第十四条的规定，犯罪故意是指明知自己的行为会发生危害社会的结果，而希望或者放任危害结果发生的主观心理态度，故意是认识因素与意志因素的统一。故强奸幼女罪中的“明知”包括了知道或者应当知道对方是不满十四周岁的幼女的两种情形。应当知道的标准应以普通成人的社会常识和判断力为准，在本案中，被告人在侦查、审查起诉阶段均称不知道周某某几岁，“没想那么多”；而在庭审阶段则表示其非常了解年龄在法律界定上的重要意义，正是因为被害人明确告诉过其快满十五周岁，才使其“彻底坠入犯罪的深渊”（见其悔过书），被告人对年龄问题的供述前后不一，可信度极低。其次，证人及被害人均证实被告人黄道燕明确知道周某某比黄玉凤低一届，为初中二年级学生，结合其本人有两个子女正就读初中且读初中二年级时均未满十四周岁，应推定其应当知道被害人未满十四周岁或可能未满十四周岁。其明知被害人系身心未发育成熟的幼女，仍与其发生性关系，其行为符合强奸罪的构成要件。

编写人：福建省厦门市集美区人民法院　黄月兰

（五）强制猥亵罪

20

强制猥亵罪手段行为的认定及证明标准

——梁旭东猥亵儿童、强制猥亵案

【案件基本信息】

1. 裁判书字号

北京市第一中级人民法院（2017）京01刑终700号刑事裁定书

2. 案由：猥亵儿童罪、强制猥亵罪

【基本案情】

2016年10月15日20时许，被告人梁旭东尾随贾某某（女，10岁）至北京市昌平区天通苑西×区×号楼×单元，在电梯内使用压制、捂嘴等暴力手段，以强行脱衣裤、抚摸下体等方式对其进行猥亵。2016年11月7日19时许，被告人梁旭东尾随杜某某（女，12岁）至北京市昌平区天通苑西×区×号楼，在电梯内使用暴力压制手段，以抚摸下体等方式对其进行猥亵。2016年11月5日23时许，被告人梁旭东尾随李某甲（女，25岁）至北京市昌平区天通苑西×区××号楼×单元，在电梯内使用暴力压制手段，以抚摸下体等方式对其进行猥亵。2016年11月6日22时许，被告人梁旭东尾随郭某某（女，30岁）至北京市昌平区天通苑西×区××号楼×单元，在电梯内使用暴力压制手段，以抚摸下体等方式对其进行猥亵。2016年11月8日18时许，被告人梁旭东尾随李某乙（女，29岁）至北京市昌平区天通苑西×区×号楼，在电梯内使用暴力压制手段，以抚摸下体等方式对其进行猥亵。2016年11月8日23时许，被告人梁旭东尾随姚某某（女，22岁）至北京市昌平区天通苑西×区××号楼，在电梯内使用暴力压制等手段，以强行亲吻、搂抱等方式对其进行猥亵。2016年11月13日21时许，被告人梁旭东尾随张某某（女，27岁）至北京市昌平区天通苑西×区××号楼××层楼道内，使用暴力压制等手段，以强行搂抱、抚摸下体等方式对其进行猥亵。2016年11月14日19时许，被告人梁旭东尾随朱某某（女，26岁）至北京市昌平区天通苑西×区×号楼×单元，在电梯内使用踢踹阴部、身体压制等暴力手段，以抚摸阴部等方式对其进行猥亵。梁旭东于2016年11月16日被民警抓获。一审期间，梁旭东家属对被害人姚某某进行补偿并取得其谅解。

【案件焦点】

强制猥亵罪手段行为的认定及证明标准。

【法院裁判要旨】

北京市昌平区人民法院经审理认为：被告人梁旭东猥亵儿童、强制猥亵妇女，其行为已分别构成猥亵儿童罪、强制猥亵罪，依法均应予惩处。被告人关于否认抚摸、踢踹朱某某阴部的辩解，现被害人朱某某在案发后第一时间报警，其对被强制猥亵的事实有稳定、清晰的陈述，并明确指认出梁旭东是猥亵其的男子，其陈述真实性较强，证明力较高，予以采信；被告人梁旭东实施猥亵次数较多，记忆存在不准确的可能性，故对其辩解不予采纳；其关于指控其他事实中猥亵时间不长的辩解，结合具体案情综合予以考虑。辩护人关于被告人不构成强制猥亵罪的意见，根据多名被害人的陈述，被告人梁旭东实施猥亵时采用了强行搂抱、拽胳膊、攥住双手、阻挡离开、踢踹等方式违背被害人意志、压制被害人反抗，具有强制性，其行为符合强制猥亵罪的犯罪构成要件。且被告人自述每次都是挑选单身的女性尾随进入单元电梯实施猥亵，主观用意就是为了追求刺激得到满足，其在一月间在同一区域多次实施猥亵行为，严重侵害了妇女、儿童的合法权益，人身危险性及社会危害性较大。经鉴定，被告人梁旭东为完全刑事责任能力，其应对所实施行为承担完全的刑事责任。故对辩护人关于被告人系临时起意、情节较轻的意见，不予采纳，建议适用缓刑的意见，依据不足，亦不予采纳，其他意见，酌予考虑。本案部分被害人系不满十四周岁的儿童，依法对被告人从重处罚。鉴于被告人梁旭东自愿认罪，有部分赔偿情节，可予以从轻处罚。根据本案犯罪的事实、犯罪的性质、情节和对于社会的危害程度，北京市昌平区人民法院依照《中华人民共和国刑法》第二百三十七条第一款、第三款，第六十九条，第六十一条之规定，判决如下：

被告人梁旭东犯猥亵儿童罪，判处有期徒刑一年六个月；犯强制猥亵罪，判处有期徒刑二年六个月，决定执行有期徒刑三年六个月。

宣判后，梁旭东不服，提出上诉。

北京市第一中级人民法院经审理同意北京市昌平区人民法院的裁判意见。依照《中华人民共和国刑事诉讼法》第二百二十五条第一款第一项①之规定，裁定如下：

驳回上诉人梁旭东的上诉，维持原判。

【法官后语】

1. 怎样理解作为强制猥亵罪手段行为之一的“暴力”

我国《刑法》条文中，“暴力”一词多次出现，在不同的罪名中应作不同的理解。在司法实践中，常常会见到诸如“暴力程度低”“不是很暴力”，故被告人的行为不具有强制性，从而不构成强制猥亵罪的意见。其实这样认识的潜台词是强制

---

① 对应2018年《刑事诉讼法》第二百三十六条第一款第一项。

猥亵罪的暴力需达到相当重的程度。在强制猥亵罪中，作为其手段行为的“暴力”应作广义的理解，是指对被害人的人身采取殴打、捆绑、堵嘴、掐脖子、按倒等侵害人身安全或者人身自由的强暴方法，使被害人不能反抗。我国《刑法》并未对强制猥亵的暴力作明确规定，在具体案件中应作具体分析。第一，暴力行为直接作用于行为人。本案中，梁旭东在实施猥亵时，对被害人直接实施了强行搂抱、拽胳膊、攥住双手、阻挡离开、踢踹等有形力，这些行为均构成强制猥亵罪所要求的“暴力”。第二，暴力行为导致不敢反抗、不能反抗或来不及反抗。不能仅仅理解为暴力需达到让被害人不能反抗的程度，如果暴力行为的存在让被害人因害怕而产生心理强制，担心因反抗会遭受到更严重的侵害而选择不反抗或暴力行为实施得太快而来不及反抗的，均构成强制猥亵罪的“暴力”手段行为。

2. 围绕被害人陈述，考察间接证据是否足以相互印证

在性侵案件中极易出现“被告人供述”与“被害人陈述”两种言词证据“一对一”的情况。此时，不能简单地认为“疑罪从无”，而应当分析比较“被告人供述”与“被害人陈述”的真实性与证明能力，重点考察间接证据是否能相互印证，构建符合性侵案件特点的证明标准。

第一，比较“被告人供述”与“被害人陈述”的证明能力。被害人与被告人均为案件全过程的参与者，目睹了整个犯罪事实。客观上来讲，被告人作为行为的实施者，其比被害人更明白自己行为的性质和目的。但被告人由于趋利避害的心理，通常会否认自己犯了罪，或者认为对方是自愿的，甚至在确凿的证据面前也只是进行有保留的承认，这几乎是所有案件中均存在的现象。如果说被害人在进行量的夸张，那被告人则更可能是在进行质的掩饰。因此，通常来说，就案件查明案件事实来说，被害人的陈述比被告人的供述更可信。

第二，重点考察间接证据是否能与被害人陈述相互印证。在我国《刑事诉讼法》的语境下，定罪可以“零口供”。在不考虑被告人供述的情况下，要逐一审查其他证据与被害人陈述之间是否存在矛盾，是否能相互印证。首先要考察被害人陈述的真实性，如数次陈述之间是否稳定一致，陈述的细节是否翔实、合理，多个被害人的还要考察被害人之间的陈述是否相互印证。其次要重点考察外围证据，如被害人方是否第一时间报警，被害人被侵害前后的性格、情绪、心态等方面有无变化，是否符合其面临阶段所应具有的特征。具体到本案中，由于存在多名被害人，

被害人在案发后均第一时间报警，且被害人的陈述相互印证，能反映出上诉人梁旭东惯用的行为模式，被害人陈述又与其他证据间不存在矛盾，可见被害人陈述具有真实性，可以作为证据采信。

编写人：北京市第一中级人民法院　赖琪　石楚楚

21

强制猥亵罪与一般猥亵行为的界分

——杨某强制猥亵、妨害公务案

【案件基本信息】

1. 裁判书字号

北京市朝阳区人民法院（2017）京0105刑初2193号刑事判决书

2. 案由：强制猥亵罪、妨害公务罪

【基本案情】

2017年7月10日8时20分许，被告人杨某在北京市地铁五号线列车（朝阳区大屯路东站至惠新西街北口站）车厢内，掏出其生殖器去顶站在其身前的被害人范某（女）的臀部，对被害人进行猥亵。被告人杨某后被便衣民警李某、曹某查获。便衣民警在抓捕被告人杨某过程中，杨某拒不配合民警工作，将民警李某咬伤，致李某“右前臂桡侧皮肤环形挫裂伤，周围皮肤软组织肿胀”（属轻微伤）。民警李某已得到经济赔偿。

【案件焦点】

如何区分强制猥亵罪和一般猥亵行为。

【法院裁判要旨】

北京市朝阳区人民法院经审理认为：被告人杨某采用其他方法强制猥亵他人，其行为已构成强制猥亵罪；以暴力方法阻碍国家机关工作人员依法执行职务，其行为已构成妨害公务罪，依法应予惩处并实行数罪并罚。北京市朝阳区人民检察院指控被告人杨某犯强制猥亵罪、妨害公务罪的事实清楚，证据确实、充分，指控的罪名成立。鉴于被告人杨某能够如实供述所犯罪行，已赔偿民警的经济损失，本院依法对其从轻处罚。辩护人关于被告人不构成强制猥亵罪的辩护意见，经查，被告人虽未对被害人实施独立的暴力、胁迫的行为，但其在公共场所掏出性器官直接接触被害人的行为已经违背被害人的意志，侵犯了被害人的人身权利；这种被害人事先不知情的性侵犯，在被告人性器官接触被害人身体时已经完成，被害人并不能反抗；本案中，被告人用性器官直接接触被害人身体的行为，既具有暴力性也具有猥亵性；故被告人的行为已构成强制猥亵罪，此辩护意见本院不予采纳。辩护人关于民警未出示警官证的辩护意见，经查在案证据能够证明民警经便衣侦查，在实施抓捕前已经表明身份，被告人仍暴力抗拒抓捕并咬伤民警；故此辩护意见本院亦不予采纳；辩护人关于被告人在妨害公务罪中从轻处罚的其他辩护意见，本院酌予采纳。

北京市朝阳区人民法院依照《中华人民共和国刑法》第二百三十七条第一款、第二百七十七条第一款、第六十七条第三款、第六十九条第一款、第六十一条、第四十五条、第四十七条之规定，作出如下判决：

被告人杨某犯强制猥亵罪，判处有期徒刑一年；犯妨害公务罪，判处有期徒刑六个月，决定执行有期徒刑一年三个月。

【法官后语】

本案是北京市首例地铁强制猥亵入刑案件，北京法院首次以强制猥亵罪追究地铁色狼的刑事责任。在本案的审理中，最主要的争议点在于杨某的行为究竟是构成强制猥亵罪还是一般的猥亵行为。

我国《刑法》和《治安管理处罚法》均对猥亵行为作出了相应规定。《刑法》第二百三十七条规定：“以暴力、胁迫或者其他方法强制猥亵他人或者侮辱妇女的，处五年以下有期徒刑或者拘役。聚众或者在公共场所当众犯前款罪的，或者有其他恶劣情节的，处五年以上有期徒刑。猥亵儿童的，依照前两款的规定从重处罚。”《治安管理处罚法》第四十四条规定：“猥亵他人的，或者在公共场所故意裸露身体，情节恶劣的，处五日以上十日以下拘留；猥亵智力残疾人、精神病人、不满十四周岁的人或者有其他严重情节的，处十日以上十五日以下拘留。”

那么，猥亵他人的行为在什么情况下构成犯罪，在什么情况下仅属于违反治安管理的行为，在司法实践中一直存在着争议，有时可能会出现情节相似的案件处理结果迥异，有些行为人以强制猥亵罪被判处刑罚，而有些行为仅被行政拘留数日。对于如何区分强制猥亵罪与一般的猥亵行为，应当从以下几个方面进行考量：

1. 强制猥亵罪所要求的手段行为须具有强制性。“强制性”是本罪的核心要素，成立强制猥亵罪要求行为人必须以暴力、胁迫或者其他使他人不能反抗、不敢反抗、不知反抗的方式强制猥亵他人。暴力手段是直接作用于被害人人身的不法行为，如直接对他人采取殴打、捆绑、掐脖子、扑倒等方式危害其人身安全或限制其人身自由，使得他人不能反抗；胁迫手段是通过威胁使得被害人产生恐惧心理进而不敢反抗，既可以以暴力进行猥亵，也可以以非暴力行为如揭露隐私等进行猥亵；其他手段的内容较为宽泛，常见的手段有将被告人灌醉或迷晕、利用他人熟睡或重病之机进行猥亵等。对于暴力行为应当作广义的理解，某些猥亵行为本身也是暴力行为，虽然没有对被害人实施殴打等传统意义上的暴力，但实际上已经以一种直接方式造成被害人无法反抗的情形。

关于强制猥亵罪中的暴力、胁迫程度，有两种不同的观点：一是必须达到足以压制被害人反抗的程度；二是需要达到被害人明显难以反抗的程度。我们同意第二种观点，该罪中所要求的“强制性”其核心要素在于是他人“处于一种无法抗拒的状态”，被侵害人在此种状态下在一定程度上失去了其性自主权即可，并不要求受害人完全丧失反抗的可能性。

2. 综合考虑行为人实施猥亵行为的相关情节、危害后果和社会危险性进行判断。虽然现行《刑法》对于强制猥亵罪的行为次数、猥亵内容、侵害结果等方面没有做出明确的规定，但在司法实践中，判断一个人的行为是一般猥亵行为还是达到犯罪的程度，可以根据行为人实施猥亵的对象、行为次数、猥亵的具体方式、造成的侵害结果和社会危险性进行综合判断，不能将情节显著轻微、危害不大的强制猥亵行为都视为犯罪。可以参照关于多次盗窃行为构成犯罪的规定，对于一年内实施三次（含）以上猥亵行为或一次猥亵三人以上的，以强制猥亵罪追究其刑事责任；对于猥亵行为造成被害人轻微伤以上损害后果或造成其精神错乱或自杀等严重后果的，可以考虑认定为强制猥亵罪。

3. 认定时应结合宽严相济的刑事政策，做到罪责刑相适应。强制猥亵罪与一般猥亵行为之间的界限不够明确，使得在处理此类案件中更应把握行为的“度”，利用宽严相济的刑事政策来指导司法实践。刑法具有谦抑性，对公民人身权利的保护必须遵循罪刑法定原则，不能肆意扩大刑法的打击范围，对于情节较为轻微的猥亵行为，用治安处罚足矣，不必纳入刑法规制的范围；而对于那些情节恶劣的强制猥亵行为应当启动刑事诉讼程序，追究其刑事责任，体现罪责刑相适应。

本案中行为人杨某虽未对被害人实施独立的暴力、胁迫的行为，但其在公共场所掏出性器官直接接触被害人的行为已经违背被害人的意志，侵犯了被害人的人身权利；这种被害人事先不知情的性侵犯，在行为人性器官接触被害人身体时已经完成，被害人并不能反抗；本案中行为人在早高峰的地铁上这种妇女难以脱身的场所，用性器官直接接触被害人身体的行为，既具有暴力性也具有猥亵性；故行为人的行为已构成强制猥亵罪，且杨某曾经因为猥亵他人、妨害执法被行政拘留，仍不思悔改，再次实施强制猥亵他人、妨害公务的行为，具有一定的社会危险性，其行为引发了社会的广泛关注，造成了恶劣的社会影响。对于辩护人关于被告人的行为仅是一般猥亵行为而不构成强制猥亵罪的辩护意见，法院不予采纳。

综合考虑杨某犯罪的事实、性质、情节和危害后果，法院对其以强制猥亵罪和妨害公务罪实行数罪并罚，最终决定执行有期徒刑一年三个月。

编写人：北京市朝阳区人民法院　王向明　丁旭

22

强制猥亵中占有被害人财物行为的罪数认定

——胡某某强制猥亵、抢夺案

【案件基本信息】

1. 裁判书字号

江苏省无锡市惠山区人民法院（2017）苏0206刑初250号刑事判决书

2. 案由：强制猥亵罪、抢夺罪

【基本案情】

2017年4月15日下午，被告人胡某某在无锡市惠山区藕塘职教园区华学环路至钱藕路无锡汽车工程学校公交站台间路段的人行道边，将被害人洪某按倒在地后，强行抠摸被害人阴部实施猥亵。

2017年4月16日晚，被告人胡某某在无锡市惠山区钱藕路惠山中等专业学校门口映月桥附近，将被害人唐某某拖拉至东北侧一绿化丛中按倒在地欲实施猥亵，因遭被害人反抗而未得逞。被害人在反抗过程中持手机准备打电话求救，胡某某趁其不备夺取其手机1部后迅速逃离现场。经鉴定手机价值为1733元。

结案后，手机已追缴并发还给被害人。

【案件焦点】

胡某某在猥亵时为防止被害人报警夺取手机，强制猥亵未遂后持手机迅速逃离现场的行为应认定强制猥亵一罪还是以强制猥亵罪、抢夺罪数罪并罚。

【法院裁判要旨】

江苏省无锡市惠山区人民法院经审理认为：被告人胡某某以暴力手段强制猥亵他人，其行为已构成强制猥亵罪，实施强制猥亵犯罪时，因意志以外的原因未能得逞，系犯罪未遂，可从轻处罚；在被害人反抗其猥亵行为时夺取被害人手机后逃离现场，其行为已构成抢夺罪，应数罪并罚。公诉机关指控被告人胡某某犯强制猥亵罪、抢夺罪的罪名成立，本院予以支持。被告人胡某某归案后能如实供述自己的犯罪事实，可从轻处罚。

江苏省无锡市惠山区人民法院依照《中华人民共和国刑法》第二百三十七条第一款、第二百六十七条第一款、第六十九条、第二十三条、第六十七条第三款、第六十四条，作出如下判决：

一、被告人胡某某犯强制猥亵罪，判处有期徒刑一年九个月；犯抢夺罪，判处拘役三个月，并处罚金人民币1000元；决定执行有期徒刑一年九个月，并处罚金人民币1000元；

二、扣押在案的作案工具予以没收，上缴国库。

【法官后语】

刑事案件的审理需要明确被告人的行为是否构成犯罪，构成何种犯罪，是一罪还是数罪。本案争议焦点为被告人的行为构成强制猥亵一罪还是强制猥亵罪、抢夺罪两罪。理论上对于罪数的区分主要是以犯罪构成为标准。本案中对于被告人的行为符合强制猥亵的犯罪构成没有争议，仅需要关注其犯罪形态是未遂，主要争议在于被告人为防止被害人报警夺取其手中的手机后迅速逃离现场的行为是否符合抢夺罪的构成要件。结合抢夺罪的构成要件，被告人夺取被害人手机的行为完全符合抢夺罪构成要件的客观方面，所以争议主要集中在主观方面对于手机非法占有故意的认定。

本案中对于手机非法占有的故意即抢夺的犯意在行为发生时并不明显，当时被告人夺取手机仅仅是为了防止被害人报警，是强制猥亵过程中暴力行为的体现，后被告人在猥亵行为因反抗而未能得逞的情况下，持手机逃离现场，此时对于被告人和被害人来说，由于猥亵行为已经因为反抗未能得逞而结束，手机虽仍有报警的功能，但已经与猥亵过程中通过报警解除侵害的现实紧迫性完全不同，仅仅是一个事后报警案发的工具而已，但是被告人仍然将其带着逃离现场，对于手机主观上具有非法占有的故意。存在两种犯意的情况我们需要区分犯意转化和另起犯意，犯意转化是由此罪转化为彼罪，因而仍然是一罪；另起犯意是在前一犯罪已经既遂、未遂或者中止后，行为人又另外产生新的犯意，因而成立数罪。本案中被告人在强制猥亵犯罪未遂后又对手机产生了非法占有的故意，属于另起犯意，应当数罪并罚。

值得注意的是，根据犯罪构成四要件的理论，犯罪主体、犯罪主观方面、犯罪客体、犯罪客观方面四个要件缺一不可，不分先后，认定一个行为是否构成犯罪的时候应当同时满足四个方面的构成要件。但是司法实践中遇到的纷繁复杂的情况常常存在构成要件不是同时存在，有些有先后，有些有缺失，所以给司法实务认定带来了很多困难。刑法评价的对象主要是各种行为，有了客观行为之后才需要进一步考虑该行为是否具有社会危害性和造成不良后果，以及被告人是否需要对上述行为承担责任。故而本案中被告人在夺取手机的时候对手机非法占有的故意不明显，此时就存在主观方面缺失或者与客观行为有先后的情况，但是被告人客观上有两个不法行为，被害人的财产权利也遭受到了侵害，所以在对上述一些特殊情况进行认定的时候也应遵循从客观到主观的原理，避免出现法理之中、情理之外的判决结果。

编写人：江苏省无锡市惠山区人民法院　蒋丽娜

（六）猥亵儿童罪

23

对猥亵儿童案“零口供”的证据认定

——吴金某猥亵儿童案

【案件基本信息】

1. 裁判书字号

新疆维吾尔自治区库车县人民法院（2017）新2923民初1373号民事判决书

2. 案由：猥亵儿童罪

【基本案情】

2017年6月18日上午11时许，被害人付某某（女，6岁）在其母亲李某某工作的库车县甲洗车行内玩耍，被告人吴金某驾驶车辆到洗车行内洗车，随后到休息厅内休息，在休息厅内被告人吴金某见只有付某某一人，便叫付某某到洗车场卧室内，并将手机交给付某某玩游戏，付某某坐在床边玩游戏，后被告人吴金某推付某某的腰让付某某侧躺在床上，吴金某用手伸进付某某的裙子里隔着内裤抚摸付某某臀部几下，后被告人吴金某从卧室离开。当天下午18时许，被告人吴金某再次驾车来到洗车场，并进入洗车场卧室将手机又给付某某玩，付某某在玩手机时，吴金某将手伸进付某某的裙子、内裤里，用手抚摸付某某阴部、臀部，拿着付某某手让付某某抚摸吴金某的生殖器，后吴金某又让付某某把舌头伸出来放进吴金某嘴里。被告人吴金某在实施完上述行为后，让付某某不要把这件事告诉任何人。当日下午19时许，被害人付某某对其母亲李某某说，告诉其一个关于“那个叔叔的秘密”，付某某将被告人吴金某对其实施的猥亵行为告诉了其母亲李某某。随后，李某某将此事告诉了其洗车场合伙人李某会，李某会找被告人吴金某理论并打了吴金某，后公安机关接到报警后赶到现场将被告人吴金某带走。

【案件焦点】

本案被告人不认罪，属于“一对一”作案，隐蔽性较强，取证困难，属于“零口供”案件，因此在证据认定方面能否以被害人的陈述、认知、表达能力，并结合证人证言以及间接客观性证据来认定被告人构成犯罪。

【法院裁判要旨】

新疆维吾尔自治区库车县人民法院经审理认为：被告人吴金某以满足性欲为目的，对儿童实施淫秽行为，其行为触犯了《中华人民共和国刑法》第二百三十七条第三款之规定，已构成猥亵儿童罪。库车县人民检察院指控被告人吴金某犯猥亵儿童罪，犯罪事实清楚，指控罪名成立，本院予以支持。

针对被告人吴金某及其辩护人提出的认定被告人吴金某犯猥亵儿童罪的证据存疑，且证据之间的矛盾和疑点不能作出合理解释和排除，证据之间无法形成完整的证据锁链，事实不清，证据未达到“确实、充分”的要求，不能对被告人作出有罪认定的辩解意见。本院认为，被害人付某某虽系幼儿（6岁），辨别是非、表达能力尚不完全，但其所陈述系自身经历的特殊事件且经过并不复杂，从其对案发过程描述的内容和方式分析，能够与其年龄、认知和表达能力相适应，其陈述可以作为证据予以采信。结合本案证据来分析：1. 案件的发案、破案经过均符合常理，且均发生在当日，整个过程比较自然、及时。2. 被告人吴金某第二次去洗车场的理由与证人蒋某证言不能相互印证。被告人吴金某认可单独与付某某待在一起，将手机给付某某玩游戏，并让付某某坐到其的右腿上，抱着付某某看她玩游戏，其间把手搭在付某某的肩膀、大腿上，通过以上证据可以证明被告人吴金某与被害人单独接触的事实。3. 被害人在公安机关口语化的陈述，以及将被告人的行为以“秘密”的形式告诉其母亲，符合其年龄、认知水平和表达能力。遭受性侵害对儿童的身心具有极大伤害，基于常理分析，被害人亲属通常不会以牺牲孩子的名誉为代价做虚假控告。综上，猥亵儿童类案件通常隐蔽性较强，通常是“一对一”作案，本案被害人的陈述与其他证人证言以及间接客观性证据能够相互印证，可以认定被告人吴金某的犯罪事实。故对被告人吴金某及其辩护人的辩解意见，本院不予采纳。

新疆维吾尔自治区库车县人民法院依照《中华人民共和国刑法》第二百三十七条第三款之规定，作出如下判决：

被告人吴金某犯猥亵儿童罪，判处有期徒刑七个月。

本案判决后被告人未上诉，案件已生效。

【法官后语】

本案被告人吴金某否认自己的犯罪事实，属于“零口供”案件，而被害人系幼儿（6岁），故对本案的证据结合幼儿的认知、表达能力、案发经过、间接证据等予以认定：（1）被害人虽只有6岁，作为一年级的小学生，其辨别是非、表达能力尚不完全，但其被侵害的事实经过并不复杂，从其对案发过程“口语化”的描述，完全能够与其年龄、认知和表达能力相适应，其陈述可以作为证据予以采信。（2）案件的发案是因为被害人将其被侵害的事以“秘密”的形式告诉其母亲，其母亲又将女儿被侵害的事告诉其丈夫、弟弟及洗车行的工作人员，当天被害人家属因气愤殴打了被告人并报警，因此本案的发案、破案经过均符合常理，且均发生在当日，整个过程比较自然、及时。（3）基于常理分析，遭受性侵害对儿童的身心具有极大伤害，被害人亲属通常不会以牺牲孩子的名誉为代价做虚假控告，本案也不存在被害人家属向被告人索要钱财等情形，故本案被害人的母亲报案也符合常理。（4）猥亵儿童类案件，被告人通常是“一对一”作案，隐蔽性较强，取证困难，证据的认定需要结合被害人的陈述、认知、表达能力，并结合证人证言以及间接客观性证据综合认定，不能以证据未达到“确实、充分”的标准，而轻易判决被告人无罪，放纵犯罪。

编写人：新疆维吾尔自治区库车县人民法院　冀俊齐

24

对在公共场所当众猥亵的认定

——李建川猥亵儿童案

【案件基本信息】

1. 裁判书字号

四川省乐山市五通桥区人民法院（2018）第13号刑事判决书

2. 案由：猥亵儿童罪

【基本案情】

经家长联系并支付费用，被告人李建川负责用电动三轮车搭载被害人王某某等数名学生上学、放学。2017年10月，李建川在接送途中多次对王某某实施猥亵行为，并多次给王某某零花钱以便顺利实施猥亵：

2017年10月16日、17日的一天，被告人李建川在接送王某某时，让王某某坐在驾驶室其左侧，用手反复抚摸王某某大腿和大腿内侧；

2017年10月20日，被告人李建川在接送王某某时，将王某某抱坐在其两腿之间，用手反复抚摸王某某大腿和大腿内侧至根部；

2017年10月23日、24日的一天，被告人李建川在接送王某某时，将王某某抱坐在其两腿之间，将手放在王某某大腿根部，试图抚摸王某某生殖部位未果后，反复抚摸王某某大腿及大腿内侧；

2017年10月31日，被告人李建川在接送王某某时，将王某某抱坐在其两腿之间，将脸贴近王某某的脸，其前胸和王某某后背相贴，将手伸进王某某衣服抚摸王某某肚脐附近部位，在试图抚摸王某某生殖器部位时被王某某阻止后，又继续反复抚摸王某某肚脐附近部位。

【案件焦点】

被告人的行为是否属于在公共场所当众猥亵。

【法院裁判要旨】

四川省乐山市五通桥区人民法院经审理认为：被告李建川对儿童实施猥亵行为，其行为已触犯刑律，构成猥亵儿童罪，应追究其刑事责任，且应当从重处罚。被告人李建川到案后如实供述犯罪事实，系坦白，依法可以从轻处罚。公诉机关指控的犯罪事实成立，适用法律方面的主要意见，本院予以采纳。对于公诉机关指控被告人李建川具有在公共场所猥亵儿童的情节，经查，被告人李建川系在电动三轮车行进过程中在驾驶室内对被害人实施猥亵行为，虽然该车具有一定的运营性质，驾驶室和乘坐室没有物理的绝对隔离，但是该车辆四周有和外部环境物理隔离的挡门，且乘坐人员、接送地点都相对固定，并非沿途揽客、招手即停，不具有公共场所开放性、人员流动性大的特点，故不能认定该电动三轮车是公共场所。对于被告人李建川请求从轻处罚的辩护意见，本院予以采纳。为此，依照《中华人民共和国刑法》第二百三十七条、第六十七条第三款的规定，判决如下：

被告人李建川犯猥亵儿童罪，判处有期徒刑四年六个月。

【法官后语】

《刑法》第二百三十七条第二款规定："聚众或者在公共场所当众犯前款罪的，或者有其他恶劣情节的，处五年以上有期徒刑"，本案公诉机关指控李建川在公共场所猥亵儿童，根据查明的事实，李建川多次在电动三轮车驾驶室内猥亵王某某，因此电动三轮车驾驶室是否属于公共场所是本案审理的重点。

根据《关于依法惩治性侵害未成年人犯罪的意见》（以下简称《意见》）第二十三条规定："在校园、游泳馆、儿童游乐场等公共场所对未成年人实施强奸、猥亵犯罪，只要有其他多人在场，不论在场人员实际看到，均可以依照刑法第二百三十六条第三款、第二百三十七条的规定，认定在公共场所'当众'强奸妇女、强制猥亵、侮辱妇女，猥亵儿童。"本案中，和王某某一起乘坐该电动三轮车上学、放学的还有其他四名幼童（三名系幼儿园学生、一名为一年级学生），三轮车内部驾驶室和后座之间由三轮车座椅高后背隔离，不能随意进入，三轮车系全封闭，整个猥亵过程均发生在车辆行进过程中，王某某坐在李建川两大腿之间，有一次坐在李建川身侧，猥亵过程都比较隐蔽。笔者认为，三轮车内部驾驶室和乘坐室是一个整体，猥亵时有其他幼童在场，按照上述《意见》似乎应认定为“当众”，但是对于适用“在公共场所当众猥亵”这一加重情节，我们应当认识到《意见》对于“当众”做了在“公共场所”的限制，也就是说必须是在公共场所的当众行为才构成这一加重情节，从立法本意来考虑，应当是为了加重打击行为人公然实施猥亵，不惧怕其犯罪行为被公众发现的行为。《意见》中列举的“校园、游泳馆、儿童游乐场”等都符合对“公共场所”的文义解释，系供公众从事社会生活的各种场面，具有人员流动性大、出入人员不特定的特点，本案中的三轮车是一个相对封闭的环境，车外壳对三轮车和外部环境起到了物理隔离的作用，也是专门用于接送学生上学、放学，人员、路线、目的地都是固定的，不具备公共场所的特点，并且参照《最高人民法院关于审理抢劫刑事案件适用法律若干问题的指导意见》中对“公共交通工具”的认定，主要还是中大型交通工具，不包括小型轿车，因此电动三轮车也不宜认定为公共交通工具。

另外，虽然李建川对王某某实施了多次猥亵，但猥亵行为都仅限于抚摸大腿、肚子周围，且具有隐蔽性，综合考量对被害人的身心伤害相对较小，故也不适用《刑法》第二百三十七条第二款规定的“其他恶劣情节”。

编写人：四川省乐山市五通桥区人民法院　马文义

25

在公共场所当众猥亵的认定

——王某猥亵儿童案

【案件基本信息】

1. 裁判书字号

北京市密云区人民法院（2017）密刑初字第 279 号刑事判决书

2. 案由：猥亵儿童罪

【基本案情】

被告人王某于2017年7月29日19时许，在北京市密云区古北口镇北京古北水镇旅游有限公司景区5号停车场南侧公路上，对杨某某（女，2003年8月13日出生）采取亲嘴、抠摸臀部、用阴茎蹭其阴部等手段实施猥亵。

【案件焦点】

被告人王某实施的猥亵行为是否构成在公共场所当众猥亵。

【法院裁判要旨】

北京市密云区人民法院经审理认为：被告人王某为寻求刺激，对儿童实施猥亵，侵犯儿童人身权利和身心健康，其行为构成猥亵儿童罪，依法应予严惩。公诉机关指控被告人王某犯猥亵儿童罪成立，本院予以支持。鉴于被告人王某如实供述犯罪事实，当庭自愿认罪，对其依法从轻处罚。

北京市密云区人民法院依照《中华人民共和国刑法》第二百三十七条第一款和第三款、第六十七条第三款、第六十一条的规定，判决如下：

被告人王某犯猥亵儿童罪，判处有期徒刑三年。

【法官后语】

我国《刑法》第二百三十七条规定："以暴力、胁迫或者其他方法强制猥亵他人或者侮辱妇女的，处五年以下有期徒刑或者拘役。聚众或者在公共场所当众犯前款罪的，或者有其他恶劣情节的，处五年以上有期徒刑。猥亵儿童的，依照前两款的规定从重处罚。"《最高人民法院、最高人民检察院、公安部、司法部关于依法惩治性侵害未成年人犯罪的意见》（以下简称《意见》）第二十三条规定，在校园、游泳馆、儿童游乐场等公共场所对未成年人实施强奸、猥亵犯罪，只要有其他多人在场，不论在场人员是否实际看到，均可以依照《刑法》第二百三十六条第三款、第二百三十七条的规定，认定为在公共场所"当众"强奸妇女，强制猥亵、侮辱妇女，猥亵儿童。因此，猥亵儿童罪适用《刑法》第二百三十七条第二款的加重刑罚的限定条件有两个：一是在公共场所，如校园、幼儿园、儿童游乐场等场所；二是"当众"，根据《意见》，"当众"只需多人在场，在场人员是否实际看到则不影响量刑。

本案审理的焦点为被告人王某的行为是否构成在公共场所当众猥亵。

1.“在公共场所当众猥亵”所提“公共场所”不应作狭义解释，公路亦属于公共场所

本案在合议过程中有一种观点认为，既然《意见》已对猥亵儿童罪中公共场所进行了列举，根据“罪刑法定”原则，在处理猥亵儿童罪时应按《意见》的规定来进行。另一种观点则认为《意见》仅仅是对猥亵儿童罪常发的场所进行了列举，或者可以说是提示，在处理案件时不应将其作狭义解释。在本案中笔者同意第二种观点。“罪刑法定”原则，提到的“法”，首先是《刑法》，其次是相应的司法解释，最后才是各种规章制度。而且最高人民法院、最高人民检察院、公安部、司法部联合印发《意见》的初衷是保护未成年人，如果因为《意见》对公共场所的列举而对其作狭义解释，则不利于保护未成年人的权益，与《意见》的立法精神相违背。

根据百度百科释义，公共场所是指公众从事社会生活的各种场所的总称。公共场所是提供公众进行工作、学习、经济、文化、社交、娱乐、体育、参观、医疗、卫生、休息、旅游和满足部分生活需求所使用的一切公用建筑物、场所及其设施的总称。常人理解的公共场所，是没有特别遮挡、任何人可接近通过的场所。不论采取何种解释本案被告人王某实施猥亵行为的场所系旅游景点的公共停车场与公路之间的步道，均符合公共场所的定义。

2. 王某是否构成当众猥亵

根据《意见》的规定，在公共场所对未成年人实施强奸、猥亵犯罪，只要有其他多人在场，不论在场人员是否实际看到，均可以依照《刑法》第二百三十七条的规定，认定为在公共场所“当众”强奸妇女，强制猥亵、侮辱妇女，猥亵儿童。在此，“其他人”按笔者理解应为除被告人和被害人的其他人，“多人”按笔者理解应为两人以上。

本案中，被告人实施猥亵行为时，并未避讳与他及被害人一起出游的郝某某，其猥亵行为还被公共停车场的收费员看见，看似已符合其他多人的条件，但是否构成“当众”仍有争议。

笔者认为，刑法之所以规定当众猥亵儿童要从重处罚是因为当众猥亵儿童不仅侵犯了儿童的人身权利，这种可能使不特定或者多数人目睹的行为，进一步伤害了儿童的性的羞耻心，以及社会管理秩序或者善良的社会风化。因此，是否构成当众

猥亵儿童需要从被告人和被害人的角度进行考察。本案中，被告人实施猥亵行为所选择的场所虽然是公共场所，且并未避讳郝某某，但案发的时间是傍晚，鉴于景区的特殊性，当时停车场中车辆不多，作为连接车场的公路没有过往车辆。而证人钱某虽然能看见被告人实施猥亵行为，但其所在位置系被告人和被害人的视觉盲点。所以从被告人及被害人的角度，未构成当众。综上，本案认定被告人不构成在公共场所当众猥亵是正确的。

编写人：北京市密云区人民法院　赵双璐

26

行为人在公共场所实施猥亵儿童行为“当众”的认定

——刘某某猥亵儿童案

【案件基本信息】

1. 裁判书字号

北京市第二中级人民法院（2017）京02刑终45号刑事裁定书

2. 案由：猥亵儿童罪

【基本案情】

2016年5月22日14时许，被告人刘某某在某博物馆古代中国基本陈列展厅（以下简称古代中国展厅）内，尾随被害人王某某（女，9岁），趁其驻足参观之机，用生殖器顶蹭其臀部，后又借机手摸其胸腹部。被告人刘某某于当日被民警抓获。

【案件焦点】

行为人在公共场所实施猥亵儿童行为“当众”的认定。

【法院裁判要旨】

北京市东城区人民法院经审理认为：被告人刘某某为满足个人私欲在公共场所猥亵未满十四周岁的女童，其行为已构成猥亵儿童罪，依法应予从重处罚。北京市东城区人民检察院指控的罪名成立，但检察机关对本案法律适用问题的建议，基于被告人猥亵儿童的具体情节，同时结合猥亵行为实施场所及当众性特点，可综合考虑作为入罪情节对其予以刑事处罚，但上述情节不宜再作为量刑升档情节予以考虑。鉴于被告人刘某某能够如实供述主要犯罪事实，根据其犯罪情节、主观恶性程度、案件社会危害性，依法确定最终宣告刑。

北京市东城区人民法院依照《中华人民共和国刑法》第二百三十七条第一款、第三款，第六十七条第三款，第六十一条之规定，判决如下：

被告人刘某某犯猥亵儿童罪，判处有期徒刑三年。

北京市东城区人民检察院的抗诉意见是：一审法院适用法律错误，理由如下：刘某某猥亵的对象为不满十四周岁的儿童，并以用生殖器顶蹭被害人臀部、将手伸进被害人衣服内摸其胸部的方式对其进行猥亵，对儿童的身心健康造成了巨大伤害；刘某某猥亵儿童的行为发生在古代中国展厅内，显系在公共场所猥亵；刘某某实施猥亵行为时古代中国展厅内参观游客众多，且猥亵行为被多人发现，故刘某某的行为应当认定在公共场所当众猥亵儿童，依据《中华人民共和国刑法》第二百三十七条第二款、第三款对刘某某定罪处罚。

北京市人民检察院第二分院的出庭意见是：原判认定事实清楚，证据确实、充分，对原审被告人刘某某定罪并无不当；刘某某实施猥亵的对象为不满十四周岁的儿童，其行为发生在古代中国展厅内，当时现场参观人员众多，且其行为被多人发现，刘某某的行为应当认定为在公共场所当众对儿童实施猥亵，《中华人民共和国刑法》第二百三十七条第二款规定“聚众或者在公共场所当众犯前款罪的，或者有其他恶劣情节的，处五年以上有期徒刑”，第三款规定“猥亵儿童的，依照前两款的规定从重处罚”。原判认为“基于被告人猥亵儿童的具体情节，同时结合猥亵行为实施场所及当众性特点，可综合考虑作为入罪情节对其予以刑事处罚，但上述情节不宜再作为量刑升档情节予以考虑”于法无据，原判对刘某某判处刑罚适用法律错误，北京市东城区人民检察院抗诉理由成立，依法支持抗诉。

刘某某的指定辩护人的辩护意见是：对刘某某犯猥亵儿童罪不持异议；刘某某猥亵儿童的行为主观恶性小，犯罪情节显著轻微，社会危害性低；刘某某猥亵儿童的犯罪行为虽然发生在公共场所，但未达到犯罪手段卑劣、残忍、情节严重的后果，建议二审法院改判刘某某有期徒刑一年，缓刑一年。

北京市第二中级人民法院经审理认为：原审被告人刘某某为满足个人私欲在公共场所猥亵未满十四周岁的幼女，其行为已构成猥亵儿童罪，依法应予从重处罚。被害人王某某的陈述、证人孙某某、袁某、王某某、陈某的证言及刘某某的供述等在案证据证实，刘某某系在有众多参观者的古代中国展厅内猥亵被害人王某某，应当认定为在公共场所当众猥亵儿童，但刘某某所实施的具体猥亵情节显著轻微，综合考虑其在公共场所当众猥亵儿童的情节，应当根据罪刑相适应的原则对其予以刑事处罚，故对上述情节不宜再作为量刑情节予以考虑。一审判决基于刘某某猥亵儿童的具体情节，同时结合猥亵行为实施场所及当众性特点，考虑刘某某能够如实供述主要犯罪事实，根据其犯罪情节、主观恶性程度、案件社会危害性等，对刘某某判处刑罚并无不当，一审判决既体现了对未成年人的保护，又依据法律规定对刘某某予以从重处罚，符合罪责刑相适应的原则，故北京市东城区人民检察院所提抗诉理由及北京市人民检察院第二分院支持抗诉的相关出庭意见，本院均不予采纳。猥亵儿童罪属于对未成年人进行性侵害的犯罪，依法应当从严惩治，对于此类案件，应当贯彻特殊、优先保护原则，切实保障未成年人的合法权益。故刘某某的辩护人希望法庭能对刘某某判处缓刑的辩护意见亦不能成立，本院不予采纳。原审法院根据刘某某犯罪的事实、犯罪的性质、情节及对于社会的危害程度所作出的判决，定罪及适用法律正确，量刑适当，审判程序合法，应予维持。

北京市第二中级人民法院依照《中华人民共和国刑事诉讼法》第二百二十五条第一款第一项①的规定，作出如下裁定：

驳回北京市东城区人民检察院的抗诉，维持原判。

【法官后语】

本案的争议焦点在于对“当众”情节应该如何认定。两级检察院均认为，根据《刑法》第二百三十七条的规定，以暴力、胁迫或者其他方法强制猥亵他人或者侮辱妇女的，处五年以下有期徒刑或者拘役。聚众或者在公共场所当众犯前款罪的，或者有其他恶劣情节的，处五年以上有期徒刑。猥亵儿童的，依照前两款的规定从重处罚。被告人刘某某在中国国家博物馆这种人员密集的公共场所实施了猥亵行

① 对应2018年《刑事诉讼法》第二百三十六条第一款第一项。

为，符合“当众”猥亵的规定，属于加重情节，应适用该条第二款和第三款之规定，处以五年以上有期徒刑。

法院认为对于该条款不能机械地适用，本案首先要解决的是定罪的问题。《刑法》与《治安管理处罚法》均对猥亵行为作了规定，但规定都相对简单，缺少相应的司法解释或其他的规范性文件，对该类行为的定性往往依赖于办案人员的经验以及对法律的理解。司法实践中，法官综合考虑犯罪的事实、证据、情节、后果、主观恶性、社会危害性等诸多因素加以判断。本案中刘某某的行为是属于应受治安管理处罚的一般违法行为还是刑法意义上的犯罪行为，是法官要考虑的首要问题。结合本案的具体案情，刘某某的猥亵行为是用生殖器顶蹭被害人臀部，后又借机手摸被害人胸腹部，且是在某博物馆这一公共场所内，较之一般违法行为社会危害比较严重，因此能够认定构成猥亵儿童罪。但如果不是在公共场所，刘某某的行为由于情节显著轻微，不认为是犯罪，定性也只是一般的违法行为。因此，在此定罪情节的基础上若再次适用“当众”情节对被告人量刑升档不符合罪责刑相适应原则以及立法本意。

第一，关于罪责刑相适应原则的适用。根据《刑法》及北京市高级人民法院《量刑指导意见》的相关规定，奸淫幼女一人的，量刑起点在有期徒刑四至七年区间确定，即如果奸淫幼女一人的被告人不存在其他量刑情节，则可以强奸罪判处有期徒刑四年。而本案如果认定为“当众”，因被告人刘某某无减轻处罚情节，即便考虑其认罪态度好等情节予以从轻处罚，最低量刑也为有期徒刑五年。本案的犯罪事实是较为轻微的猥亵行为，与对被害人身体造成严重危害的奸淫幼女案件存在质的区别，但量刑结果相近。在罪名之间存在量刑不平衡，不符合罪责刑相适应的原则。另外，与同类案件把握的量刑尺度相比明显不均衡。在林某某猥亵儿童案，被告人林某某在小卖店内抠、摸被害人胸部、阴部，被判处有期徒刑一年六个月；廖某某猥亵儿童案，廖某某在被害人家中抠、摸被害人胸部、阴部，被判处有期徒刑一年六个月；张某某猥亵儿童案，张某某系某学校教师，在教室内先后猥亵六名儿童，被判处有期徒刑五年六个月。本案被告人刘某某用生殖器顶蹭被害人臀部，后又借机手摸被害人胸腹部，被害人对此无感觉，就量刑尺度而言，若判处五年以上有期徒刑，量刑结果与其罪行不相适应，与情节较轻的猥亵儿童犯罪相比量刑过重，而且与严重的猥亵儿童犯罪没有拉开量刑差距。

第二，根据《关于依法惩治性侵害未成年人犯罪的意见》第二十三条的规定："在校园、游泳馆、儿童游乐场等公共场所对未成年人实施强奸、猥亵犯罪，只要有其他多人在场，不论在场人员是否实际看到，均可以依照刑法第二百三十六条第三款、第二百三十七条的规定，认定为在公共场所'当众'强奸妇女，强制猥亵、侮辱妇女，猥亵儿童。"该条的立法本意是更大程度地保护未成年人的合法权益不受侵害，但是对该条款的理解适用不应超过《刑法》原本的规定，《刑法》第二百三十七条第二款的规定是在犯前款罪的基础上聚众或是在公共场所，所要针对的是已经构成猥亵犯罪的犯罪分子，不顾他人身心权益，大肆践踏他人性羞耻心和道德感，以达到自己更大的满足欲，这样的行为区别于一般的猥亵行为最重要的特点在于其不仅侵害了个人的身心权益和道德感，更重要的是其严重扰乱社会秩序，对被害人的人格尊严造成极大的破坏，其侵犯的法益不仅包括特定的被害人的人身权益，而且还包括社会道德秩序，正因为其对公共利益肆无忌惮地侵犯，才使得其量刑比之一般的强奸行为更要严厉。而在本案中虽然是在某博物馆这样的公共场所，被告人刘某某的行为是隐秘的，他主观是不想也不敢让别人发现的，他有意避开其他人的关注，动作轻微，次数少，甚至被害人都没有感觉，并不符合该条"公然性"的特点，故对于在定罪时已经考虑过的"当众"情节不宜再次作为量刑的情节予以升档。

第三，本案中的"当众"情节应作为入罪情节还是加重情节。由于《刑法》对猥亵儿童罪的入罪情节没有具体的规定，因此对该款罪的认定更依赖于法官的主观能动性。本案中的检察院与法院对于被告人是否属于公共场所"当众"猥亵没分歧，一致认为按照《关于依法惩治性侵害未成年人犯罪的意见》的规定，刘某某的行为应该是认定为"当众"，但检方认为，刘某某用生殖器顶蹭被害人臀部，后又借机手摸被害人胸腹部的行为已经构成猥亵儿童罪，加上又是"当众"猥亵，应该适用加重情节。正因为对猥亵儿童罪的构成不够明确，所以个人的理解有分歧。按照一般刑法的理论，刑法所规制的是严重侵害个人权益、社会公益的违法行为，具有较高的社会危害性和主观恶性，此类行为在所有的违法行为中应属少数，社会中大量存在的一般违法行为，应该由《治安管理处罚法》或是行政法规等来规制，刑法的脚步若延伸到这些层面，不仅会造成诉累，对于社会治理也容易陷入严刑峻法的洞窟。结合本案案情，法官创新地适用法律规定，将"当众"这一刑法规定的加重情节作为定罪时的考量，避免了重复评价，解决了罪责刑不相适应的问题，其解释也符合相关法律规定，切实化解了该法条实际运行中遇到的困难，使得该案件取得了较好的社会效果。

编写人：北京市第二中级人民法院　唐季怡　祁欢

（七）绑架罪

27

以勒索财物为目的偷盗他人婴儿行为性质的认定

——李章某绑架案

【案件基本信息】

1. 裁判书字号

云南省昭通市鲁甸县人民法院（2017）云0621刑初31号刑事判决书

2. 案由：绑架罪

【基本案情】

被告人李章某系鲁甸县某中学学生。2017年1月14日20时许，被告人李章某产生偷盗他人婴儿“弄点钱来花”的想法，遂于当日21时左右开始上街寻找目标，当其遇到背着小孩的戚雪某时，其便跟踪到鲁甸县文屏镇振兴路××号三楼戚雪某租住房处。22时30分左右，被告人李章某趁戚雪某离开房间接水之机，便冲进戚雪某家将坐在学步车内的女婴儿抱走，并将事先书写好的内容为“要孩子的话拿着7000块钱来，最好不要报警，不然后果自负，1478702××××”的纸条放在其家中的茶几上。被告人李章某抱着婴儿行至鲁甸县第一中学围墙边，感觉自己的行为不对，于是就将婴儿放置在陈某家开的小吃店门口，自己隐藏在远处偷看，直到婴儿被抱进屋后才离开。后该婴儿被公安民警寻回。经鉴定，留在被盗婴儿现场的纸条与提取被告人李章某字迹样本上的字迹属同一人书写。被告人李章某于2017年1月15日23时到公安机关投案，并如实供述自己的犯罪事实。

【案件焦点】

被告人李章某以勒索财物为目的偷盗他人婴儿，其行为已构成绑架罪，其偷盗婴儿又将婴儿送还的行为是构成绑架罪的既遂，还是未遂。

【法院裁判要旨】

云南省昭通市鲁甸县人民法院经审理认为：被告人李章某以勒索财物为目的偷盗他人婴儿，其行为已构成绑架罪。被告人李章某系在校学生，因缺钱花，临时起意实施绑架行为。绑架之后，因偷盗的婴儿在其怀中熟睡，其于心不忍，及时悔悟，便主动将婴儿放置到安全地段。其犯罪的主观恶性不深，实际控制被绑架人的时间短，绑架手段简单，控制婴儿后既未再向受害人提出勒索财物的要求，又未对被绑架人造成人身伤害，其绑架行为属于情节较轻的犯罪行为。案发后，被告人李章某主动到公安机关投案自首，并如实供述其犯罪事实，可依法从轻或者减轻处罚。依照《中华人民共和国刑法》第二百三十九条第一款、第三款及第六十七条第一款之规定，判决如下：

被告人李章某犯绑架罪，判处有期徒刑三年，并处罚金人民币1000元。

【法官后语】

在本案的审理过程中，审判人员感到比较“纠结”，原因有以下几点：

第一，被告人李章某系鲁甸县某中学学生。2017年1月14日20时许，被告人李章某产生偷盗他人婴儿“弄点钱来花”的想法，于是实施了对他人婴儿进行偷盗。其心智表现极其不成熟，思想观念愚蠢、简单。从犯罪动机上来讲，李章某是因为家里修房子，自己想减轻家庭负担，才临时有去偷个孩子整点钱来用的想法。李章某虽然刚满十八周岁，但其心智表现并不成熟。在犯罪中，被告人看见孩子睡着后，又萌发了怜悯悔过之心，把孩子送到安全的环境中。可见其确实认识到自己的错误并且有改过之心，且第二天就到公安机关自首，使得其犯罪行为给社会带来的危害性以及带来的后果都相应减轻了。

第二，根据《刑法》第二百三十九条之规定，以勒索财物为目的绑架他人的，或者绑架他人作为人质的，处十年以上有期徒刑或者无期徒刑，并处罚金或者没收财产；情节较轻的，处五年以上十年以下有期徒刑，并处罚金。以勒索财物为目的偷盗婴幼儿的，依照前款的规定处罚。被告人李章某以勒索财物为目的偷盗婴幼儿，并且留下字条勒索受害人。其行为已经构成绑架罪。李章某所犯的罪为重罪，情节较轻的，处五年以上十年以下有期徒刑，由于被告人李章某所犯的罪起点刑比较高，纵使李章某有自首的情节，其量刑余地也很有限。

第三，被告人李章某偷盗婴儿以后，在很短的时间内后悔，故把孩子抱到小石桥小吃店的门口，并看见他们报警后才离开，其行为是否构成犯罪中止？犯罪既遂是指某一行为符合刑法规定的具体犯罪构成的全部要件。实践中，有的人认为只要绑架行为实施完成，即构成犯罪既遂，也有人认为应当以是否实际取得财物利益或其他非法利益为判断既遂行为的标准。笔者认为，评判既遂、未遂不能简单地从犯罪行为的客观表现形式上机械地分析，绑架罪客观行为应当视为单一行为而不是双重行为，应当以绑架行为是否已实际控制了被害人质，并将其置于自己实际支配之下为标准，如果行为只实施了暴力、胁迫或其他方法，并未对人质的人身实际控制，不构成既遂，那种以是否实际取得钱财或其他非法利益为客观评判标准是简单的结果论。本案中，由于偷盗的是婴幼儿，被告人李章某已经对人质进行了实际的控制，应该是犯罪既遂，不是犯罪中止。

第四，被告人悔悟及时，未给受害人造成损失。李章某为了7000元便实施绑架行为，其犯罪的动机、犯罪目的都是极其简单的，综观其犯罪情节，其主观恶性不大，而且主动积极悔过，在定罪量刑上确实有值得考虑的一面。而且，对于一个家庭贫穷的孩子来说，其走上犯罪的道路与一定的家庭、社会、教育问题等众多因素有关。

第五，本案案发时，由于被害人找不到孩子，就在微信圈疯狂转发微信寻找，在社会上引起不小的轰动。被告人的绑架行为给受害人的身心造成重大的创伤。为了维持社会的良好秩序，为了打击犯罪，维护稳定、和谐、平安的社会环境，就不能纵容罪犯。

因此，本案的审判员最终综合考虑社会效果与法律效果的统一，以有利于被告人的量刑作出了判决。

编写人：云南省昭通市鲁甸县人民法院　李才凤

28

绑架罪中“情节较轻”的认定

——林文明、陈春辉绑架、盗窃案

【案件基本信息】

1. 裁判书字号

福建省福州市中级人民法院（2018）闽01刑终213号刑事裁定书

2. 案由：绑架罪、盗窃罪

【基本案情】

2017年1月，被告人林文明伙同张木某（在逃）共谋将长乐市湖南镇闽沙村甲自然村别墅区陈某的孙女卓某某（2006年5月1日出生）作为绑架目标，意图绑架卓某某后，向卓某某的亲属勒索人民币100万元。后张木某、林文明纠集了被告人陈春辉共同参与，三人事先勘察卓某某住处、关押人质地点、交付赎金地点，对如何绑架人质进行详细分工，并共谋盗一车辆用于绑架，待绑架事成后再将车丢弃或者焚烧。2017年3月29日下午，林文明按照张木某指令，持张木某事先准备的名为“占书某”的身份证件，前往长乐市漳港街道陈某甲、陈某乙等人经营的乙车行租赁闽A2××××黑色小轿车一辆，后由张木某在车上偷装了定位器。次日上午10时50分许，张木某带林文明到长乐市航城街道上湖村丙电子汽配店复制了该车钥匙，后由林文明将车归还旺顺车行。同年4月14日凌晨2时许，林文明、陈春辉按照张木某指令，携带复制的车钥匙到长乐市江田镇同德大厦停车场盗走闽A2××××黑色小轿车，拆除了定位器及车牌。同年4月15日，林文明、陈春辉从张木某处得知陈某甲、陈某乙已报警，三人怕事情败露，经商量后决定将车丢弃。同年4月16日晚上，林文明、陈春辉驾车开往长乐市牛山年检站附近丢弃，并用短信戏弄的形式向陈某乙告知闽A2××××黑色小轿车在长乐市牛山年检站附近。次日陈某乙寻回该车。经鉴定，该车价值人民币41600元。

2017年5月24日17时许，被告人陈春辉在长乐市丁网吧被公安民警抓获，主动供述了公安机关尚未掌握的绑架事实。同日23时许，被告人陈春辉协助公安民警在戊小区1座2008室抓获被告人林文明。

【案件焦点】

绑架犯罪中，被告人林文明、陈春辉为实施绑架犯罪，准备工具、制造条件，是犯罪预备，该部分能否认定为“情节较轻”，适用刑法第二百三十九条“情节较轻”条款予以量刑。

【法院裁判要旨】

福建省长乐市人民法院经审理认为：被告人林文明、陈春辉结伙以勒索钱财为目的，预谋绑架女童，其行为均构成绑架罪；林文明、陈春辉结伙为实施绑架做准备，又以非法占有为目的，秘密窃取他人财物，金额计人民币41600元，数额较大，其行为又均构成盗窃罪。公诉机关指控林文明、陈春辉的罪名均成立，依法应予两罪并罚。林文明、陈春辉为了实施绑架犯罪，准备工具、制造条件，是犯罪预备，可以比照既遂犯从轻、减轻或者免除处罚。林文明到案后如实供述自己的罪行，可以从轻处罚。陈春辉因涉嫌盗窃罪被公安民警抓获后，如实供述公安机关未掌握的绑架罪行，以自首论，可以从轻或者减轻处罚。陈春辉到案后协助公安机关抓捕同案被告人林文明，具有一般立功表现，可以从轻或者减轻处罚。综合考虑林文明、陈春辉犯罪事实、性质、情节、对于社会危害程度及其认罪态度等，决定对林文明、陈春辉所犯的绑架罪均予减轻处罚，所犯的盗窃罪均予从轻处罚。

福建省长乐市人民法院对被告人林文明依照《中华人民共和国刑法》第二百三十九条第一款、第二百六十四条、第二十五条第一款、第二十二条、第六十七条第三款、第六十九条之规定，对被告人陈春辉依照《中华人民共和国刑法》第二百三十九条第一款、第二百六十四条、第二十五条第一款、第二十二条、第六十七条第二款、第六十八条、第六十九条及《最高人民法院关于处理自首和立功具体应用法律若干问题的解释》第二条、第五条之规定，作出如下判决：

一、被告人林文明犯绑架罪，判处有期徒刑六年六个月，并处罚金人民币7000元；犯盗窃罪，判处有期徒刑一年六个月，并处罚金人民币3000元，决定执行有期徒刑七年，并处罚金人民币10000元；

二、被告人陈春辉犯绑架罪，判处有期徒刑五年，并处罚金人民币5000元；犯盗窃罪，判处有期徒刑一年三个月，并处罚金人民币3000元，决定执行有期徒刑五年四个月，并处罚金人民币8000元。

林文明以其为预备犯罪且属于初犯，在本案中打电话将小轿车返还事主，其行为系绑架中止，原判量刑过重提起上诉。

福建省福州市中级人民法院经审理认为：林文明、陈春辉伙同他人以勒索财物为目的，预谋绑架幼女，其行为均构成绑架罪；二人为实施绑架犯罪而秘密窃取他人机动车，价值人民币41600元，其行为又均构成盗窃罪，依法应予数罪并罚。经查，原判对林文明所具的从轻量刑情节均予以认定，并在量刑时充分考虑，所作量刑适当。故林文明的上诉理由，不能成立，应予驳回。

福建省福州市中级人民法院依照《中华人民共和国刑事诉讼法》第二百二十五条第一款第一项[①]的规定，作出如下裁定：

驳回上诉，维持原判。

【法官后语】

本案处理重点主要在于对绑架犯罪中“情节较轻”的认定。《刑法》第二百三十九条第一款规定：“以勒索财物为目的绑架他人的，或者绑架他人作为人质的，处十年以上有期徒刑或者无期徒刑，并处罚金或者没收财产；情节较轻的，处五年以上十年以下有期徒刑，并处罚金。”情节较轻的量刑档在“有期徒刑五年至十年”，犯罪预备是否能作为情节较轻进行评价，是本案量刑的一个关键。

具体到本案中，公诉机关认为被告人林文明、陈春辉结伙以勒索钱财为目的预谋绑架女童，情节较轻，应当以绑架罪追究其刑事责任，被告人林文明、陈春辉为了实施绑架犯罪，准备工具、制造条件，是犯罪预备，可以比照既遂犯从轻、减轻或者免除处罚，据此建议适用《刑法》第二百三十九条“情节较轻”法条量刑，对被告人林文明犯绑架罪在有期徒刑五年以上六年以下量刑，对被告人陈春辉犯绑架罪在有期徒刑三年以上四年以下量刑。

而关于指控认定被告人林文明、陈春辉绑架罪“情节较轻”这一节。法院审查

---

① 对应2018年《刑事诉讼法》第二百三十六条第一款第一项。

认为，认定某一个案绑架罪是否属于“情节较轻”，应从影响绑架罪社会危害性轻重的主要事实要素即犯罪手段、犯罪后果、犯罪动机、犯罪情节进行综合评价的基础上，才能得出结论。犯罪预备、未遂、中止等未完成形态并不能作为“情节较轻”的判断基础，如果将其作为“情节较轻”的判断基础，然后再作为量刑情节适用，显然属于对同一情节的重复评价，违反了禁止重复评价的原则。本案中，被告人林文明、陈春辉等人以女童卓某某为绑架目标意图向卓某某的亲属勒索100万元人民币，事先勘查卓某某住处、关押人质地点、交付赎金地点，对如何绑架人质进行详细分工，并准备绑架所用的车辆，但由于意志以外的原因而未实施，系绑架预备，不应适用“情节较轻”条款。

作为《刑法修正案（七）》的亮点之一，绑架罪在原法定刑的基础上增加了独立的一档，规定情节较轻的量刑幅度，这是刑法修正案中唯一一次出现以增加从轻处罚的量刑档来修正罪名，具有重大意义，但由于没有统一的、详细的具体规定，对于如何理解适用“情节较轻”，司法实践中存在较多争议。但主要存有两种观点：一种观点认为，对绑架情节较轻的认定，可以包括犯罪未遂、中止、自首、未致严重后果等法定量刑情节等情况；另一种观点认为，凡是能够对绑架罪社会危害程度产生影响的因素，如绑架手段、绑架后果、绑架对象、绑架动机都应当作为情节较轻的考虑因素，但犯罪预备、未遂、中止等未完成形态并不能作为“情节较轻”的判断基础，如果将其作为“情节较轻”的判断基础，然后再作为量刑情节适用，显然属于对同一情节的重复评价，违反了禁止重复评价的原则。多数意见偏向于后者。

编写人：福建省长乐市人民法院　陈珠

（八）非法拘禁罪

29

扣押高于债务数额财物并拘禁他人的行为定性

——黄某某等非法拘禁案

【案件基本信息】

1. 裁判书字号

广东省广州市中级人民法院（2017）粤01刑终1103号刑事裁定书

2. 案由：非法拘禁罪

【基本案情】

事前，被告人黄某某与被害人周某某双方签订代理服务合同，被告人黄某某向被害人周某某支付代理费80万元，后因解除合同的退款问题产生矛盾（被告人黄某某主张退52万元，被害人周某某则主张退42万元）。2016年6月25日，被告人黄某某纠集其弟弟被告人黄甲及其公司下属被告人崔某、李某某、杨某某驾车从珠海市去到广州市天河区龙口西路甲小区蹲守被害人周某某。当晚22时许，被告人黄某某单独去到甲小区×座××××房被害人周某某的家里。在协商还债未果后，被告人黄某某让被告人黄甲、崔某、杨某某、李某某进入被害人周某某家中，被害人周某某警告被告人黄某某等人离开未果，就躲进其卧室中准备打电话报警，被被告人黄某某等人把卧室门强行踹开，并遭到被告人黄某某等人的殴打，屋内被害人周某某的母亲魏某某、妹妹张某某报警时也遭到被告人黄某某等人的殴打（经鉴定，魏某某的损伤程度为轻微伤）。被告人黄甲等人在控制住三名被害人后，采用言语恐吓、持刀威胁、用布条勒周某某脖子等暴力方法，抢走被害人魏某某人民币

25000元，抢走被害人周某某1000瑞士法郎（按当日汇率兑换人民币6563.40元），并强迫周某某刷卡转账给被告人黄某某人民币105000元。被害人周某某又被迫交出自己的六块手表和一个金手镯给被告人黄某某（四块手表和一个金手镯经鉴定价值人民币1144089元，另两块手表价格认证中心暂无法认定价值），并在被告人黄某某和杨某某的看管下，被害人周某某去到附近的ATM机取出人民币5000元交给被告人黄某某。

广东省广州市天河区人民检察院以黄某某等人犯抢劫罪提起公诉。各被告人均否认对被害人有殴打、威胁、恐吓及挟持控制的行为，均否认有抢劫的犯意。被害人黄某某及其辩护人辩称黄某某和被害人周某某存在债权债务关系，到被害人家中只是要债。

【案件焦点】

被告人为索取债务拘禁债务人及其亲属，且当场扣押价值远高于债务数额的财物，应以抢劫罪还是以非法拘禁罪定罪处罚。

【法院裁判要旨】

广东省广州市天河区人民法院经审理认为：根据本案现有证据足以认定被告人黄某某一伙对被害人实施了控制、暴力殴打行为。关于本案定性问题，法院认为：事前被告人黄某某和被害人周某某有经济合同纠纷，双方四五十万元的债务关系确实存在。被告人黄某某一伙使用暴力方法抢走人民币13万多元，并拿走被告人价值高达110多万元的四块手表和一个金手镯，虽然远远超出债权数额，但双方均确认由于被害人现金不够，才拿出手表、手镯交给被告人黄某某暂时保管，待还清债务即返还被害人。事实上被告人黄某某对手表、手镯的真实价值确实不明知，且事后也没有处分、变卖该手表、手镯，案发后已退回给被害人。由此可见，被告人拿走手表首饰的目的是要求被害人足额偿还债务，并不是非法占有被害人的手表、手镯。因此，公诉机关指控被告人黄某某等人以非法占有为目的抢走被害人财物的证据不足，被告人不构成抢劫罪，各被告人为索取债务非法扣押、拘禁被害人，其行为均已构成非法拘禁罪。

广东省广州市天河区人民法院依照《中华人民共和国刑法》第二百三十八条第一款和第三款、第二十五条、第二十六条第一款和第四款、第二十七条的规定，判决如下：

一、被告人黄某某犯非法拘禁罪，判处有期徒刑一年；

二、被告人黄甲犯非法拘禁罪，判处有期徒刑十个月；

三、被告人崔某犯非法拘禁罪，判处有期徒刑十个月；

四、被告人杨某某犯非法拘禁罪，判处有期徒刑十个月；

五、被告人李某某犯非法拘禁罪，判处有期徒刑十个月。

一审宣判后，被告人黄某某等 5 人均以没有实施暴力和人身控制行为等理由提出上诉。

广东省广州市中级人民法院经审理认为：黄某某、黄甲、崔某、杨某某、李某某无视国家法律，为索取债务，结伙非法扣押、拘禁并殴打他人，其行为均已构成非法拘禁罪。原判认定事实清楚，证据确实、充分，定罪和适用法律准确，量刑适当，审判程序合法。广东省广州市中级人民法院依照《中华人民共和国刑事诉讼法》第二百二十五条第一款第一项①的规定，作出如下裁定：

驳回上诉，维持原判。

【法官后语】

《刑法》第二百三十八条第三款规定，“为索取债务非法扣押、拘禁他人的”，依照非法拘禁罪处罚。在本案中，对于被告人黄某某纠集他人采用暴力、人身控制等手段强索债务的行为，检察机关认定其构成抢劫罪，审判机关则认定其构成非法拘禁罪。出现两种不同的定性主要原因有二，一是本案中只有被害人周某某欠被告人黄某某债务，但被告人还殴打、侵害了周某某的母亲魏某某、妹妹张某某，并向其债务人周某之外的魏某某索要了债务。二是被告人当场获取的财产价值远远高于被害人周某某欠被告人黄某某的债务数额，对获取相关财产的性质存在认识分歧。笔者认为，综合全案情况，应该认定被告人属于索取债务，没有非法占有的目的，不构成抢劫罪，理由是：

1. 拘禁债务人之外的第三人并索要钱财不宜一概认定为具有非法占有的目的。按照一般理解，现代法律的精神是人格独立，责任自负，债务自偿，行为人不应向

---

① 对应 2018 年《刑事诉讼法》第二百三十六条第一款第一项。

债务人之外的无关第三人索要债务，更不能拘禁第三人，行为人实施此种行为的，原则上应按照抢劫罪、绑架罪等处理。但我们也要看到现实的复杂性，此原则应当允许存在例外情形。刑法立法用的是“他人”，而不是用的“债务人”，不能绝对地理解为只有拘禁债务人本人才能构成非法拘禁罪。“他人”可以包括债务以外而有与债务人具有某种利害关系的人。这种利害关系的判断应该坚持刑法上的实质判断标准，而不是从一般民法关系上分析，应当以一般人的认识为基准，结合法律、道德、习俗、情理等具体认定，如债务人的近亲属、与债务人共同生活的人、存在财产共有关系的人等。如果行为人拘禁的人与债务人不存在利害关系，行为人只是借机滋事或者为抢劫、绑架他人寻找借口等，则应按照抢劫罪、绑架罪等处理。在本案中，虽然在民法上债务人周某某和其母亲均是具有独立的民事行为能力的成年人，魏某某没有替周某某偿还债务的义务，但魏某某和周某某是母女关系，且在一起共同生活，在中国人的观念中，家庭成员共有财产，共同承担义务的概念深入人心，传统习俗也有“父债子还”“子债父还”等理念。被告人在被害人周某某的家中搜刮他人财产，其主观上也是为了抵偿其债权，并不能否定其讨债行为这一基本事实的认定。

2. 对被告人从被害人家中取走远超其债权数额的财物，要分析其行为性质，不能简单认定为具有非法占有的故意。非法拘禁他人索要债务，索要钱财数额应在债权数额范围之内，或者不能明显超过债权数额，明显超出债权数额的，应当认定为具有非法占有目的，按照抢劫、绑架等罪处理。需要注意的是，刑法意义上的非法占有应区别于民法意义上的广义的占有，指的是排除权利人，将他人财物作为自己的财物进行支配，并遵从财物的用途进行利用、处分的意思，实质上是一种非法所有。行为人占有他人明显多出债权数额的财物，但没有非法所有的目的，也不宜以抢劫、绑架等罪处理。本案中被告人黄某某等人从被害人手中索取财物价值100多万元，已经远远高于其声称的52万元债权数额，但被告人对手表、手镯等财物的真实价值事前并不明知，其供述也不知道真假。从行为性质上看，相关手表和手镯应被认定为对剩余债务的质押，而不是以非法所有的意思进行占有、使用、处分。被害人周某某把这些手表、首饰用木盒子锁起来，钥匙还是周某某自己留着，且盒子上有周某某的封条，双方均认可是对剩余债务的质押。事后被告人黄某某并没有处理和销赃，案发后归还了被害人，首饰盒照片反映上面还盖有一张签有周某某名字的白色纸条，说明被告人黄某某并没有非法占有被害人手表、首饰的主观目的，而仅是民法意义上的他主占有（不以所有人的意思而进行的占有）。因此，被告人不构成抢劫罪，而应以非法拘禁罪论处。

编写人：广东省广州市天河区人民法院　曹之华　孟明合

30

索债型非法拘禁罪的司法认定

——彭逢某等非法拘禁案

【案件基本信息】

1. 裁判书字号

湖南省常德市澧县人民法院（2017）湘0723刑初300号刑事判决书

2. 案由：非法拘禁罪

【基本案情】

2017年3月2日20时许，被告人彭逢某为向被害人易甲索取12.09万元化肥款，邀请被告人周先某帮忙收账，尔后被告人周先某又邀集了被告人李某，被告人李某又邀请了被告人易俊某等人，随后被告人一伙为索回欠款，于2017年3月2日20时许至次日23时许，先后将被害人易甲拘禁于安乡县甲宾馆308房、益阳市南县乙酒店8313房间，其间约束其人身自由，并对其实施殴打、恐吓等手段，直至被害人易甲姐姐易乙将钱款转账给被告人彭逢某后，被害人易甲才得以离开。四被告人对公诉机关指控其非法拘禁他人的犯罪事实供认属实。

【案件焦点】

由索债行为引发的非法拘禁行为应如何进行法律评价。

【法院裁判要旨】

湖南省常德市澧县人民法院经审理认为：被告人彭逢某、周先某、李某、易俊某为索取债务，合伙非法扣押、拘禁他人，其行为均已构成非法拘禁罪，应依法惩处。公诉机关指控四被告人犯罪事实及罪名成立。本案系共同犯罪，在共同犯罪中，被告人彭逢某、周先某为主邀约他人，起组织、指挥作用，系本案主犯；被告人李某、易俊某起次要作用，系从犯，应当从轻、减轻或者免除处罚。被告人彭逢某、李某犯罪后主动投案，如实供述其犯罪事实，系自首，可以从轻或者减轻处罚。被告人彭逢某、周先某、李某规劝并带领同案人投案，系立功，均可从轻或者减轻处罚。被告人周先某有犯罪前科，应酌情从重。本案因民事纠纷引发，四被告人为索取合法债务非法拘禁他人，案发后四被告人主动向被害人赔礼道歉、赔偿损失，取得被害人谅解；且四被告人归案后如实供述犯罪事实，认罪态度尚好；鉴于本案犯罪情节较轻，四被告人均有法定的从轻、减轻情节，本案可依法从轻处拘役刑罚；因此被告人周先某不属累犯。安乡县司法局向本院提交的对被告人彭逢某、李某的社区矫正调查评估意见书表明：二被告人平时表现较好，没有其他违法行为，生活来源较稳定，监管条件尚可，建议对其适用社区矫正；对此建议本院予以采纳。被告人易俊某的社区矫正调查评估意见书表明：被告人易俊某平时表现一般，邻里关系较好，没有其他违法行为，生活来源较稳定，居住条件较好，社区服刑的社会危害性一般，再犯罪风险一般，监管条件一般，建议对其慎用社区矫正；本院认为可给被告人易俊某一个改过自新的机会，适用社区矫正。据此，依照《中华人民共和国刑法》第二百三十八条第一款、第三款，第二十五条第一款，第二十六条第一款、第四款，第二十七条，第六十七条第一款、第三款，第六十八条，第七十二条第一款，第七十三条第一款、第三款，第七十六条之规定，作出如下判决：

一、被告人彭逢某犯非法拘禁罪，判处拘役五个月，缓刑十个月；

二、被告人周先某犯非法拘禁罪，判处拘役五个月；

三、被告人李某犯非法拘禁罪，判处拘役三个月，缓刑六个月；

四、被告人易俊某犯非法拘禁罪，判处拘役三个月，缓刑六个月。

【法官后语】

随着社会的发展，民间借贷纠纷频发。因债务纠纷引发的社会案件越来越多，甚至转变为刑事案件。主要表现为债权人因缺乏法律意识通过拘禁债务人限制其自由的方式，实现债务的索取。《刑法》对索债型非法拘禁行为作出了相应的规定，其第二百三十八条第三款规定“为索取债务非法扣押、拘禁他人的，依照前两款的规定处罚”。从该条款的规定来看，索债型非法拘禁行为属于非法拘禁罪的一种特殊表现形式，即非法限制剥夺他人人身自由的原因是基于一定的债权债务关系。但是在司法实践中，索债型非法拘禁行为与勒索型绑架行为的表现形式极为相似，两者均有非法剥夺他人人身自由及索取钱财的行为。基于此，在司法实践中，索取财物的非法拘禁行为的归罪，还存在一定的模糊性。因此，索取财物非法拘禁行为在司法实践中如何认定就显得极为重要，这是关系到此罪与彼罪的问题。区分索取财物的非法拘禁行为是索债型非法拘禁罪还是勒索型绑架罪主要有以下几点：(1) 是否存在正当债务关系。存在正当债务关系是构成索债型非法拘禁罪的要件之一。存在正当债务关系排除了不法债务和虚构债务，如果行为人以不法债务或者虚构债务对被害人实施了非法拘禁行为则应认定为绑架罪。索债型非法拘禁罪中行为人实行非法拘禁行为的目的是索取债款，主观恶性小。而行为人以索取虚构债务或者不法债务为目的实施非法拘禁行为，其本质为以勒索财物为目的，实施了非法剥夺他人自由的行为，主观恶性大，符合勒索型绑架罪的构成要件。(2) 是否严重侵犯了被拘禁人的人身安全。索债型非法拘禁罪和勒索型绑架罪都有剥夺他人自由权的行为，但对被害人的人身威胁程度却相差很大。索债型非法拘禁罪只是单纯地为了索取债务，在非法拘禁被害人之后并不会有过多的危害被害人人身安全的行为；而勒索型绑架罪则是利用被害人的人身安全和被害人家属关心的心理，采取暴力手段伤害甚至是杀害被害人，从而达到获取非法利益的目的。本案中四被告人为向被害人易甲索取12.09万元化肥款，将被害人先后拘禁于安乡县甲宾馆308房和益阳市南县乙酒店8313房间，通过庭审举证质证，查明了四被告人对被害人易甲只有轻微殴打、恐吓行为。以上经庭审查证的案件事实符合索债型非法拘禁罪的构成要件，四被告人均构成非法拘禁罪。

编写人：湖南省常德市澧县人民法院　谭灿

31

逃离传销组织控制不慎落水身亡，传销组织相关人员是否构成非法拘禁致人死亡

——任秋燕等非法拘禁案

【案件基本信息】

1. 裁判书字号

天津市第二中级人民法院（2016）津02刑终391号刑事附带民事裁定书

2. 案由：非法拘禁罪

【基本案情】

被告人吴友花、何江富、杨容、任秋燕等人分别于2013年4月至2014年9月间在别人介绍下至天津市滨海新区大港，先后加入以推销化妆品为名，并无实物交易，以所谓购买产品的套数以及所发展下线成员所购买的套数为计薪依据的“广州甲化妆品公司”的传销组织。该组织为五级三阶制，级别由低到高分别为业务员、主管、主任、经理、总经理。任秋燕因自身投入较大资金，购买所谓产品套数较多而成为该传销组织的主任级别，负责寝室管理、组织听课等工作，其直接负责管理的寝室人员有20余人（包含四被告人）。被告人吴友花、杨容、何江富分别为普通业务员、预备主任（小主任）等较低级别，均属于被告人任秋燕管理的同寝室人员。

根据该传销组织的相关规定，新人加入时，由新人的直接发展人去接，但是必须有另外一个人跟着一起去。为防止新人逃跑不加入公司，而将新人的行李放在住的寝室里面，或者由新人的直接发展人或寝室长控制新人的身份证和手机，然后再带着新人出去转，等新人“稳定了”再带新人去上课，争取让新人接受该传销组织并购买产品加入该组织。在此过程中，新人外出均有人伴随，如果没有所谓相关

“上级领导”的准许，新人并不能自由离开。

2014年11月23日，吴友花为发展其经网络聊天接触的被害人李海某加入传销组织，以找工作为名将李海某接至天津市滨海新区迎宾街晨晖里××号楼×门×××号，并提前向负责管理寝室的任秋燕汇报该情况。任秋燕遂指派何江富、吴友花、杨容监视、看管李海某。次日李海某意识到该组织为传销组织后，趁外出之机欲逃离该传销组织，何江富、吴友花、杨容等人将相关情况对任秋燕汇报后，一方面劝说李海某回到寝室；另一方面对李海某进行追赶、阻拦，欲将被害人李海某带回寝室。后李海某在大港湿地公园附近不慎落水，被告人何江富下水救人不成后，被告人何江富、杨容等人告诉任秋燕相关情况。该传销组织所谓领导“马某”赶至现场。其间，“马某”、任秋燕告诉被告人何江富、杨容、吴友花等人“人家自己落水不关我们的事情”“此事不要报警，要保密”“公司会处理，以后这个事情不要再提”。当晚任秋燕等人安排何江富、杨容、吴友花分别在不同寝室住宿。经天津市公安局物证鉴定中心鉴定，李海某系因溺水死亡。

【案件焦点】

被害人在逃离传销组织人员控制过程中不慎落水身亡，传销组织相关人员是否构成非法拘禁罪，是否应对被害人的死亡后果承担刑事责任。

【法院裁判要旨】

天津市滨海新区人民法院经审理认为：公诉机关指控四被告人构成非法拘禁他人，并致人死亡；被告人任秋燕的辩护人虽认为被告人任秋燕构成非法拘禁罪，但认为被告人不应为他人的死亡承担责任；在开庭审理中，被告人何江富、杨容也提出“毕竟不是我们将被害人推下去的”等辩解。经查，被告人任秋燕、吴友花、杨容、何江富等人的行为构成非法拘禁罪，并应对被害人的死亡承担刑事责任。第一，虽然四被告人未对被害人李海某采取直接限制人身自由的暴力手段，但被告人吴友花、杨容、何江富依照被告人任秋燕的安排授意，为了将被害人李海某发展成为传销组织人员，对被害人采取跟随其外出、查看其与外界联络、不让其脱离视线、不让其离开等柔性手段限制被害人的人身自由，也是一种非法拘禁行为。第二，根据被告人杨容的供述，“（我）刚来的时候，也是有人天天盯着我”，被告人何江富的供述也称“我当时也被控制过，每次外出都有人跟着，被人限制了自由”，考虑被告人吴友花加入传销的时间较长，其联系李海某来的目的就是将李海某发展成为其下线，而被告人任秋燕系传销组织中的领导者，四被告人对其自身行为对李海某的控制性质是明知的。第三，根据被告人何江富的供述“从第一天进来以后，就看到李海某有点害怕，第二天中午上完课后，感觉李海某情绪就有些反常了，李海某当时应该意识到我们公司就是传销了”；结合其他被告人的供述，四被告人对被害人决意离开是明知的，她们对被告人采取劝阻、拉拽、追赶的行为违背被害人的意志也是清楚的，此时她们均应该意识到其行为可能导致对被害人不利后果的发生。在被害人进入较为偏僻的地点后，被告人何江富、杨容等人还继续对其进行追赶，最终导致被害人落水，且在被害人第一时间落水后，被告人何江富、杨容、吴友花等人将相关情况报告给了任秋燕，但各被告人在传销组织相关人员的鼓动下并未报警或者采取其他救助措施，最终导致被害人死亡结果的发生。故四被告人的行为与被害人死亡之间存在刑法意义上的因果关系。第四，虽然被害人落水时与被告人何江富还有一定的距离，或者说何江富等人的追赶行为当时并未对被害人造成紧迫的现实危险，但考虑到被害人处在不熟悉的环境之中，且其意识到其面对的可能是人数众多、“势力强大”的传销组织，而其内心深处较为信任的所谓“女朋友”也是传销组织人员，且其正身处传销组织人员追赶的过程之中，其内心慌乱和惊恐导致其慌不择路。结合被害人至滨海新区大港后两天的经历来看，正是传销组织和传销人员对其的欺骗以及对其人身自由的限制使其意识到不能自由地离开，才最终导致了被害人落水，而各被告人均未采取较为有效的救助措施，致使被害人最终溺水死亡。

天津市滨海新区人民法院依照《中华人民共和国刑法》第二百三十八条第一款和第二款、第二百二十四条之一、第二十五条第一款、第二十六条第一款和第四款、第二十七条、第六十七条第三款、第三十六条，《中华人民共和国侵权责任法》第六条第一款、第八条、第十四条，《最高人民法院关于适用〈中华人民共和国刑事诉讼法〉的解释》第一百三十八条、第一百五十五条第二款之规定，作出如下判决：

一、被告人任秋燕犯非法拘禁罪，判处有期徒刑十一年；

二、被告人吴友花犯非法拘禁罪，判处有期徒刑十年；

三、被告人何江富犯非法拘禁罪，判处有期徒刑七年；

四、被告人杨容犯非法拘禁罪，判处有期徒刑六年；

五、被告人任秋燕赔偿附带民事原告人李某、马应某人民币 11507.85 元；被告人吴友花赔偿附带民事原告人李某、马应某人民币 11507.85 元；被告人何江富赔偿附带民事诉讼原告人李某、马应某人民币 7671.9 元；被告人杨容赔偿附带民事诉讼原告人李某、马应某人民币 7671.9 元；

六、被告人任秋燕、吴友花、何江富、杨容对上述赔偿义务互负连带赔偿责任；

七、驳回附带民事原告人李某、马应某的其他诉讼请求。

一审宣判后，天津市滨海新区人民检察院提出抗诉；被告人任秋燕、杨容不服，提出上诉；附带民事诉讼原告人李某、马应某提出上诉，坚持其提出的全部赔偿要求。

天津市第二中级人民法院经审理认为：上诉人任秋燕、杨容、原审被告人吴友花、何江富为欺骗被害人李海某加入传销组织，非法监视、控制被害人的人身自由，并因而导致被害人李海某在逃离过程中落水死亡，其行为均已构成非法拘禁罪，应予惩处。上诉人任秋燕、杨容、原审被告人吴友花、何江富应当向上诉人（原审附带民事诉讼原告人）李某、马应某赔偿因被害人李海某死亡造成的丧葬费损失。原审判决认定事实清楚，证据充分，定罪准确，量刑适当，民事赔偿数额合理，审判程序合法。

天津市第二中级人民法院依照《中华人民共和国刑事诉讼法》第二百二十五条第一款第一项①的规定，裁定如下：

驳回抗诉和上诉，维持原判。

【法官后语】

本案的争议焦点问题主要在于，传销组织人员是否构成非法拘禁罪，以及被害人逃离传销组织控制的过程中遭到传销组织人员的追赶，后不慎坠入河中溺水身亡，传销组织人员是否应当对被告人死亡的后果承担刑事责任，具体分析如下：

① 对应 2018 年《刑事诉讼法》第二百三十六条第一款第一项。

1. 传销组织人员对被害人的柔性控制行为是否构成非法拘禁罪

非法拘禁罪，是指故意非法拘禁他人或者以其他方法非法剥夺他人人身自由的行为。非法剥夺他人人身自由的方法并没有限制，既可以直接拘束他人身体，剥夺其身体活动自由，也可以间接拘束人的身体，剥夺其场所移动自由。[①] 非法拘禁的行为既可以通过有形强制力的方法实现，也可以通过无形强制力的方法实现，无论是以暴力、胁迫方法拘禁他人，还是利用他人的恐惧心理或是其他方法，只要客观上造成了对他人人身自由的限制，均可以构成本罪。在本案中，根据各被告人的供述，虽然四被告人未对被害人李海某采取直接限制人身自由的暴力手段，但被告人吴友花、杨容、何江富依照被告人任秋燕的安排授意，为了将被害人李海某发展成为传销组织人员，对被害人采取跟随其外出、查看其与外界联络、不让其脱离视线、不让其离开等柔性手段限制被害人的人身自由，属于无形强制力的一种，应当构成非法拘禁罪。

2. 被害人逃离传销组织控制的过程中遭到传销组织人员的追赶，后不慎坠入河中溺水身亡，传销组织人员是否应当对被告人死亡的后果承担刑事责任

本案各被告人是否应当承担非法拘禁致人死亡的加重后果，关键在于判断被害人死亡的后果与被告人的行为之间是否具有因果关系，针对这一问题在实践中产生了两种争议观点。一种观点认为，非法拘禁与死亡之间的因果关系应当仅仅限于必然、直接的因果关系，如果不严格控制这种因果关系的范围，势必会扩大承担刑事责任的范围，加重被告人的刑罚，本案中并非是被告人的非法拘禁行为直接导致了被害人的死亡后果，而是由于溺水，因果关系有所中断，故被告人不应对被害人的死亡后果承担刑事责任。另一种观点认为，被害人逃离传销组织控制的过程中遭到传销组织人员的追赶，后不慎坠入河中溺水身亡，由于被告人的非法拘禁行为导致被害人意图逃脱，并基于心理上的恐慌和行动上的匆忙提高了逃脱过程的危险性，同时弱化了被害人规避环境风险的能力，最终造成被害人溺水身亡的后果，因而被告人的非法拘禁行为与被害人的死亡结果之间具有刑法上的因果关系。

我们赞同上述第二种观点，理由如下：首先应当明确，判断被害人死亡的后果与被告人的行为之间是否具有因果关系，这一因果关系必须是刑法上的因果关系。

---

① 张明楷：《刑法学》（第五版），法律出版社2016年版，第882～883页。

关于刑法上的因果关系，理论上有三种代表性学说，分别是条件说、原因说、相当因果关系说，其中相当因果关系说是大陆法系的通说，即如果行为导致发生结果在经验上是相当的，就能够肯定刑法上的因果关系。但如何判断“相当性”，仍然存在标准不好把握的问题。在这种情况下，我们试图通过客观归责理论来解决这个问题。[①] 客观归责理论的具体判断标准是：制造不被允许的风险，实现不被容许的风险。制造不被允许的风险是指符合构成要件的行为含有社会机制中不被容许的法益侵害性。实现不被容许的风险是指某种法益侵害的后果是该行为所含有风险引发的。依据客观规则的原理，成立非法拘禁罪之结果加重犯，应当要求非法拘禁的行为本身具有致人重伤、死亡的不可容许的风险；或者非法拘禁的行为虽然没有一般的致人重伤、死亡的不被容许的风险，但非法拘禁行为实施的环境蕴含了致人死亡、重伤的不被容许的风险，也就是行为人非法拘禁的行为弱化了被害人规避环境风险的能力。此外，从被告人作为义务的角度来讲，在非法拘禁过程当中，被害人基于求生的本能通常会有逃脱的行为，逃脱过程本身就具有风险，因此，刑法应当强化非法拘禁行为人这种重大风险防止的义务。

在本案中，根据各被告人的供述和相关证人证言，被害人在意识到进入传销组织后，决意离开，各被告人对其采取了劝阻、拉拽、追赶的行为，在被害人进入较为偏僻的地点后，被告人何江富、杨容等人还继续对其进行追赶，考虑到被害人处在不熟悉且较为偏僻、危险的环境之中，且面对的是人数众多的传销组织，并处于追赶过程当中，这种内心的慌乱、紧张弱化了其规避环境风险的能力，最终导致其落水后溺水身亡，因此，四被告人的行为与被害人死亡之间存在刑法意义上的因果关系，四被告人应当承担非法拘禁致人死亡的法律后果。

编写人：天津市滨海新区人民法院　贺鑫

天津市河北区人民法院　王剑虹

① 20世纪70年代以来，德国学者罗克辛教授开始大力提倡客观归责理论。

32

民事纠纷引发拘禁、殴打、侮辱、逼迫出具欠条等行为之定性

——王军非法拘禁、非法持有枪支案

【案件基本信息】

1. 裁判书字号

江苏省无锡市锡山区人民法院（2017）苏0205刑初406号刑事判决书

2. 案由：非法拘禁罪、非法持有枪支罪

【基本案情】

2017年3月17日下午，被害人王红某的女儿、张志某的女儿在租住地无锡市锡山区大马桥一起玩耍时，将邻居王军家的小泰迪犬弄死了。当晚，被告人王军要求王红某、张志某按成本价赔偿小狗损失人民币（下同）1000元，王红某观看被告人王军提供小狗被弄死的监控视频后表示愿意赔偿。18日20时许，张志某向被告人王军要求观看监控视频，被告人王军说明视频内容，建议王红某、张志某各赔偿500元。张志某表示如果按照责任承担，他家应少赔偿点。被告人王军遂情绪激动，双方发生争执。后张志某、王红某各将500元微信转账给被告人王军的女友丁小某。

当晚21时许，被告人王军饮酒后表示不满赔偿事宜，让丁小某将1000元微信退还给王红某。后被告人王军持改装过的射钉枪将前来商谈小狗赔偿事宜的王红某、张志某、张立某（张志某之父）控制在大马桥某号其租住屋内，并鸣枪威胁。被告人王军要求王红某仍然赔偿小狗损失费500元，而要求“态度不好”的张志某赔偿10000元。王红某遂微信转给丁小某500元，张志某被迫微信转给丁小某3500元。其间，被告人王军将王红某、张志某的手机均扔入马桶，对张志某逐步提高小

狗的赔偿金额，并对张志某、张立某进行殴打、侮辱及鸣枪威胁。张志某在王红某的劝说下写了1张金额7000元的欠条，因被告人王军不满该金额遂在7000之后加了个“0”。后被告人王军又称“不要钱了，要将张志某、张立某拉到山上做掉”，并用电线捆绑二人欲将二人拉至屋外其汽车内。

被告人王军于同月19日凌晨见屋外有警车即返回屋内匆忙拿了2部手机（其中1部系张志某的甲牌手机）逃跑，后于当晚被抓获。案破后，公安机关扣押涉案枪支1把、甲牌手机1部等物，其中手机已发还给被害人张志某。被告人王军家属已退还被害人张志某4000元。

另查明：2016年9月28日，被告人王军从网上购得以火药为动力的改装射钉枪1把，并一直存放于其租住处。经鉴定，被告人王军持有的枪支系以火药为动力的改制枪支，对人体具有致伤力。

归案后，被告人王军如实供述了上述主要犯罪事实。

【案件焦点】

行为人因对民事赔偿事宜不满而实施拘禁、殴打、侮辱、逼迫出具欠条等行为应当如何定性。

【法院裁判要旨】

江苏省无锡市锡山区人民法院经审理认为：被告人王军在处理小狗赔偿民事纠纷过程中，采用暴力、胁迫等手段，非法剥夺他人人身自由，其行为已构成非法拘禁罪。被告人王军违反枪支管理规定，非法持有枪支，且用于违法活动，其行为已构成非法持有枪支罪。被告人王军犯有两罪，应予数罪并罚。被告人王军在非法拘禁过程中具有殴打、侮辱情节，予以从重处罚。被告人王军归案后能如实供述自己的罪行，具有坦白情节，可予从轻处罚。

江苏省无锡市锡山区人民法院依照《中华人民共和国刑法》第二百三十八条第一款、第一百二十八条第一款、第六十九条第一款、第六十七条第三款、第六十四条，《最高人民法院关于审理非法制造、买卖、运输枪支、弹药、爆炸物等刑事案件具体应用法律若干问题的解释》第五条第一款第二项的规定，作出如下判决：

一、被告人王军犯非法拘禁罪，判处有期徒刑二年六个月；犯非法持有枪支罪，判处有期徒刑一年九个月。决定执行有期徒刑四年；

二、在案扣押的枪支1把、菜刀3把、电线7根等作案工具予以没收（由公安机关执行）。

宣判后，被告人王军未提出上诉，检察机关未提出抗诉。

【法官后语】

本案争议的焦点在于行为人的行为应当如何定性。我们认为，行为人因对小狗赔偿事宜不满，遂持枪控制他人在租住屋内，并对他人进行殴打、侮辱及鸣枪威胁，还逼迫他人微信转账、出具欠条等，其行为应当认定为非法拘禁罪、非法持有枪支罪并数罪并罚。这是因为：

首先，行为人的行为并不构成寻衅滋事罪。第一，从案件起因来看，寻衅滋事罪主要表现为无事生非，但本案系因小狗死亡产生民事赔偿事宜而引发，属于事出有因。第二，从被害对象及发生地点来看，寻衅滋事罪旨在保护公共秩序或社会秩序，且针对的是不特定对象，但本案系发生在行为人自己的租住处，且殴打、侮辱的对象明确。第三，从法律规定来看，根据《最高人民法院、最高人民检察院关于办理寻衅滋事刑事案件适用法律若干问题的解释》第一条第三款的规定："行为人因婚恋、家庭、邻里、债务等纠纷，实施殴打、辱骂、恐吓他人或者损毁、占用他人财物等行为的，一般不认定为'寻衅滋事'……"本案系因邻里纠纷而发生，行为属于不宜认定为"寻衅滋事"的情形。

其次，行为人的行为不宜认定为敲诈勒索罪。本案不能单纯地根据财产损失、索要行为等便认定行为人主观上具有非法占有他人财物的明确目的。以非法占有为目的是抢劫罪、敲诈勒索罪等取得型财产犯罪的主观要件之一。所谓非法占有目的，是指排除权利人，将他人的财物作为自己的财物进行支配，并遵从财物的用途进行利用、处分的意思。在司法实践中，认定行为人是否具有非法占有目的，不能单纯根据财产损失、索要行为等归罪，还应当考虑案件起因、被告人的全案行为等综合认定。本案涉案财物包括微信转账4000元、被害人手机以及金额为70000元的欠条一张。微信转账的款项与小狗的购买、饲养、医疗成本几乎相当；所得被害人手机被行为人丢入马桶，并未占有和支配；70000元的欠条并非行为人主动索要。因此，行为人主观上非法占有他人财物的目的并不明显。

再次，行为人的行为也不宜认定为抢劫罪。从客观方面而言，行为人的行为有别于一般的抢劫行为。第一，与对被害人搜身、夺取现金，逼迫说出银行卡密码等传统劫财行为相比，本案行为人主要实施的是辱骂、逼迫被害人下跪等侮辱行为，且针对的对象主要是其认为赔偿态度不好的张志某、张立某一方，并未刁难赔偿态度较好的王红某。第二，若认定行为人持枪抢劫，明显不符合罪责刑相适应原则。持枪抢劫的法定刑为十年以上有期徒刑、无期徒刑或者死刑。本案从危害结果来看，行为人既未造成被害人伤亡的严重后果，也未劫取数额巨大的财物，若对行为人认定为持枪抢劫，罪责刑明显失衡。

最后，行为人的行为认定为非法拘禁罪、非法持有枪支罪并数罪并罚更为妥当，符合刑法谦抑原则。刑法谦抑原则包括刑法的补充性、片断性和宽容性。刑法的宽容性，是指行为对法益虽然有一定的侵犯，但不需要动用刑罚时，就不动用刑罚，不需要动用重的刑罚时，就不判处重的刑罚，而判处轻的刑罚。简言之，在定罪上，可定可不定的则不定罪，可重可轻的则定轻罪；在量刑上，刑种或刑罚裁量，可重可轻，则从轻处罚。本案中，行为人为索要小狗赔偿款将三名被害人非法扣押、拘禁在自己住处，非法剥夺他人人身自由达4个小时，其间还实施持枪威胁、侮辱，暴力殴打，逼迫微信转账和书写欠条等行为，符合非法拘禁罪的犯罪构成要件。

综上，本案行为人的行为构成非法拘禁罪和非法持有枪支罪，应当数罪并罚。

编写人：江苏省无锡市中级人民法院　韩锋　王星光　杨柳

33

非法拘禁罪中结果加重犯的认定

——邢世某非法拘禁案

【案件基本信息】

1. 裁判书字号

云南省昆明市中级人民法院（2017）云01刑终957号刑事裁定书

2. 案由：非法拘禁罪

【基本案情】

被害人兰某与被告人邢世某有大额欠款纠纷，2017年1月11日11时许，被告人邢世某等人在昆明市甲小区兰某家中以索要债务为由强行将被害人兰某带走。当晚将兰某带至乙酒店入住，并进行看守，要求其还钱。至1月13日9时许，因被害人兰某不能偿还欠款，被告人邢世某等人又将兰某带至官渡区丙小区×栋×单元601室赵某某家中，兰某承诺1月18日还钱。之后，被告人邢世某等人一直与兰某同住在赵某某家中。直至1月17日7时许，被告人邢世某与赵某某等人发现兰某在赵某某家楼下坠楼身亡后，经赵某某报警，被告人邢世某与赵某某在现场等待民警处理，被告人邢世某在案发现场被抓获。另查明，被告人邢世某与被害人兰某家属在本案判决前达成刑事和解。被告人邢世某家属已代为向兰某家属支付因兰某死亡所造成的经济损失25万元。兰某家属对被告人邢世某的犯罪行为表示谅解。

【案件焦点】

1. 被害人兰某死亡的结果与被告人邢世某非法拘禁行为是否具备刑法上的因果关系；2. 被告人邢世某是否构成结果加重犯。

【法院裁判要旨】

云南省昆明市官渡区人民法院经审理认为：被告人邢世某为讨债，将被害人兰某带走，限制被害人的人身自由，并对被害人进行看守多日，其行为已触犯刑律，构成非法拘禁罪，依法应予以惩处。根据我国刑法第二百三十八条规定，只有非法拘禁行为与被害人的死亡结果具有刑法上直接的因果关系，才能认定被告人具有非法拘禁致人死亡的加重情节。根据相关刑法理论，刑法上的因果关系是指前行为通常的会引发后行为，如果非法拘禁过程中，被害人自杀、自残、自身过失造成死亡结果的，因缺乏直接性要件，不宜认定为结果加重犯。本案中无证据证实被告人邢世某的非法拘禁行为对被害人兰某精神上的影响足以导致被害人兰某坠楼身亡，且被告人兰某坠楼时的主观意识无法查明，应当作出有利于被告人的认定，认定被害人兰某坠楼身亡的结果与被告人邢世某非法拘禁行为之间不具有刑法上的因果关系。公诉机关指控被告人邢世某非法拘禁致人死亡的证据不足，应不予采纳。

被告人邢世某明知他人报案仍在现场等待处理，归案后如实供述犯罪事实，当庭自愿认罪，其行为构成自首，依法可对其从轻或减轻处罚。本案被告人与被害人家属达成刑事和解，赔偿被害人家属经济损失，并取得被害人家属谅解，依法可对其从宽处罚。

云南省昆明市官渡区人民法院依照《中华人民共和国刑法》第二百三十八条第一款和第三款、第六十七条第一款，以及《中华人民共和国刑事诉讼法》第二百七十七条①、第二百七十九条②，作出如下判决：

被告人邢世某犯非法拘禁罪，判处有期徒刑二年。

邢世某以一审量刑过重为由提起上诉。二审期间，邢世某自愿申请撤回上诉。云南省昆明市中级人民法院经审理认为：原审法院审理本案，认定事实清楚，证据确实、充分，定性准确，量刑适当，审判程序合法。上诉人邢世某在二审期间自愿撤回上诉的申请，经审查符合法律规定，予以准许。

云南省昆明市中级人民法院依照《最高人民法院关于适用〈中华人民共和国刑事诉讼法〉的解释》第三百零五条第一款、第三百零八条之规定，作出如下裁定：

准予上诉人（原审被告人）邢世某撤回上诉。

【法官后语】

随着经济下行压力有所加大，民间借贷纠纷增多，因债权得不到实现，部分人采取非法拘禁债务人等极端手段意图实现债权。本案就是典型的索债型非法拘禁案。在非法拘禁过程中常会引发被害人死亡的严重后果，如何对被害人死亡后果进行归责，是对非法拘禁行为人处予罪责刑相适应的刑罚的基础。本案的处理重点主要在于对刑法上的因果关系和非法拘禁罪的结果加重犯的认定。

我国《刑法》第二百三十八条第二款规定："犯前款罪，致人重伤的，处三年以上十年以下有期徒刑……"该规定中的"致人死亡"，是指在非法拘禁过程中，因非法拘禁行为本身（如由于非法拘禁过程中捆绑过紧、长期囚禁使其受到冻饿、用东西堵住嘴导致窒息）致使被害人死亡的，该情形属于非法拘禁罪的结果加

① 对应2018年《刑事诉讼法》第二百八十八条。

② 对应2018年《刑事诉讼法》第二百九十条。

重犯。

邢世某在非法拘禁过程出现被害人自行坠楼身亡的结果，其行为是否符合第二百三十八条第二款前段的规定，则要根据刑法上的因果关系和非法拘禁致人死亡的结果加重犯的犯罪构成理论进一步分析。

结果加重犯，亦称加重结果犯，是指法律规定的一个犯罪行为（基本犯罪），由于发生了严重的结果而加重法定刑的情况。成立结果加重犯其中最重要的一条就是：加重结果不仅应当归属于基本犯罪行为，而且与基本犯罪行为之间具有直接性关联。换言之，也即要求加重结果与基本犯罪行为之间满足刑法上因果关系与结果归属的要求。就致死类型的结果加重犯而言，要以致命性实现的有无为标准进行判断。如果后行为或者其他因素导致基本行为与加重结果之间缺乏直接性关联的，不能认定为结果加重犯。在介入了被害人行为的情况下，如果介入被害人对结果起决定性作用的异常行为的，则不能将结果归属于行为人，先前行为与结果之间因果关系因介入行为而中断，不再具有刑法上的因果关系。

一审法院正是根据刑法上因果关系理论，认定邢世某等人相对缓和的非法拘禁行为导致死亡结果发生的危险性不大，通常也不会引发自杀跳楼的行为，本案介入被害人跳楼行为的因素是异常的，邢世某非法拘禁行为与被害人死亡结果因介入被害人跳楼的异常行为导致因果关系中断，并最终认定邢世某不构成非法拘禁致人死亡的结果加重犯，而对其非法拘禁行为以非法拘禁罪的基本犯进行判处。

编写人：云南省昆明市官渡区人民法院　宁丽荣　俞隽

（九）侵犯公民个人信息罪

34

包含公民身份证号、楼盘房号、电话号码、住址的信息属于财产信息还是交易信息

——钟燕某、罗玉某侵犯公民个人信息案

【案件基本信息】

1. 裁判书字号

四川省泸州市龙马潭区人民法院（2017）川0504刑初330号刑事判决书

2. 案由：侵犯公民个人信息罪

【基本案情】

被告人钟燕某系泸州市某建材经营部销售人员，被告人罗玉某为泸州市某装饰装修工程公司工程管理人员。自2016年3月至4月，被告人钟燕某为拓展业务，通过其3538××129@qq.com邮箱将“甲国际”“乙花园”“丙花园”等小区业主信息分别向丁装修公司员工文万某、被告人罗玉某等四个邮箱发送。其中内容包含公民姓名、楼盘名称、房号、身份证号码或家庭地址等交易信息共计2447条，其他包含姓名、电话号码、房号等内容的个人信息26600余条。被告人罗玉某为提升业绩使用其1753××4903@qq.com邮箱于2016年4月13日从被告人钟燕某处收受包含“戊郡”“乙花园”等小区业主信息，其中内容包含公民姓名、楼盘名称、房号、身份证号码或家庭地址等交易信息共计800余条。

【案件焦点】

本案所涉包含公民姓名、楼盘名称、房号、身份证号码、家庭地址的信息属于财产信息还是交易信息。

【法院裁判要旨】

四川省泸州市龙马潭区人民法院经审理认为：被告人钟燕某向他人提供的公民个人信息，其中2447条包含公民个人姓名、楼盘名称、房号、身份证号码、家庭地址等应属于交易信息。被告人钟燕某提供的信息中交易信息2447条，其他个人信息2.6万余条，根据《最高人民法院、最高人民检察院关于办理侵犯公民个人信息刑事案件适用法律若干问题的解释》第五条对不同信息按相应比例合计计算之规定，其行为已构成情节特别严重。被告人罗玉某非法获取公民个人信息，其中交易信息828条，系情节严重，本院对公诉机关指控的罪名依法予以支持。被告人钟燕某、罗玉某到案后如实供述自己的罪行，系坦白，依法可以从轻处罚。且当庭自愿认罪，依法可以酌情从轻处罚。

四川省泸州市龙马潭区人民法院根据《中华人民共和国刑法》第二百五十三条之一，第六十七条第三款，第五十二条，第五十三条，第七十二条，第七十三条，《最高人民法院、最高人民检察院关于办理侵犯公民个人信息刑事案件适用法律若干问题的解释》第五条第一款第四项、第五项、第六项，第二款第三项，第十条，第十一条之规定，作出如下判决：

一、被告人钟燕某犯侵犯公民个人信息罪，判处有期徒刑三年，缓刑三年，并处罚金30000元；

二、被告人罗玉某犯侵犯公民个人信息罪，判处罚金10000元。

判决后，二被告人均未提出上诉，检察院未提出抗诉，该判决已发生法律效力。

【法官后语】

随着社会信息化的发展，个人信息泄露问题日益严重，个人信息安全成为一个社会高度关注的问题。因公民个人信息泄露引发的电信网络诈骗、敲诈勒索等案件呈高发趋势。加大对公民个人信息的保护和对侵犯公民个人信息犯罪的打击，以体现刑法对公民个人人身、财产安全的保护之责。本案处理的重点是对案件所涉包括公民姓名、身份证号码、电话、楼盘名称、房号、家庭住址等要素的两千余条信息属于财产信息还是交易信息。《最高人民法院、最高人民检察院关于办理侵犯公民个人信息刑事案件适用法律若干问题的解释》（以下简称《解释》）第五条对“情节严重”根据信息敏感度的不同设立了不同数量的入罪门槛。其中第一款第三项、第五项规定“非法获取、出售或者提供行踪轨迹信息、通信内容、征信信息、财产信息五十条以上的”“非法获取、出售或者提供借宿信息、通信记录、健康生理信息、交易信息等其他可能影响人身、财产安全的公民个人信息五百条以上的”应当依法认定为《刑法》第二百五十三条之一规定的“情节严重”。同时，《解释》规定，“数量或者数额达到前款第三项至第八项规定标准十倍以上的”，应当认定为“情节特别严重”，依法应处三年以上七年以下有期徒刑，并处罚金。所以，对该部分信息的性质认定直接影响到对被告人的量刑。

法院经审理认为：行踪轨迹信息、通信内容、征信信息、财产信息与人身、财产安全直接相关，系高度敏感信息，《解释》第五条第一款第三项将入罪标准设置为五十条以上，由于该定罪门槛较低，故对此类公民个人信息的类型应严格缩限解释，仅限于该列明的四种，不应作扩大的解释和理解。其中，对前三类信息的认定在实践中比较容易掌握，对财产信息的理解，应参照前三类信息，从信息获得的难易程度、安全性、隐私性进行分析认定。本案中，被告人钟燕某系某建材公司销售人员，为了业务销售需要，获取各出售楼盘的业主信息，其信息来源可能是各售楼处工作人员或其他装饰公司人员，从信息的获取渠道和途径及难易程度来看，明显与行踪轨迹、通信内容等不具有相当性。同时，此类信息的形成主要还是公民个人在购房时提供填报形成，而非需要通过特殊部门或专业手段形成，故此类信息的隐私性也与前述类型相比较弱。因此，涉案信息更符合交易信息等可能影响公民人身、财产安全的信息的定义。

值得注意的是，本案中二被告人当庭供述，在房屋的购买、装修阶段，各环节的从业人员分享自己所获取的相关业主信息，用以扩大业务来源已成为该行业的惯例。相当一部分人都有与被告人相同的想法，认为自己也是从他人处获得，同时再与其他同行分享，并未从中收取费用，不存在谋利，也未用于其他犯罪行为，认为自己的行为不是犯罪。该案的发生，既暴露了当前在公民日常交易过程中填报公民个人信息所可能带来的安全隐患，也再次说明了加强各行业从业者的职业道德约束的重要性和必要性。

编写人：四川省泸州市龙马潭区人民法院　王俊

35

警务辅助人员非法提供报警人信息行为性质的认定

——李某某侵犯公民个人信息案

【案件基本信息】

1. 裁判书字号

江苏省苏州市虎丘区人民法院（2017）苏0505刑初332号刑事判决书

2. 案由：侵犯公民个人信息罪

【基本案情】

2016年8月9日晚，被告人李某某（警务辅助人员）应曹某某请求，在苏州市虎丘区浒墅关派出所案件受理室，查询到当天沈某某拨打报警电话举报有关曹某某赌博的报警记录，并将该信息通过手机拍照发送给曹某某，后曹某某联系沈某某讨要说法时发生激烈冲突，沈某某持刀捅伤曹某某，致对方重伤。

归案后，被告人李某某如实供述了犯罪事实，庭审中自愿认罪。

法院于2017年9月7日以故意伤害罪判处沈某某有期徒刑四年。

【案件焦点】

对于警务辅助人员违规提供接处警工作登记信息给违法嫌疑人的行为，如何定罪。

【法院裁判要旨】

江苏省苏州市虎丘区人民法院经审理认为：被告人李某某身为国家机关的工作人员，违反国家规定，将本单位在履行职责过程中获得的公民个人信息非法提供给他人并造成一人重伤的结果，损害了国家机关权威与信誉，侵害了公民的信赖利益，情节严重，其行为已构成侵犯公民个人信息罪，应依法处三年以下有期徒刑，并处罚金。鉴于被告人李某某如实供述自己的罪行，可以从轻处罚。

江苏省苏州市虎丘区人民法院依照《中华人民共和国刑法》第二百五十三条之一第一款、第二款，第六十七条第三款，第六十四条，作出如下判决：

被告人李某某犯侵犯公民个人信息罪，判处有期徒刑一年，并处罚金人民币3000元。

一审宣判后，被告人李某某在法定期限内未提出上诉，检察机关亦未提起抗诉，一审判决已发生法律效力。

【法官后语】

本案处理重点主要在于对于警务人员违规提供接处警工作登记信息给违法嫌疑人的行为，如何定罪处罚。

1. 被告人李某某作为警辅因违法嫌疑人请求违规将“接处警工作登记信息”通过手机拍照发送给对方，是否构成滥用职权罪？经查，被告人李某某并非在编民警，根据浒墅关派出所出具的情况说明，民警使用个人警号和密码可登陆公安基础信息平台，被告人李某某没有权力使用该电脑，不具有该查询“接处警工作登记信息”的职权，不宜以滥用职权罪定性；另外，从滥用职权罪与侵犯公民个人信息罪两罪刑罚轻重角度来看，前罪的入罪门槛较后罪的门槛高，如前罪要求重伤1人、轻伤6人以上的才构成犯罪，后罪1人重伤的就可以判处三年以上有期徒刑，故依法条竞合的处置原则，应择一重罪即侵犯公民个人信息罪处理。

2. 被告人李某某身为国家机关的工作人员，违反国家规定，将本单位在履行职责过程中获得的公民个人信息及报警信息泄露给违法嫌疑人，是否构成《刑法》第三百九十八条规定的故意泄露国家秘密罪。该条规定，国家机关工作人员违反保守国家秘密法的规定，故意泄露国家秘密，情节严重的，处三年以下有期徒刑或者拘役；情节特别严重的，处三年以上七年以下有期徒刑。关于对国家秘密的内涵与外延，根据《保守国家秘密法》第二条的规定，国家秘密是关系国家安全和利益，依照法定程序确定，在一定时间内只限一定范围的人员知悉的事项。该法第九条规定，下列涉及国家安全和利益的事项，泄露后可能损害国家在政治、经济、国防、外交等领域的安全和利益的，应当确定为国家秘密：(1) 国家事务重大决策中的秘密事项；(2) 国防建设和武装力量活动中的秘密事项；(3) 外交和外事活动中的秘密事项以及对外承担保密义务的秘密事项；(4) 国民经济和社会发展中的秘密事项；(5) 科学技术中的秘密事项；(6) 维护国家安全活动和追查刑事犯罪中的秘密事项；(7) 经国家保密行政管理部门确定的其他秘密事项。报警人举报他人开设赌场的报警信息不在上述规定范围内，也不属于“维护国家安全活动和追查刑事犯罪中的秘密事项”，故本案不宜定性为故意泄露国家秘密罪。

3. 本案应定性为侵犯公民个人信息罪。根据被告人李某某的供述、证人曹某某的证言及书证接处警工作登记信息表，被告人李某某将公安机关在履职过程中获得的报警人沈某某的电话告知违法嫌疑人曹某某，从而使得对方锁定举报其违法嫌疑的报警人就是沈某某，而根据《最高人民法院、最高人民检察院关于办理侵犯公民个人信息刑事案件适用法律若干问题的解释》第一条的规定，公民个人信息包括手机号码等通信通讯联系方式，同时基于对社会危害性的考量，李某某非法提供报警人信息的行为损害了国家机关权威以及公众信赖利益，故本案认定被告人的行为构成侵犯公民个人信息罪。

编写人：江苏省苏州市虎丘区人民法院　许修尧　赵建荣

36

利用计算机信息系统漏洞获取招聘网站简历并贩卖的行为属于侵犯公民个人信息

——申欢等侵犯公民个人信息案

【案件基本信息】

1. 裁判书字号

北京市第三中级人民法院（2017）京03刑终547号刑事裁定书

2. 案由：侵犯公民个人信息罪

【基本案情】

2016年3月至10月，被告人申欢、李某在北京市朝阳区阜荣街×号五层商业第××－××单元北京甲咨询有限公司（某某招聘）内，利用该公司的漏洞，私自将公司的155673条个人简历信息非法出售或提供给他人；被告人余秋云非法获取其中的108543条。2016年10月20日，被告人申欢、李某、余秋云被抓获归案。起获黑色电脑主机2台，乙牌移动电话机1部、丙牌移动电话机1部，现在案。

【案件焦点】

1. 获取并出售招聘网站简历的行为是否构成侵犯公民个人信息罪；2. 为合法经营活动而非法购买后非法出售公民个人信息的，是否适用侵犯公民个人信息罪一般的定罪量刑标准。

【法院裁判要旨】

北京市朝阳区人民法院经审理认为：被告人申欢、李某违反国家有关规定，向他人出售或者提供公民个人信息，情节特别严重，二人的行为已构成侵犯公民个人信息罪，依法应予以惩处；被告人余秋云违反国家有关规定，非法获取公民个人信息，情节特别严重，其行为已构成侵犯公民个人信息罪，依法应予以惩处。北京市朝阳区人民检察院指控被告人申欢、李某、余秋云的犯罪事实清楚，证据确实、充分，指控罪名成立；唯指控数量略有出入，本院根据证据依法予以确认。被告人申欢在共同犯罪中起主要作用系主犯，被告人李某在共同犯罪中起辅助作用系从犯；被告人余秋云在非法获取公民个人信息方面应就自己的行为承当相应责任。被告人申欢能如实供述所犯罪行，本院对其依法予以从轻处罚；被告人余秋云如实供述部分犯罪事实，本院对其酌予从轻处罚；被告人李某能够如实供述所犯罪行，系从犯，本院对其依法予以减轻处罚。

北京市朝阳区人民法院对被告人申欢依照《中华人民共和国刑法》第二百五十三条之一第一款、第二十五条第一款、第二十六条第一款和第四款、第四十五条、第四十七条、第五十二条、第五十三条、第六十四条之规定，对被告人余秋云依照《中华人民共和国刑法》第二百五十三条之一第三款、第四十五条、第四十七条、第五十二条、第五十三条、第六十四条之规定，对被告人李某依照《中华人民共和国刑法》第二百五十三条之一第一款、第二十五条第一款、第二十七条、第四十五条、第四十七条、第五十二条、第五十三条之规定，作出判决如下：

一、被告人申欢犯侵犯公民个人信息罪，判处有期徒刑三年六个月，罚金人民币30万元；

二、被告人余秋云犯侵犯公民个人信息罪，判处有期徒刑三年六个月，罚金人民币10万元；

三、被告人李某犯侵犯公民个人信息罪，判处有期徒刑一年六个月，罚金人民币5万元；

四、在案电脑主机一台，发还北京甲咨询有限公司；在案电脑主机一台，发还北京丁科技有限公司；在案移动电话机二部，予以没收。

【法官后语】

1. 获取并出售招聘网站简历的行为构成侵犯公民个人信息罪

本案的争议点在于获取并出售求职者上传于招聘网站上可供下载的简历是否构成侵犯公民个人信息罪。笔者认为对于获取并出售招聘网站简历的行为应以侵犯公民个人信息罪定罪处罚：

（1）上传至招聘网站的简历属于侵犯公民个人信息罪中个人信息的范围。本罪属于空白罪状，《最高人民法院、最高人民检察院关于办理侵犯公民个人信息刑事案件适用法律若干问题的解释》（以下简称《解释》）第一条在刑法修正案的基础上进一步明确了“公民个人信息”所包含的范围，“是指以电子或者其他方式记录的能够单独或者与其他信息结合识别特定自然人身份或者反映特定自然人活动情况的各种信息，包括姓名、身份证件号码、通信通讯联系方式、住址、账号密码、财产状况、行踪轨迹等”。简历通常包含个人的姓名、身份证号、通信方式、住址、照片、学习及工作经历等，他人很容易通过这些信息识别到特定的自然人。侵犯公民个人信息罪所保护的法益是公民的个人隐私和个人自由，未经公民许可获取并贩卖其信息不仅严重危害公民的个人信息安全，还可能对公民的人身权利、财产安全和隐私权造成威胁，而且可能落入不法分子之手，被电信诈骗分子、传销团伙等所利用，社会危害性日益凸显。有观点将个人信息仅等同于个人隐私，我们对这种观点持怀疑态度，公民个人隐私完全不等同于个人信息，即便个人信息已经公开，也可称为非法获取公民个人信息罪所侵害的对象。

(2)“非法获取”既包括未经信息所有者同意而获取，也包括不具备信息处分权限而处分的行为。本罪的行为手段之一为“非法获取”，根据《刑法》第二百五十三条之一第三款之规定:"窃取或者以其他方法非法获取公民个人信息的,依照第一款的规定处罚。"那么,能否认为"非法获取"是指采用非法手段获取他人信息呢?如果仅狭义地将"其他方法"理解为必须自身就具有非法的性质,如诈骗、胁迫或者暴力侵害等,那么对于那些自身不具有非法性质或者比较中性的方法就无法给予刑事处罚,显然不符合对公民的个人信息给予刑法保护的刑法精神。① 因而这里的"非法"并非指获取手段非法,而是指行为人的获取行为在本质上是非法的,即行为人不符合获取公民个人信息的法律或者法规的规定。根据《网络安全法》的相关规定,征得被收集者同意,以及匿名化处理,是合法提供公民个人信息的两种情形,不在刑法规制的范围之内。对于"非法获取"应作广义理解,不仅包括未获得信息所有者同意之义,还应包含不具备信息处分权限之人非法处分他人信息之义。本案中,犯罪人属于不具备信息处分权限而非法处分他人信息,即使默认为简历所有人同意他人获取其信息,行为人的行为仍构成侵犯公民个人信息罪。

2. 为合法经营活动而非法购买后非法出售公民个人信息的,适用侵犯公民个人信息罪一般的定罪量刑标准

在实践中,购买、收受公民个人信息进行广告、推销等活动的情形较为普遍。为了秉持刑法的谦抑性,体现宽严相济,《解释》第六条第一款对为合法经营而非法购买、收受公民个人信息的行为设置了专门的量刑标准,要求获利五万元以上或曾因侵犯公民个人信息受过刑事处罚或二年内受过行政处罚的才可以认定为"情节严重",相较于其他侵犯公民个人信息的行为设立较高的入罪标准,且没有升档量刑的规定。《解释》第六条第二款对为合法经营而非法购买、收受公民个人信息又非法出售或提供的行为作出了规定,这种行为不适用第一款的规定,而应适用侵犯公民个人信息罪一般的定罪量刑标准。招聘网站上的个人简历信息是可以被合法购买的,申欢作为招聘网站的销售工作人员,其最初购买简历是为了完成公司的销售任务,销售人员为完成工作业绩自己购买的行为可以认定为"合法经营活动",而其是采取虚构公司客户的方式进行的,属于"非法购买"。申欢发现公司网络程序的漏洞后,与被告人李某合谋,通过合同转移的方式不断获取简历并贩卖,将15

---

① 参见赵秉志:《公民个人信息刑法保护研究问题》,载《华东政法学院学报》2014年第1期。

万余条简历信息非法出售或提供给他人，不能适用第六条第一款的规定，而应按照《解释》第五条的规定，其出售简历数量已经达到“情节严重”规定标准的十倍以上，即五万条以上，属于“情节特别严重”的情形，依法应在三年至七年有期徒刑之间量刑。法院判处被告人申欢、余秋云有期徒刑三年六个月量刑适当，完全符合法律规定，并已综合考虑各种量刑情节。

编写人：北京市朝阳区人民法院　王向明　丁旭

37

侵犯公民个人信息罪中“交易信息”的认定

——赵某某侵犯公民个人信息案

【案件基本信息】

1. 裁判书字号

北京市丰台区人民法院（2017）京 0106 刑初 773 号刑事判决书

2. 案由：侵犯公民个人信息罪

【基本案情】

2017 年 3 月，被告人赵某某在北京市丰台区科技园北京某中医药研究院工作期间，秘密窃取单位客户交易信息，并向他人出售牟利，非法获利人民币 5000 元，后被民警抓获，并在被告人赵某某手机中发现 16000 余条客户交易信息。被告人赵某某于 2017 年 3 月 19 日被北京市公安局丰台分局刑侦支队抓获。

【案件焦点】

被告人赵某某非法获取的本单位客户订单信息，是否应当认定为“交易信息”，能否认定其构成“情节特别严重”。

【法院裁判要旨】

北京市丰台区人民法院经审理认为：被告人赵某某违反国家有关规定，非法获取公民交易信息16000余条，并向他人出售牟利，情节特别严重，其行为已构成侵犯公民个人信息罪，依法应予处罚。北京市丰台区人民检察院指控被告人赵某某犯侵犯公民个人信息罪的事实清楚，证据确实、充分，罪名成立。鉴于被告人赵某某到案后能够如实供述犯罪事实，且能够积极赔偿被害单位的经济损失，与被害单位达成和解，得到谅解，认罪悔罪态度较好，故对其予以从轻处罚；被告人赵某某主动退缴违法所得人民币5000元的情况，法院在量刑时予以考虑，并对其酌予从轻处罚。

北京市丰台区人民法院依照《中华人民共和国刑法》第二百五十三条之一、第六十七条第三款、第五十二条、第六十四条及第六十一条之规定，作出如下判决：

一、被告人赵某某犯侵犯公民个人信息罪，判处有期徒刑三年，并处罚金人民币5000元；

二、随案移送的作案工具手机一部予以没收存档，已追缴的违法所得人民币5000元予以没收上缴国库。

【法官后语】

本案系《最高人民法院、最高人民检察院关于办理侵犯公民个人信息刑事案件适用法律若干问题的解释》（以下简称《解释》）于2017年6月1日施行后较为典型的侵犯公民个人信息案件，虽然被告人自愿认罪，但在侦查阶段检察机关认为被告人赵某某系初次犯案，认罪态度较好，且涉案金额不大，涉及的公民个人信息量相对不多，无逮捕必要而未批准逮捕。后公安机关以此为由对赵某某取保候审。在审查起诉阶段公诉机关也并未指控被告人赵某某构成情节特别严重，这也反映了当前侵犯公民个人信息类案件审判实务中对侵犯公民个人信息行为社会危害性及“情节特别严重”认定标准不统一的问题。

1. 对公民个人信息准确分类，是侵犯公民个人信息罪精准定罪量刑的关键

面对侵犯公民个人信息犯罪高发态势，2015年11月实施的《刑法修正案（九）》将“出售、非法提供公民个人信息罪”和“非法获取公民个人信息罪”整合为“侵犯公民个人信息罪”，并对罪状进行了修改完善。侵犯公民个人信息罪以非法获取、出售或者提供公民个人信息“情节严重”作为入罪要件，以“情节特别严重”为法定加重情节。但对于何为“情节严重”“情节特别严重”并未作出明

确规定，也导致司法实践中认定的随意性。为更加精准打击侵犯公民个人信息犯罪，《解释》对“情节严重”的入罪要件划分为信息类型和数量、违法所得数额、信息用途、主体身份、前科情况5类，每一类中规定了具体标准，又将“情节特别严重”划分为“数量数额标准”“严重后果”两类情形。[①] 就信息类型和数量来说，按照信息对公民人身、财产安全的影响程度，《解释》将“公民个人信息”分为三类：第一类是特别敏感信息，包括行踪轨迹信息、通信内容、征信信息、财产信息，此类信息50条以上即可达到“情节严重”的入罪标准；第二类是一般敏感信息，包括住宿记录、通信记录、健康生理信息、交易信息，此类信息入罪标准为500条；第三类则是除一、二类外的一般公民信息，入罪标准分别为5000条以上。数量未达上述标准，但是按相应比例合计达到有关数量标准的以及违法所得5000元以上的也被认定为“情节严重”。“情节特别严重”的认定标准主要有以下两点：（1）十倍关系的数量数额标准。即比照“情节严重”，根据信息类型不同，特别敏感信息数量达到500条以上、一般敏感信息5000条以上、其他个人信息50000条以上；或是违法所得50000元以上。（2）严重后果标准。包括“造成被害人死亡、重伤、精神失常或者被绑架等严重不良后果”和“造成重大经济损失或者恶劣社会影响”。但在《解释》及相关法律规定中并没有对每类信息的认定要素予以明确，这也是本案涉及个人信息是否属于“交易信息”有争议的原因。笔者认为，应当结合信息特点、信息价值、对信息主体人身及财产安全的影响程度等因素综合判断。按照文义解释，“交易信息”是指双方以货币及服务为媒介进行价值交换过程中所产生的信息，如果涉案信息具有买卖双方具体的交易记录，如交易双方身份信息、订单商品名称、数量、金额、交易时间、成交状态等，具有较大商业价值，能够对商业运作及交易双方产生不利影响，即可认定为“交易信息”。

2. 本案中被告人赵某某非法获取并出售的客户订单信息应认定为“交易信息”

本案中，被告人赵某某通过破解系统管理员密码，窃取并已经部分出售的信息是公司系统内最近3天成功订购保健品的客户信息，项下包括下单时间、订单性质、收货人、货款金额、总金额、订单状态、客服代表、发货地址、产品明细、客户电话、邮编等具体信息。在受害单位“电视营销—货到付款”的营销模式下，买

---

① 张智全：《用精细标准精准打击信息犯罪》，载《法制日报》2017年5月17日。

受方别有用心利用订单信息，抢先发货进而导致受害单位收到大量退单，给受害单位造成大量的经济损失。同时受害单位频繁收到客户投诉“收到货物与电视营销中描述货物不一致”，给受害单位的商业信用带来不利影响。据此，应当认为被告人赵某某非法窃取并部分出售的客户信息具备“商业价值”并已经影响受害单位商业运作模式，应当认定为“交易信息”。且按照《解释》规定，非法获取交易信息5000条以上即构成“情节特别严重”。本案中，被告人赵某某从公司系统窃取客户订单信息16000余条，已远远超过5000条。加之被告人曾非法出售信息200多条，非法获利人民币5000元，应当认定其行为已构成“情节特别严重”，且社会危害性较大。

当前，随着信息化建设的推进和网络时代的到来，信息资源成为重要的生产要素和社会财富。与此同时，个人信息泄露问题严重，并引发侵害商业秘密，网络电信诈骗、敲诈勒索等一系列下游犯罪，个人信息安全成为全社会高度关注的问题。本案作为《解释》施行后较为典型的侵犯公民个人信息案件，审理法院严格落实立法和《解释》精神，全面贯彻宽严相济的刑事政策，通过综合分析判断准确认定本案中“个人信息”应属于“交易信息，进而认定构成“情节特别严重”并依法对被告人赵某某变更强制措施决定逮捕，体现了刑法的责任主义精神。

编写人：北京市丰台区人民法院　吴超　毕凯丽

二、侵犯财产罪

（一）抢劫罪

38

抢劫罪与敲诈勒索罪的实质区别在于使用暴力的程度不同

——练加伟等抢劫案

【案件基本信息】

1. 裁判书字号

江苏省盐城市中级人民法院（2017）苏09刑终128号刑事裁定书

2. 案由：抢劫罪

【基本案情】

2016年2月25日中午，被告人练加伟、潘明明、卞某（女）三人预谋以“捉奸”方式敲诈被害人陈某钱财。被告人卞某电话联系被害人陈某，诱骗其在大丰市区甲宾馆开房。当天下午，被告人卞某先进入被害人陈某所在的8318号房间，随后被告人练加伟、潘明明即按照事前约定，赶至该房间，进门后被告人练加伟、潘明明即以被害人陈某勾引被告人练加伟“妻子”卞某为由，对被害人陈某以拳打、脚踢、皮带抽、凳子砸的方式进行殴打。其间，被告人练加伟电话召集被告人徐某、沈某前往该房间。被告人徐某、沈某经与练加伟计议后，又以被害人陈某系强奸未遂并假意报警进行恐吓，向被害人陈某索要“几万元”私了，同时被告人练加伟、潘明明继续对被害人陈某进行殴打。被害人陈某表示银行卡中只有8500元钱，被告人潘明明、沈某遂带被害人陈某前往取款8000元并交给了被告人练加伟。后被告人练加伟指示被告人徐某、潘明明将被害人陈某带至大丰市区乙宾馆开房间，在该宾馆8536号房间内，被告人练加伟、潘明明、徐某、沈某继续强令被害人陈某向他人借款，其间被告人练加伟、卞某、徐某先后离开乙宾馆。陈某借款未果，被迫写下5000元的借条一张交于被告人潘明明，写下2000元的借条（作为“辛苦费”）一张交于被告人沈某，被告人潘明明、沈某遂将被害人陈某释放。

次日，被害人陈某将现金2000元交于被告人沈某，沈某将其中1000元汇给被告人练加伟，嗣后陈某又借款700元交给被告人潘明明。

【案件焦点】

本案被告人的行为应定性为抢劫罪还是敲诈勒索罪。

【法院裁判要旨】

江苏省盐城市大丰区人民法院经审理认为：本案控辩双方的争议焦点在于本案的定性是抢劫还是敲诈勒索。两罪的区别主要体现在行为人取得财物的方式和手段，抢劫罪的构成在客观方面表现为行为人当场使用暴力、当场劫取财物；敲诈勒索罪则表现为行为人实施威胁或要挟的手法索取数额较大公私财物。在本案共同犯罪的过程中，虽然被告人徐某、沈某以被害人系“强奸未遂”，要让被害人“坐牢”进行要挟，但综观全案，被告人练加伟、潘明明在取得被害人8000元财物的过程中，对被害人陈某长时间持续使用包括“拳打、脚踢、皮带抽、凳子砸（凳子被砸坏)”在内的多种形式的暴力；且该事件发生在宾馆房间内的相对封闭空间，被害人难以逃脱，被告人一方人数众多，被害人仅一人，均足以对一般人形成强烈的精神压制。被告人一方所使用的暴力手段已经达到足以压制被害人反抗的程度，该暴力并非一般的轻微暴力，已经不能为敲诈勒索罪进行涵盖。而被害人出宾馆取钱时被被告人潘明明、沈某所挟制，虽然场地有所转换，但被害人一直处于被告人一方的控制之中，被告人暴力威胁处于一直持续的状态，仍应认定被告人一方系当场劫取被害人财产。本案被告人当场实施足以压制被害人反抗的暴力，并当场劫取财产，本案的定性应当认定为抢劫罪，公诉机关指控五名被告人犯抢劫罪的事实清楚，证据确实、充分，定性准确，本院予以支持；对辩护人提出的本案应定性为敲诈勒索的辩护意见，本院不予采纳。

江苏省盐城市大丰区人民法院依照《中华人民共和国刑法》第二百六十三条、第二十五条第一款、第二十六条第一款和第四款、第二十七条、第六十五条第一款、第六十七条第一款及第三款、第六十八条、第五十二条、第五十三条第一款之规定，作出如下判决：

一、被告人练加伟犯抢劫罪，判处有期徒刑四年，并处罚金人民币4000元；

二、被告人潘明明犯抢劫罪，判处有期徒刑四年，并处罚金人民币4000元；

三、被告人卞某犯抢劫罪，判处有期徒刑三年，并处罚金人民币3500元；

四、被告人沈某犯抢劫罪，判处有期徒刑二年，并处罚金人民币3000元；

五、被告人徐某犯抢劫罪，判处有期徒刑一年九个月，并处罚金人民币2500元。

宣判后，练加伟、卞某、徐某不服，以本案定性不当为由提出上诉。

江苏省盐城市中级人民法院经审理，确认一审法院认定事实清楚，证据确实、充分，同意一审法院的裁判意见，裁定：

驳回上诉，维持原判。

【法官后语】

敲诈勒索罪与抢劫罪的区分，在我国司法实践中是一个较为复杂的问题。关于抢劫罪的手段行为，我国《刑法》第二百六十三条表述为暴力、胁迫或者其他方法。对于敲诈勒索罪的手段行为，《刑法》第二百七十四条没有规定，刑法理论一般表述为威胁或要挟，具体而言，包括对被害人及其近亲属以杀、伤威胁；以揭发、张扬被害人的违法行为、隐私相要挟；以毁坏被害人及其亲属的财物相威胁；还有的以凭借、利用某些权势损害被害人切身利益相要挟；等等。而如果被告人对被害人使用暴力，迫使被害人答应在日后某个时间、地点交付财物，其暴力实际起的是与“实施暴力相威胁”一样的胁迫作用，只是因为其不是当场占有他人财物的手段，所以应认定为敲诈勒索罪，而不能认定为抢劫罪。司法实践中，一般以是否“当场使用暴力”“当场取得财物”（即“两个当场”）作为两罪的区分标志。

那么，是否只要是为了索取财物而实施了暴力行为并当场取得财产，就一律构成抢劫罪而不能构成敲诈勒索罪？如前所述，敲诈勒索罪既然包括了当场使用暴力，日后取得财产的情况，就说明敲诈勒索犯罪的手段行为并不仅仅包括威胁或要挟，暴力同样可以作为敲诈勒索罪的犯罪手段。“两个当场”仅是抢劫罪的形式特征，据此并不足以将抢劫罪与敲诈勒索罪进行区分。即使在当场取得财物的场合，暴力也同样可以成为敲诈勒索罪的手段行为。两罪区分的关键，除“两个当场”的形式特征外，实质区分在于暴力程度不同。

抢劫罪是严重侵害公民人身财产安全的犯罪，抢劫罪中“当场使用”的暴力应是该罪所要求达到的严重暴力，而非他罪甚至普通意义上的暴力。抢劫罪中的暴力、胁迫等手段应当达到使被害人不能反抗、不敢反抗的程度，被害人系基于被压制而当场交付或劫取财物。如果在犯罪过程中，被告人当场使用暴力并取得财物，其所使用的暴力达到了足以压制被害人，使之不能或不敢反抗的程度，应当以抢劫罪论处；如果暴力程度未达到使被害人不能或不敢反抗的程度，则应当以敲诈勒索罪论。

本案的争议主要在于，被告人以“色诱设局”的方式控制被害人，主观上初始的想法是“敲”对方一笔钱，其间还以报警作为威胁的手段，似乎符合敲诈勒索罪的构成要件。但在实际实施过程中，被告人对被害人长时间持续使用多种形式的暴力，被告人人数较多且暴力行为发生在相对封闭空间内，被害人除了交付财产别无选择，只能在被挟持的情况下取款。被告人的行为既符合当场使用暴力并当场劫取财物的形式特征，其暴力程度又达到了压制被害人反抗程度的实质特征，应当以抢劫罪追究被告人的刑事责任。

编写人：江苏省盐城市大丰区人民法院　陈斌

39

入户盗窃转化为入户抢劫的认定

——叶某抢劫案

【案件基本信息】

1. 裁判书字号

广西壮族自治区钦州市灵山县人民法院（2017）桂0721刑初492号刑事判

决书

2. 案由：抢劫罪

【基本案情】

2017年8月23日22时许，被告人叶某采用攀爬入室的方式进入灵山县武利镇三角村委会沙塘队××号被害人叶某梅的女儿位于二楼的房间内，盗得人民币105元，被被害人叶某梅发觉后，被告人叶某将其中一张面额为100元的人民币塞到该房间床上一个黑色背包处。被告人叶某为抗拒抓捕，当场以语言威胁被害人叶某梅。趁被害人叶某梅害怕不敢声张时，被告人叶某逃离现场。接到被害人叶某梅的报案后，灵山县公安局武利派出所民警随即出警处置，当日23时许，在被告人叶某位于灵山县武利镇三角村委会大屋队××号的家中，将被告人叶某抓获。次日，被告人叶某被刑事拘留。

【案件焦点】

被告人入户进行盗窃，只盗得少量或微量的财物，为抗拒抓捕而当场使用以轻微言语暴力为威胁的行为，能否认定为由入户盗窃转化为入户抢劫。

【法院裁判要旨】

广西壮族自治区钦州市灵山县人民法院经审理认为：被告人叶某以非法占有为目的，入户实施盗窃，在盗窃过程中，为抗拒抓捕而当场以暴力相威胁，其行为触犯了《中华人民共和国刑法》第二百六十九条、第二百六十三条的规定，构成抢劫罪。公诉机关指控应当以抢劫罪追究被告人叶某的刑事责任成立。

关于被告人叶某在庭审过程中辩称其入户盗窃被发觉后，没有以暴力威胁被害人，其属于入户盗窃，不构成抢劫罪的意见。经查，2017年8月23日22时许，被告人叶某入户盗窃被发觉后，将偷盗所得的100元人民币塞进床上的一个黑色背包里，并躲进窗帘后面，但还是被被害人发现了。被告人为了逃避抓捕，就威胁被害人说“你不要出声，一出声就打死你”“你放我走，不然就见鬼，就弄死你”。被害人知道被告人坐过几年牢，而当时家里只有被害人和一岁多的儿子，被害人害怕其和儿子受到伤害，不敢再阻拦，只好让被告人逃离现场。以上事实，有被告人在侦查阶段的供述与被害人的陈述、辨认笔录、抓获经过、现场勘验笔录、现场图、现场照片、指认现场照片等相互印证。根据《最高人民法院关于审理抢劫案件具体应用法律若干问题的解释》第一条第二款的规定："对于入户盗窃，因被发现而当场使用暴力或者以暴力相威胁的行为，应当认定为入户抢劫。"被告人在入户盗窃被发觉后，为抗拒抓捕而当场对被害人以暴力相威胁，应当认定为入户抢劫。被告人的行为符合转化的抢劫罪的构成要件。因此，对被告人的上述辩解意见，本院不予采纳。被告人叶某曾因故意犯罪被判处有期徒刑，在前罪刑罚执行完毕以后五年以内再犯应当被判处有期徒刑以上刑罚之罪，是累犯，依法应当对其从重处罚。广西壮族自治区钦州市灵山县人民法院依照《中华人民共和国刑法》第二百六十九条、第二百六十三条、第六十五条第一款、第五十二条、第五十三条、第六十四条及《最高人民法院关于审理抢劫案件具体应用法律若干问题的解释》第一条第二款的规定，判决如下：

一、被告人叶某犯抢劫罪，判处有期徒刑十一年，并处罚金人民币6000元；

二、责令被告人叶某退赔人民币5元给被害人叶某梅。

【法官后语】

本案处理重点主要在于被告人在入户盗窃犯罪中，只盗得少量或微量的财物，为抗拒抓捕而当场使用以轻微言语暴力为威胁的行为，能否认定为由入户盗窃转化为入户抢劫的问题。我国《刑法》中的转化型抢劫罪是指行为人"犯盗窃、诈骗、抢夺罪，为窝藏赃物、抗拒抓捕或者毁灭罪证而当场使用暴力或者以暴力相威胁"的行为。就一般的转化型抢劫罪而言，要求前提行为一般来说要构成犯罪，由于我国《刑法》经过补充修改，入户盗窃不要求财物数额，一旦入户盗窃即构成犯罪。所以，本案能不能转化为抢劫罪主要在于有无当场使用暴力或以暴力相威胁的行为表现。而入户抢劫又有一个特殊的要求，即既入户又使用暴力进行抢劫。由于一旦转化为入户抢劫，其刑罚结果就是十年以上有期徒刑的法定刑。对此，《最高人民法院关于审理抢劫案件具体应用法律若干问题的解释》第一款第二款规定："对于入户盗窃，因被发现而当场使用暴力或者以暴力相威胁的行为，应当认定为入户抢劫。"本案中被告人以盗窃为目的进入被害人的房间进行盗窃，其前一行为足以构成入户盗窃，在构成入户犯罪的基础上其为了逃避抓捕，在户内对被害人使用以暴力相威胁，构成转化型的入户抢劫罪不存在法律上的障碍。入户盗窃以后使用暴力或以暴力相威胁能否构成转化型入户抢劫罪，关键在于行为的质的规定性。入户盗窃少量财物并使用轻微暴力或以轻微语言暴力相威胁，这些都属于量的范畴，并不影响质的存在，换言之，被告人入户盗窃被发现后为抗拒抓捕而在户内使用暴力或以暴力相威胁的行为已经构成了转化型入户抢劫罪，至于只是窃取了少量财物和使用轻微暴力或以轻微语言暴力相威胁只关乎量刑的轻重，不影响罪名的认定。

编写人：广西壮族自治区钦州市灵山县人民法院　李媛

40

当场以未成年人相威胁要求被害人取款行为的定性

——贾超抢劫案

【案件基本信息】

1. 裁判书字号

天津市第一中级人民法院（2017）津01刑终398号刑事裁定书

2. 案由：抢劫罪

【基本案情】

2016年6月11日16时许，被告人贾超在天津市和平区和平路甲广场负二层地下停车场西庭B区2005号车位处，趁被害人肖某不备进入其驾驶的车牌号为津MP×××6的黑色轿车内，用随身携带的刀具指向被害人肖某的女儿，意欲抢劫财物。后被害人肖某用双手将刀夺下，被告人贾超见状逃离现场。经群众报案，公安机关于2016年6月17日将被告人贾超抓获。经法医鉴定，被害人肖某双手皮裂伤，鉴定其损伤程度为轻微伤。

公诉机关认为，被告人贾超以暴力相威胁抢劫公私财物，并致被害人轻微伤后果，应当以抢劫罪追究其刑事责任，系犯罪未遂。被害人一方认为，本案被告人的行为应构成绑架罪。被告人认为其本人无抢劫财物的主观故意，不构成抢劫罪，同时也没有劫持被害人女儿的故意，不构成绑架罪。

【案件焦点】

本案被告人的行为如何定性。

【法院裁判要旨】

天津市和平区人民法院经审理认为：被告人贾超的行为应评价为抢劫罪而非绑架罪。本案中，被告人持刀进入被害人车内后，被害人肖某将所戴项链交给被告人贾超时，其称“先不要钱，先把车开出去”。对此，被告人在侦查阶段的供述是因为其欠高利贷比较多，看项链不怎么值钱，当时想劫持被害人把车开出商场，找自动提款机多取现金，因为“她孩子在车上，就得听我的”。对其行为的定性分析应考虑以下几点：

1. 根据被告人贾超在侦查阶段的供述，其主观目的是劫取财物偿还高利贷；

2. 被告人持刀进入被害人车内，在狭小的空间内，足以使被害人肖某及其未成年女儿产生恐惧心理，抑制反抗行为，属于抢劫罪中的“暴力”“胁迫”，也就是说，本案中，被害人肖某交出财物是因为其本人及女儿同时受到了暴力威胁，与一般绑架罪中，行为人以杀害、伤害等方式向被绑架人的亲属或其他人发出威胁，利用被绑架人的近亲属或者其他人对被绑架人安危的忧虑来索取赎金的行为，有一定区别；

3. 被告人贾超劫取财物的行为具有当场性，无论其是在车内取得财物，还是按其供述通过控制孩子让被害人肖某取款，均符合抢劫罪当场劫取财物的行为特征，与一般绑架罪绑架行为与勒赎行为分属不同时空的表现形式有所区别；

4. 随着时代的发展，财物的表现形式和携带方式不断发生变化，劫取财物的当场性，不应局限于随身携带的财产或物品，还应包括被害人能够随时取得或控制转移的财物，本案中，被告人贾超所要劫取的财物，仍然限于被害人随身携带或其本人即时能够取得的财物，而绑架罪则一般是行为人要求将一定数额的财物送到某一特定地点，往往数额较大而且具有限定性，两者也有明显不同。综上，本案被告人贾超具有抢劫财物的目的，并且以暴力胁迫手段，实施了当场劫取财物的行为，其行为应定性为抢劫罪。公诉人的公诉意见有理，本院予以采纳。诉讼代理人关于被告人贾超构成绑架罪的意见，不符合法律规定，本院不予采纳。

天津市和平区人民法院依照《中华人民共和国刑法》第二百六十三条、第二十三条、第六十四条之规定，判决如下：

一、被告人贾超犯抢劫罪，判处有期徒刑三年，并处罚金人民币1万元；

二、作案工具折叠刀一把，依法予以没收；

三、物证黄色金属项链一条、项链坠一个，发还被害人肖某。

贾超不服，以量刑过重为由提出上诉。

天津市第一中级人民法院经审理认为：上诉人贾超以非法占有为目的，采取持刀威胁的方法抢劫他人财物，其行为依法构成抢劫罪。在抢劫过程中，因遭到被害人反抗，上诉人贾超放弃犯罪行为，未实际获取财物，且未造成被害人轻伤以上之后果，系犯罪未遂。原审法院根据本案犯罪事实、情节及社会危害后果，并考虑上诉人贾超具有犯罪未遂等量刑情节，判处贾超有期徒刑三年，已在法定刑罚幅度内对其从轻处罚，量刑并无不当。依据《中华人民共和国刑事诉讼法》第二百二十五条第一款第一项[①]之规定，裁定如下：

驳回上诉，维持原判。

【法官后语】

该案中，被告人当庭翻供，提出其之前有罪供述系因侦查人员对其殴打后所致。但其当庭亦表示，侦查人员系在最初将其抓获时有殴打行为，之后并无刑讯逼供行为。对此，公诉人提供了被告人入所健康检查笔录及两次讯问被告人的同步录音录像，用以证明侦查机关无非法取证的行为。同时，被告人贾超的当庭供述有诸多疑点。其当庭无法描述“金子”的外貌特征，而其辩解去人流众多的商场寻找一个不能准确描述体貌特征的人，不具有合理性。其在发现被害人后，直接尾随进入车辆并随即打开刀具，其行为的激烈程度与其辩解的目的严重不符。

本案中控辩双方的主要争议焦点是被告人的行为性质。一审法院判决综合全案证据进行了分析。首先是主观动机。结合本案发生的时间、地点，以及被告人的具体行为、言语，可以判断被告人的主观目的是要劫取财物。其次，对于被害人代理人提出被告人的行为应构成绑架罪的意见，判决书主要从以下几个方面进行了评析：一是暴力、胁迫手段的对象，并非仅仅针对被害人之女，而是同时针对被害人及其女儿；二是劫取财物的当场性，本案被告人劫取财物的手段是通过控制孩子让

---

① 对应2018年《刑事诉讼法》第二百三十六条第一款第一项。

被害人肖某取款，虽然其主要劫取的财物并非被害人随身携带的财物，表面上在时空上有一定分离，但鉴于随着社会的发展，越来越少有人随身携带大量现金，而更多的是银行、微信、支付宝等形式存在，这些形式的财产，仍然应当认定为是被害人可以随时取得、控制、变现的财产，以上述财产为目的的犯罪行为，仍然具有当场性，与绑架行为中的勒赎行为仍有本质区别。故本案应定性为抢劫罪。

编写人：天津市和平区人民法院　任飞

41

犯信用卡诈骗罪为抗拒抓捕而当场使用暴力可转化为抢劫罪

——王某抢劫案

【案件基本信息】

1. 裁判书字号

北京市第三中级人民法院（2017）京03刑终750号刑事裁定书

2. 案由：抢劫罪

【基本案情】

2015年12月11日20时46分许，被害人李某在位于朝阳区平房乡甲大厦的乙银行自助银行内，使用其名下丙银行卡从ATM机取款人民币500元，离开时将其银行卡遗留在ATM机内。在被害人李某刚离开取款的ATM机后，被告人王某当即进入自助银行操作同一ATM机取款。在发现ATM机内有他人遗留的银行卡后，被告人王某连续6次取款，每次金额2000元，共计12000元。在被告人王某取款过程中，被害人李某收到取款短信提示，方才意识到银行卡被遗留在ATM机内，立即返回自助银行。当被害人李某要求仍在现场操作ATM机的被告人王某交还钱款时，被告人王某纠集在自助银行外的工友郭少某一起殴打被害人李某，造成被害人李某左颞部皮肤挫伤，左右手背皮肤划伤，经刑事科学技术鉴定属轻微伤。后被告人王某与工友郭少某逃离现场。

【案件焦点】

被告人王某在实施信用卡诈骗后，为了抗拒抓捕而当场使用暴力，能否适用刑法第二百六十九条“犯盗窃、诈骗、抢夺罪，为窝藏赃物、抗拒抓捕或者毁灭罪证而当场使用暴力或者以暴力相威胁的，依照本法第二百六十三条的规定定罪处罚”之规定，以抢劫罪定罪处罚。

【法院裁判要旨】

北京市朝阳区人民法院经审理认为：全案焦点在于如何评价被告人王某的行为性质。被告人王某的行为，综合全案证据，可表述为：拾得他人遗留在ATM机内的银行卡并使用，在被当场发现后，为抗拒抓捕而使用暴力。

刑法第二百六十九条明确规定该条款适用的前提条件是被告人“犯盗窃、诈骗、抢夺罪”，而拾得他人遗留在ATM机内的银行卡并使用的行为，构成信用卡诈骗罪。单从刑法条文的表述来看，信用卡诈骗罪并不在刑法第二百六十九条所规定的罪名范围内，但北京市朝阳区人民法院认为该条适用前提应当包括特殊类型盗窃罪、诈骗罪、抢夺罪，理由有两个方面：一是基于我国刑法分则罪名体系和法条关系的考虑。我国刑法分则条文之间不少存在交叉或包容性质的法条竞合关系，如第一百九十六条信用卡诈骗罪与刑法第二百六十六条诈骗罪，行为在本质上均是诈骗行为，但在罪名体系上被编入不同章节，仅是立法者在特定价值取向下而做的技术安排。如果仅因立法技术原因，将原本具有同质性的犯罪行为在司法层面做不同评价，显然是人为割裂刑法分则各章节相同或者相似行为之间的关联，给人以机械释法之嫌。二是根据同等解释的要求。刑法第十七条第二款在立法表述上与刑法第二百六十九条相同，对于刑法第十七条第二款所规定的是八种罪名还是具体犯罪行为，全国人大常委会法制工作委员会《关于已满十四周岁不满十六周岁的人承担刑事责任范围问题的答复意见》明确答复是指具体犯罪行为而不是具体罪名。因此，遵循同等解释的要求，对于规制具体盗窃、诈骗、抢夺犯罪行为的特殊类型盗窃罪、诈骗罪、抢夺罪，理应涵盖在刑法第二百六十九条的前提范围内。

北京市朝阳区人民法院依照《中华人民共和国刑法》第一百九十六条第一款

第三项、第二百六十三条、第二百六十九条、第五十二条、第五十三条、第六十一条、第六十四条及《最高人民法院、最高人民检察院关于办理妨害信用卡管理刑事案件具体应用法律若干问题的解释》第五条第二款之规定，判决如下：

一、被告人王某犯抢劫罪，判处有期徒刑四年，罚金人民币8000元；

二、责令被告人王某退赔被害人李某人民币12000元。

被告人王某不服提出上诉，北京市第三中级人民法院同意北京市朝阳区人民法院的裁判意见，故依照《中华人民共和国刑事诉讼法》第二百二十五条第一款第一项①的规定，作出如下裁定：

驳回王某的上诉，维持原判。

【法官后语】

根据罪行法定的原则，我们将《刑法》第二百六十九条所规定的“犯盗窃、诈骗、抢夺罪”理解为《刑法》第二百六十四条的盗窃罪、第二百六十六条的诈骗罪和第二百六十七条的抢夺罪。但我们又同时承认部分的特殊盗窃、诈骗、抢夺罪可以转化为抢劫，因为这些行为与前述的罪名存在法条竞合关系。可以先将其评价为盗窃罪、诈骗罪、抢夺罪，再进行转化拟制。也就是说在判断哪些特殊盗窃、诈骗、抢夺的行为可以转化为抢劫罪时，只需将盗窃罪、诈骗罪、抢夺罪的构成要件作为一般性原则，将特殊盗窃、诈骗、抢夺的行为作为特殊化陈述，进行三段论推理即可。在本案中，信用卡诈骗罪完全可以评价为诈骗罪，因此被告人王某的行为也就可以构成转化型抢劫。

从《刑法》规定转化型抢劫的本质含义来看，盗窃、诈骗、抢夺罪本身应当并不存在直接针对于人身的暴力行为，但是如果为了窝藏赃物、抗拒抓捕、毁灭证据而使用暴力或者暴力相威胁，即意味着后续行为存在了直接针对人身的暴力，我国《刑法》将前后行为相连，拟制为抢劫罪，其实质是立法者认为此种行为的不法内涵与抢劫罪相同。可见，行为人尽管其前行为仅是侵财行为，但由于后行为的存在，其主观恶性已经发生了根本性的转变，此时如果再以盗窃、诈骗、抢夺罪论处就会违背罪刑相适应的原则。虽然特殊盗窃、诈骗、抢夺罪出于立法技术在我国刑

---

① 对应2018年《刑事诉讼法》第二百三十六条第一款第一项。

法中并不在侵犯财产罪的章节中，但这仅是由于立法者认为这些罪名侵犯的其他法益更为重要，并不表明这些特殊盗窃、诈骗、抢劫罪中不存在对财产法益的侵犯。本案中，信用卡诈骗罪是一种典型的取得性犯罪，毫无疑问侵犯了财产法益。如果行为人犯了信用卡诈骗罪后为了窝藏赃物、抗拒抓捕、毁灭证据而当场使用暴力或者暴力相威胁，其完全满足《刑法》第二百六十九条拟制的实施要求，从处罚的必要性和合理性来说，这显然应当以抢劫罪论处。如果仅仅因为对《刑法》条文的机械解释，而对相同恶性的行为作为不同的评价，则有违刑法的公平原则和罪刑相适应原则。

将此类案件以抢劫罪论处，更符合公众的认知。刑事裁判是绝非傲然孤立的“高岭之花”，而应深深地契合于主流价值观中，赢得公众的认同。通常来说，存在暴力的犯罪行为和非暴力的犯罪行为对于公众的心理影响是截然不同的。本案中，被害人遭到殴打，其心理认知肯定与单纯的被偷被骗不同，从被害人事后的报案情况来看，被害人对事件的总体描述是“被抢了”。可见，作为对法律不甚了解的普通公众，对所遭受的此种财产和人身的双重损害有着等同于“被抢劫”的判断，因此，被告人王某的行为被评价为抢劫罪更符合社会公众的认知，更易于被害人接受。

应当注意的是，当特殊的盗窃、诈骗、抢夺行为不能以财产权利作为侵犯的法益评价时，即使出现为窝藏赃物、抗拒抓捕或者毁灭罪证而当场使用暴力或者以暴力相威胁的行为，也不宜认定构成抢劫罪。

编写人：北京市第三中级人民法院　王海虹　程昊　余琳燕

42

户外抢劫暴力持续至室内是否应认定为入户抢劫

——任远抢劫案

【案件基本信息】

1. 裁判书字号

北京市第一中级人民法院（2017）京 01 刑终 135 号刑事判决书

2. 案由：抢劫罪

【基本案情】

2016 年 1 月 22 日 7 时许，任远在北京市昌平区天通苑西×区×号楼×单元××室董某某、辛某某家门口处，以暴力、威胁方法对董某某实施抢劫。在被害人董某某、辛某某进行反抗时，任远持刀在户内实施暴力将被害人董某某、辛某某扎伤。经法医学鉴定，辛某某所受损伤程度为轻伤一级，董某某所受损伤程度为轻微伤。案发当日，被告人任远在户内现场被抓获。

【案件焦点】

1. 本案被告人是否具有抢劫财物的故意；2. 如果具有抢劫故意，能否认定入户抢劫。

【法院裁判要旨】

北京市昌平区人民法院经审理认为：被告人任远以非法占有为目的，以暴力方法抢劫他人财物，致一人轻伤一级，一人轻微伤，其行为已构成抢劫罪，依法应予惩处。北京市昌平区人民检察院指控被告人任远犯抢劫罪的事实清楚，证据确实、充分，罪名成立。经查，现有证据无法证实被告人任远以实施抢劫为目而入户，也无法证实其在户内有抢劫的行为，故公诉机关指控被告人任远抢劫行为属于入户的证据不足，本院不予采纳。关于被告人任远所提其没有抢劫的故意，其应当构成故意伤害罪及其辩护人所提被告人任远无抢劫的故意和行为，指控其犯抢劫罪的事实不清、证据不足，其应当构成故意伤害罪的意见，经查，在案有被害人董某某的陈述及被告人任远在侦查机关的供述能够相互印证，证实被告人任远对被害人实施抢劫的事实，故上述意见本院均不予采纳。关于被告人任远所提没有伤到董某某的意见，与依法查明的事实不符，本院不予采纳。被告人任远的犯罪行为给附带民事诉讼原告人辛某某、董某某造成的经济损失，依法应予赔偿。附带民事诉讼原告人辛某某要求赔偿医疗费的诉讼请求中有证据佐证的部分，本院予以支持；要求赔偿护理费、住院伙食补助费、营养费和交通费有相关法律依据，本院结合在案证据酌情予以支持；要求赔偿二次手术费，因该费用未实际发生，本院不予支持。附带民事诉讼原告人董某某要求赔偿医疗费的诉讼请求中有证据佐证的部分，本院予以支持；要求赔偿营养费有相关法律依据，本院酌情予以支持。被告人任远关于民事部分的意见，无事实及法律依据，本院不予支持。被告人任远的诉讼代理人关于辛某某民事部分的意见，无事实及法律依据，本院不予支持，关于董某某民事部分的意见，合理部分酌情予以支持。依照《中华人民共和国刑法》第二百六十三条、第五十六条、第五十二条、第五十三条、第六十四条、第三十六条第一款，《中华人民共和国刑事诉讼法》第九十九条第一款[①]，《最高人民法院关于适用〈中华人民共和国刑事诉讼法〉的解释》第一百三十八条、第一百五十一条、第一百五十五条第一款及第二款之规定，判决如下：

一、被告人任远犯抢劫罪，判处有期徒刑八年，剥夺政治权利一年，罚金人民币 16000 元；

二、随案移送作案工具折叠刀一把予以没收；菜刀二把予以存档；

三、被告人任远赔偿附带民事诉讼原告人辛某某医疗费、护理费、住院伙食补助费、营养费、交通费共计人民币 418680. 54 元；

四、被告人任远赔偿附带民事诉讼原告人董某某医疗费、营养费共计人民币 5989. 86 元；

五、驳回附带民事诉讼原告人辛某某、董某某的其他诉讼请求。

一审判决后，北京市昌平区人民检察院提出抗诉，被告人任某提出上诉。

---

① 对应 2018 年《刑事诉讼法》第一百零一条第一款。

北京市第一中级人民法院经审理认为：一审法院认定任远犯抢劫罪的证据确实、充分，审判程序合法，但一审法院未认定任远入户抢劫有误，与事实不符，导致适用法律和量刑不当，本院予以改判。对于抗诉机关和北京市人民检察院第一分院关于一审判决适用法律不当、量刑过轻的抗诉意见和支持抗诉意见，本院予以采纳。对于任远的辩护人所提一审判决量刑未考虑任远的一贯表现、初犯等因素，量刑过重的辩护意见，于法无据，本院不予采纳。据此，依照《中华人民共和国刑法》第二百六十三条、第五十六条第一款、第五十二条、第五十三条、第六十四条、第六十一条及《中华人民共和国刑事诉讼法》第二百二十五条第一款第一项、第二项[①]及《最高人民法院关于适用财产刑若干问题的规定》第五条之规定，判决如下：

一、维持北京市昌平区人民法院（2016）京0114刑初857号刑事判决主文第二项，即随案移送作案工具折叠刀一把予以没收；菜刀二把予以存档；

二、撤销北京市昌平区人民法院（2016）京0114刑初857号刑事判决主文第一项，即被告人任远犯抢劫罪，判处有期徒刑八年，剥夺政治权利一年，罚金人民币16000元；

三、上诉人（原审被告人）任远犯抢劫罪，判处有期徒刑十一年，剥夺政治权利二年，并处罚金人民币2万元。

【法官后语】

本案涉及两个焦点问题：第一个焦点问题是对于存在被告人翻供情形的案件如何采信被告人的供述和辩解，笔者认为，言辞证据的采信，应当采用综合分析的方法。第一，被告人的供述与辩解所描述的案件事实，应当符合逻辑与经验。[②] 本案中，被告人在否认其具有抢劫故意时辩解称，案发时其在楼道是因为和董某某争执，董某某不让其走，其才抽出刀想要伤害对方，后被辛某某出来打晕，没有说过抢劫的话语，所以并无劫财的故意。显然，被告人的说法无法对其行为作出合理解释。被告人对于否定以前供述的理由为“当时做笔录时，被公安吓着了，以为对方已经死了，就说自己抢劫了”，也不符合正常逻辑与经验。对于以上明显违背逻辑

---

① 对应2018年《刑事诉讼法》第二百三十六条第一款第一项、第二项。

② 陈瑞华：《刑事证据法学》（第二版），北京大学出版社2014年版，第92页。

与经验的言辞证据内容，应当不予采信。第二，对于言辞证据真实性的考量，应当结合全案证据，尤其是物证、书证、勘验笔录等客观性较强的证据，将与其他证据能否相互印证作为考量依据。《最高人民法院关于适用〈中华人民共和国刑事诉讼法〉的解释》第八十三条规定，审查被告人供述和辩解，应当结合控辩双方提供的所有证据以及被告人的全部供述和辩解进行。本案中被告人随身携带凶器的行为证明其预谋犯罪，勘验笔录证明案件现场的暴力胁迫及抵抗行为，诸多证据共同构建了案件事实，其中客观证据成为鉴别言辞证据内容真实性的重要手段和方法。第三，被告人供述与辩解的变化有其规律性，把握规律并探究其背后的原因有利于甄别被告人所作供述和辩解是否真实。被告人所作初次供述对于发现案件事实有重要作用。此外，随着司法程序的推进以及案件形势的变化，被告人的心态、策略也随之改变。探究被告人供述反复、庭审时翻供背后的意图，有利于甄别被告人在不同阶段所作供述的真实性。

第二个焦点问题是在案证据无法直接证明被告人胁迫被害人进入户内抢劫的情形下，能否认定入户抢劫。笔者认为，认定入户抢劫涉及两个问题：第一个问题是入户抢劫所需具备的条件及其边界，根据《最高人民法院关于审理抢劫、抢夺刑事案件适用法律若干问题的意见》的规定，认定“入户抢劫”，应当满足以下条件：一是“户”的范围；二是“入户”目的的非法性；三是实施抢劫或者转化型抢劫而使用的暴力或者暴力胁迫手段必须发生在户内。根据《最高人民法院关于审理抢劫刑事案件适用法律若干问题的指导意见》的规定，认定入户抢劫，要注重审查行为人“入户”的目的。综上，认定入户抢劫需具备三个条件：一是“户”的范围，二是入户时具有非法目的，三是在户内实施抢劫或者转化型抢劫而使用的暴力或者暴力胁迫手段。第二个问题是抢劫行为起始于户外，但在户内也发生了暴力或暴力胁迫行为时，是否能够认定为入户抢劫。笔者认为，户外开始抢劫，并在户内发生了暴力或暴力胁迫行为，应当看两者间是否具有时间上的连续性以及关联关系。如果基于抢劫的故意，被告人通过暴力行为达到获取财物的目的，且暴力行为贯穿从户外进入户内的始终，那么，该行为显然构成入户抢劫。因为其行为既符合抢劫罪的犯罪构成，同时也侵害了公民将住宅作为安全居所的内在价值。本案中，在案证据证明了被告人任远抢劫的故意，且排除了被告人任远被动进入户内的可能，勘验结果证明了被告人及被害人在户内进行了激烈的搏斗，其情形符合相关司法解释的规定，既具有入户目的的非法性，同时在户内发生了暴力行为，因此，应当认定被告人任远为入户抢劫。

编写人：北京市第一中级人民法院　江伟　丁睿智

43

加“霸王油”后被加油员抓车拦截，仍不停车而驶离现场，构成抢劫罪

——张某某抢劫案

【案件基本信息】

1. 裁判书字号

天津市第一中级人民法院（2018）津01刑终19号刑事裁定书

2. 案由：抢劫罪

【基本案情】

被告人张某某经预谋，于2017年4月23日14时许，驾驶遮挡号牌的汽车至天津市武清区河西务镇甲加油站，在该加油站员工程某某为其所驾车辆加注了价值人民币252元的汽油后，其为逃避支付油费，明知程某某正用手抓在其衣服上阻拦其逃跑，为摆脱程某某，猛踩汽车油门加速驶离加油站，并将程某某拖带倒地，导致程某某右下肢等处受伤。经天津市公安局武清分局物证鉴定所法医鉴定，程某某右下肢软组织损伤的损伤程度构成轻微伤。

被告人张某某案发后于2017年5月9日主动到公安机关投案，并如实供述了上述事实。

案发后，被告人张某某的亲属代其退赔甲加油站人民币252元，亦对程某某的经济损失进行了赔偿。同时，程某某表示不再追究张某某的刑事责任。

【案件焦点】

被告人张某某加“霸王油”后被加油员抓车拦截，其仍不停车，强行驶离现场，造成加油员摔倒在地而受轻微伤，是转化型抢劫还是直接抢劫。

【法院裁判要旨】

天津市武清区人民法院经审理认为：张某某以非法占有为目的，驾驶机动车辆夺取公司财物，后为抗拒抓捕，当场使用暴力致被害人轻微伤的后果，其行为已构成抢劫罪。张某某在案发后能主动投案，并如实供述了自己的罪行，系自首，依法可减轻处罚。张某某亲属在案发后能积极赔偿被害人及被害单位的损失，并得到谅解，依法可酌情从轻处罚。张某某曾因故意犯罪被判处刑罚并适用缓刑，缓刑考验期满后又故意犯罪，虽不构成累犯，但依法可对其酌情从重处罚。对张某某辩护人发表的张某某不应以抢劫罪论处的辩护意见，因张某某的行为系在驾驶机动车抢夺财物后为抗拒他人对其抓捕，驾驶机动车当场使用暴力致被害人轻微伤后果，其行为符合转化抢劫的特征，应以抢劫罪定罪处罚，故对该辩护意见不予采纳；对其发表的张某某有自首情节、已赔偿被害人并得到谅解，建议对张某某从轻处罚的辩护意见，本院予以采纳。对张某某的辩护人发表的建议对张某某适用缓刑的意见，因张某某在前罪被判处刑罚并适用缓刑，缓刑考验期满后不到两年内又故意犯罪，不适宜再适用缓刑，故对该意见不予采纳。

天津市武清区人民法院依照《中华人民共和国刑法》第二百六十三条、第二百六十七条第一款、第二百六十九条、第六十七条第一款的规定，判决如下：

张某某犯抢劫罪，判处有期徒刑二年六个月，并处罚金人民币2000元。

张某某不服一审判决，以其不构成抢劫罪为由，提出上诉。

天津市第一中级人民法院经审理认为：张某某驾驶机动车夺取他人财物时因被害人不放手而强行夺取，其行为已构成抢劫罪。张某某构成自首，依法减轻处罚。张某某有积极赔偿、取得被害人谅解情节，可酌情从轻处罚。张某某有前科，可酌情从重处罚。一审法院认定的事实清楚，证据充分，定罪准确，量刑适当，审判程序合法。张某某的上诉理由无事实和法律依据。

天津市第一中级人民法院依照《中华人民共和国刑事诉讼法》第二百二十五

条第一款第一项①之规定，裁定如下：

驳回上诉，维持原判。

【法官后语】

目前关于抢夺罪行为（罪）转化为抢劫罪的现行有效的法律、司法解释主要有《刑法》第二百三十九条、《最高人民法院关于审理抢劫、抢夺刑事案件适用法律若干问题的意见》（以下简称《两抢意见》）、《最高人民法院、最高人民检察院关于办理抢夺刑事案件适用法律若干问题的解释》（以下简称《抢夺解释》）及《最高人民法院关于审理抢劫刑事案件适用法律若干问题的指导意见》（以下简称《抢劫意见》）。

通过以上法律及司法解释条款，可以看出，最高人民法院、最高人民检察院对直接抢劫、转化抢劫的入罪条件规定得越来越细，在实践中，对刑事法官来说，对解决处理不同类型的抢劫犯罪及转化抢劫犯罪更加明确。

就本案来说，通过证据证实的事实，可以确定被告人张某某在加完油后，当着程某某这一可以理解为加油站加油过程中财物管理人的面，欲趁程某某不备驾车逃跑，并将加油站的财物（252元汽油）据为已有，加油前并未使用暴力或者以暴力相威胁，符合公然夺取的特征，系抢夺行为。《两抢意见》中规定，行为人实施盗窃、诈骗、抢夺行为，未达到“数额较大”，为窝藏赃物、抗拒抓捕或者毁灭罪证当场使用暴力或者以暴力相威胁，情节较轻、危害不大的，一般不以犯罪论处；但具有几种情节之一的，可依照《刑法》第二百六十九条的规定，以抢劫罪定罪处罚，其中有“使用暴力致人轻微伤以上后果的”。本案被告人在作案过程中造成了被害人轻微伤的后果，虽表面上看似是在摆脱抓捕，但其行为确应系驾驶机动车并利用机动车猛加油门后产生的作用力致使被害人摔倒在地并构成了轻微伤，社会危害性大、暴力程度较大，应属《两抢意见》中“使用暴力致人轻微伤以上后果的”的行为，以抢劫罪论处。本案中，被告人张某某系驾驶机动车实施违法行为，其在已获取到加油站的财物（252元汽油），还未支付对价时，猛加油门欲逃离，加油员在此时发现被告人的非法目的，进而进行阻止并紧抓被告人，此时被告人处在驾驶

---

① 对应2018年《刑事诉讼法》第二百三十六条第一款第一项。

机动车的状态下，其又因被害人不放手而强行夺取，符合《抢夺解释》中“夺取他人财物时因被害人不放手而强行夺取的”应以抢劫罪定罪。无论如何理解，都是在先有抢夺行为，后随着被告人行为的“恶化”，进而拟制构成抢劫罪，应属于转化抢劫。

编写人：天津市武清区人民法院　殷健

44

抢劫罪中被告人明知“户内”无人而胁迫被害人进入并取财的行为，是否构成入户抢劫的认定

——舒某、钟某抢劫案

【案件基本信息】

1. 裁判书字号

广东省惠州市惠东县人民法院（2017）粤 1323 刑初 512 号刑事判决书

2. 案由：抢劫罪

【基本案情】

2017 年 5 月 12 日 21 时许，被告人舒某、钟某与崔某（另案起诉）等六人商谋针对网吧上网的小孩进行骗抢，随后来到惠东县黄埠镇甲网吧，以声称其等人带有刀，不听从就用刀砍人的方式相威胁，将被害人郑某（2005 年 4 月 6 日出生）、程某（2004 年 3 月 2 日出生）带到网吧附近的小巷里搜身，在通过询问被害人郑某得知其家中无人后，钟某及另一名男子又挟持郑某乘坐三轮车来到郑的家中，由郑开门后进入屋内，搜得现金 1800 元，舒某、崔某等四人挟持程某前往其家中，至中途后放弃，并由程某带路与钟某等人汇合。后崔某、舒某、钟某等人将两名被害人带到北门榕树头附近放下后逃离现场。后六人分得赃款五十元至数百元不等。同月 14 日，公安机关将舒某、钟某、崔某抓获归案。

【案件焦点】

抢劫犯罪中，被告人明知“户内”无人而胁迫被害人进入并取财的行为，是否构成入户抢劫情节。

【法院裁判要旨】

广东省惠州市惠东县人民法院经审理认为：被告人舒某、钟某无视国法，以非法占有为目的，伙同他人，劫取他人财物，其行为构成抢劫罪。入户抢劫侵犯的法律权益为财产权、住宅权、家庭成员的人身权，本案被告人舒某、钟某的行为侵犯了被害人的财产权、住宅权，但被告人对被害人郑某的人身权的侵犯在入户前已发生，在入户前被告人已得知被害人的家人不在家而不会与被害人的家人发生冲突，因此其意识到其行为不会给被害人家人的人身权造成侵害，客观上也没有给被害人家人的人身权造成侵害，因此，被告人舒某、钟某的行为没有侵害被害人家庭成员的人身权，其行为的危害性与一般入户抢劫的危害性有很大不同，因此，认定被告人的行为系入户抢劫法律依据不足，不予认定。本案两名被害人均是未成年人，且被告人与同案人在搜被害人身体未搜得财物后到被害人家中搜取财物，社会危害性较大，应从重处罚。

广东省惠州市惠东县人民法院依照《中华人民共和国刑法》第二百六十三条、第六十七条第三款、第六十四条、第五十二条、第五十三条、第十七条，《最高人民法院关于适用财产刑若干问题的规定》第五条之规定，作出如下判决：

一、被告人舒某犯抢劫罪，判处有期徒刑七年，并处罚金人民币5000元；

二、被告人钟某犯抢劫罪，判处有期徒刑七年，并处罚金人民币5000元；

三、被告人舒某、钟某与同案人一起退赔被害人郑某经济损失1800元。

【法官后语】

本案最大焦点是被告人明知“户内”无人而胁迫被害人进入并取财的行为，是否构成入户抢劫情节。入户抢劫侵犯的法益、违法性程度与有责性程度要重于普通的抢劫罪，《刑法》将入户抢劫情节作为抢劫罪法定刑升格的八种情形之一，配置了十年以上有期徒刑、无期徒刑或者死刑，并处罚金或没收财产的法定刑。在司法实践中，对入户抢劫进行限制性解释，最高人民法院先后发布的《关于审理抢劫案件具体应用法律若干问题的解释》《关于审理抢劫、抢夺刑事案件适用法律若干问题的意见》《关于审理抢劫刑事案件适用法律若干问题的指导意见》三个司法解释中可以体现，有利于减少、消除罪行不相适用的弊端。

具体到本案，公诉机关与被告人对于“户”的性质认定及被告人的行为侵犯了被害人的财产权、住宅安宁权无争议，但被告人对被害人人身权利的侵犯发生在入户之前，而且被告人在入户后并未进一步对被害人施加暴力或胁迫行为，在形式上不符合入户抢劫的构成要件。在入户前，被告人已明确得知被害人的家人不在家中，入户后不会与被害人的家人发生直接冲突，即其无侵犯被害人家人的人身权的故意，本案客观上也没有给被害人家人的人身权造成侵害，即被告人没有侵害被害人以外的家庭成员的人身权，对入户抢劫所保护的人身权、财产权与住宅安宁权的侵犯并不完全，因此，被告人行为的危害性明显小于一般入户抢劫的危害性。加之被告人未携带凶器抢劫，也未对被害人的身体造成任何物质性伤害，劫取的财物数量不大，若判处十年以上有期徒刑，明显存在罪刑不相适应。

编写人：广东省惠州市惠东县人民法院　许小龙

45

实施暴力和取得财物的时间地点发生转移是否影响抢劫罪的认定

——张博等抢劫案

【案件基本信息】

1. 裁判书字号

四川省成都市中级人民法院（2017）川01刑终1192号刑事裁定书

2. 案由：抢劫罪

【基本案情】

2016年12月5日晚，被告人张博、刘福祥、李桂某、代程成、曾凡某伙同李大某（未成年，另案处理）、王某（未成年，另案处理）、雷小某（未成年，另案处理）、苟益某（未成年，另案处理），经事前预谋，以被害人吕某某和一名“歪脖子”男子（身份未核实）打假牌为由，将二人从本市玉堂镇临时市场一麻将馆内强行带走挟持上车，带往本市向峨乡莲月村附近一无名山道，对二人实施威胁、殴打，强迫被害人吕某某写下一张15000元人民币的欠条，随后挟持其回到都江堰市玉堂镇临时市场筹集现金，待被害人吕某某支付现金12600元人民币后才将其释放。

【案件焦点】

本案中被告人的行为构成抢劫罪还是敲诈勒索罪。

【法院裁判要旨】

四川省都江堰市人民法院经审理认为：本案的争议焦点为被告人是构成抢劫罪还是敲诈勒索罪。两罪在主观方面都以非法占有为目的，在客观方面抢劫罪的主要表现为当场对被害人身体实施强制的犯罪手段，其暴力、胁迫的程度足以压制被害人的反抗，并当场劫取财物。而敲诈勒索罪主要表现为以威胁、恫吓等手段迫使被害人交出财物的行为。两罪的本质区别是犯罪行为是否同时具有人身暴力性、取得财物的当场性和威胁程度足以压制被害人的反抗，如果犯罪行为同时具备上述三个特征，就应当认定为抢劫罪。

本案中被告人等多人在12月初的晚上七八点钟，将被害人从都江堰市玉堂镇强行挟持上车，带至本市向峨乡莲花湖附近的一个无名山道，此时的道路上，基本没有行人和车辆通过。被告人等多人将被害人围住，并对其实施打耳光的暴力行为，在此情况下，被害人才同意拿钱出来，但是由于被害人随身携带的现金不足，被告人等多人又将被害人挟持至玉堂镇筹钱，在被害人筹钱的过程中，一直有本案的同案犯跟随，直到被告人拿到12600元钱之后，被害人才脱身。在整个过程中，威胁一直存在，针对被害人的暴力行为随时有可能发生，随着时间越来越晚，被害人的处境也越来越危险，如果不按照被告人的要求交出钱财，不知道会发生什么样的后果。在此情况下，被害人交出钱财脱身是唯一的选择。因此，在当时的时间和环境条件下，被告人等对被害人形成的威胁足以压制被害人的反抗，已经达到了不敢、不能反抗的程度。被告人的行为已经达到了抢劫罪对暴力威胁程度的要求。因此，被告人的行为应当定性为抢劫罪。

据此，四川省都江堰市人民法院作出如下判决：

一、被告人张博犯抢劫罪，判处有期徒刑三年，并处罚金人民币5000元；

二、被告人曾凡某犯抢劫罪，判处有期徒刑二年六个月，并处罚金人民币3000元；

三、被告人代程成犯抢劫罪，判处有期徒刑三年，并处罚金人民币5000元；

四、被告人李桂某犯抢劫罪，判处有期徒刑二年，并处罚金人民币3000元；

五、被告人刘福祥犯抢劫罪，判处有期徒刑三年六个月，并处罚金人民币5000元；

六、被告人张博、曾凡某、代程成、李桂某、刘福祥对抢劫的12600元向被害人吕某某退赔；

七、对公安机关扣押的随案移送的被告人代程成持有的某牌手机一部返还给被告人代程成，由四川省都江堰市人民法院执行。

宣判后，被告人代程成、刘福祥提起上诉。四川省成都市中级人民法院作出裁定：

驳回上诉，维持原判。

【法官后语】

抢劫罪与敲诈勒索罪作为重要的财产犯罪类型，两罪之间有一定的相似性，都是以非法占有被害人的财物为目的，手段行为也有相似之处，这就导致司法实践中很容易将两罪混淆。《刑法》对两罪在量刑上的规定也存在着很大差异，因此正确区别两罪不仅能保障当事人的合法权益，而且也是刑法罪责刑相适应原则和司法公正的体现。随着现代刑法理论的深入研究及司法实践中案件出现的新情形，传统刑法理论上抢劫罪和敲诈勒索罪的区别标准难以将两罪进行准确界分，如本案中被告人当场采取了暴力手段，且暴力行为是连续、不间断实施，但是当场实施暴力行为的时间、地点与当场取得财物的时间、地点发生了转移，这种情形下被告人的行为应认定为抢劫罪还是敲诈勒索罪呢？

根据传统理论，“两个当场”标准在司法实务中对抢劫罪的认定问题提供了很大的帮助，具有重要价值，是重要参考标准。但是随着刑法理论的发展、司法案例中出现的新情形，尤其是对敲诈勒索罪手段行为认知的深入，“两个当场”标准难以解决理论和实践中的新问题，所以学术界对“两个当场”进行了重新思考。“当场”的概念不能仅仅理解为时间概念或者是空间概念，而是应结合整个犯罪过程，根据暴力行为与被害人交付财物的“连贯性”进行考虑是否构成抢劫罪。如果基于“连贯性”来考虑，很多并不具有“当场”性的行为也可以符合抢劫罪的行为，那么拘泥于“当场”也就毫无意义可言了。所谓的“连贯性”就是在分析暴力层面的同时，不考虑行为的“当场”性，不管行为的时间、空间如何转移，而是直接通过对其暴力行为与被害人交付财物之间的连贯性关系来判断，即行为人的暴力行为是否持续实施及其实施是否直接导致了被害人交付财物的结果。

回到本案中，案件发生在冬夜晚间市郊山间的无名山路，从案发当时的情况来看，首先，被害人与被告人在人数上具有巨大悬殊；其次，就案发时间、地点而言，在力量悬殊巨大的情况下，此时的道路上，没有行人和车辆，被害人可谓孤力无援、势单力薄。其间，被告人等多人围住被害人，殴打了另一名被害人，对本案被害人实施打耳光的行为。就平常情况而言，打耳光的行为虽构不上严重的暴力行为，无法达到压制被害人反抗的程度，被害人可能尚具有与施害人相抗衡的能力。但在本案中的特定时间、特定地点和特殊环境条件下，被害人从精神上、行动上不具反抗能力，也不敢反抗。在被害人随身财物不足的情况下，被告人胁迫被害人写下欠条，之后被告人等多人又将被害人挟持返回筹钱，在被害人筹钱的过程中，一直有本案的同案犯跟随，直到被告人拿到钱之后，被害人才脱身。在整个过程中，威胁一直存在，针对被害人的暴力行为随时有可能发生，随着时间越来越晚，被害人的处境也越来越危险，如果不按照被告人的要求交出钱财，会发生怎样的后果无法预料。如此，可以认定：一是被告人的行为为暴力胁迫行为；二是前述暴力胁迫行为是持续、连贯的，且被告人上述的持续、连贯的暴力胁迫行为达到了抵制被害人反抗的程度。

因此，对本案被告人的行为不能割裂开来评价，而应综合考虑暴力胁迫行为发生的时间、地点和环境条件，以及暴力胁迫行为在时间和空间上的延续性、影响性和取得财物之间的关联性、时间性、空间性，因此本案应定性为抢劫罪。

编写人：四川省都江堰市人民法院　陈红

46

使用胁迫手段当场向被害人索要并取得超出实际债务的现金数额的行为定性及犯罪数额如何认定

——李某甲、李某乙抢劫案

【案件基本信息】

1. 裁判书字号

广东省江门市新会区人民法院（2017）粤0705刑初637号刑事判决书

2. 案由：抢劫罪

【基本案情】

因得知被害人廖某某欠其女朋友吴某某款项2200元一直未予偿还后，被告人李某甲遂注册一个自称“晓珍”的女性微信号，把廖某某加为微信好友，伺机约对方出来向其追讨债务。2017年6月11日22时许，趁廖某某约“晓珍”出去饮酒之机，被告人李某甲将廖某某约至江门市新会区会城某小学门口，同时纠集被告人李某乙及黄某某等十多人前往现场。廖某某的朋友驾驶小轿车搭载廖某某等三人到达会城某小学门口处时，被告人李某甲、李某乙等人采取用货车挡住去路、拔掉廖某某所乘坐小轿车的车钥匙的方式阻止对方离开，并持刀、铁水管胁迫，要求廖某某支付明显多于债务的现金5000元，廖某某因害怕被伤害而被迫同意，但由于其身上没有带现金，其被留在原地由其他人员看守，由其同车的朋友在被告人李某乙等两人监视陪同下到附近的银行柜员机提取5000元交给被告等人，被告人李某甲、李某乙等人取得上述款项后让廖某某等四人驾车离开。在上述过程中，廖某某及其三名朋友均未受伤。被告人李某甲取得上述5000元后，除将其中的2200元支付给吴某某外，剩余的款项由其支配和用于其本人和朋友的消费。另查明，被告人李某甲在家属协助下已经赔偿被害人廖某某的经济损失8000元；被害人廖某某出具书面谅解书，表示对被告人李某甲、李某乙的犯罪行为予以谅解，要求对被告二人从轻处罚。

【案件焦点】

被告人使用胁迫手段当场向被害人索要并取得超出实际债务的现金数额，该行为应如何定性及犯罪数额如何认定。

【法院裁判要旨】

广东省江门市新会区人民法院经审理认为：被告人李某甲、李某乙以非法占有为目的，使用胁迫手段当场向被害人廖某某索要并取得超出实际债务数额的现金，其行为均已构成抢劫罪。本案中，被告人李某甲、李某乙纠集他人到现场的目的是索要债务2200元，其目的是解决民事纠纷，因此，虽然被告等人索要债务的方式不当，但此时其主观上不具有非法占有的故意。然而，后来经被告一方所纠集的其他人员提议，被告人李某甲以需要多拿钱吃宵夜等为由要求被害人支付5000元时，对于超出原债务的2800元，其主观上具有非法占有为目的，且也使用胁迫手段当场向被害人廖某某索要并取得该款项。另外，根据《最高人民法院关于审理抢劫、抢夺刑事案件适用法律若干问题的意见》第九条第五项之规定，被告二人犯罪数额应以其取得的超出实际债务的现金数额2800元为宜。公诉机关指控的罪名成立。被告二人在共同犯罪中，作用相当，不符合区分主从犯的条件。鉴于被告二人虽对指控的罪名有异议，但归案后能如实供述相关的犯罪事实，视为对行为性质的辩解，且在家属协助下已赔偿被害人廖某某的经济损失并取得谅解，同时积极预缴罚金，可以从轻处罚。

广东省江门市新会区人民法院依照《中华人民共和国刑法》第二百六十三条、第二十五条第一款、第六十七条第三款、第七十二条第一款及第三款、第七十三条第二款及第三款、第五十二条、第六十四条以及《最高人民法院关于审理抢劫、抢夺刑事案件适用法律若干问题的意见》第九条第五项之规定，作出如下判决：

一、被告人李某甲犯抢劫罪，判处有期徒刑三年，缓刑四年，并处罚金人民币4000元；

二、被告人李某乙犯抢劫罪，判处有期徒刑三年，缓刑四年，并处罚金人民币4000元；

三、对扣押物品铁水管七根、九环刀一把（现扣押于江门市公安局新会分局），由上述扣押机关依法没收。

【法官后语】

本案的争议焦点有两个：第一，被告人使用胁迫手段当场向被害人索要并取得超出实际债务的现金数额的行为构成敲诈勒索罪，还是抢劫罪。第二，本案的犯罪数额的认定是以被告人实际取得的现金数额5000元，还是以扣除超出债务部分的2800元为准。

关于第一个争议焦点，经查明，被告人李某甲、李某乙以非法占有为目的，向被害人廖某某索要超出实际债务数额的现金，利用其一方多人且手持刀具和铁水管的优势，包围和胁迫被害人一方徒手而来的四人，对被害人的人身和财产安全产生双重威胁，且强度达到足以抑制被害人使其不能反抗、不敢反抗的程度，被害人在心理恐惧下，不得不当场支付上述款项，因此被告二人的行为应属抢劫罪，而非敲诈勒索罪。

关于第二个争议焦点，经查明，被告人李某甲、李某乙纠集他人到现场的目的是索要债务，在现场双方最初核对债务情况时，即使在被害人廖某某称拖欠他人债务3000元的情况下，被告人李某甲仍特意向吴某某核实数额，在确认债务是2200元后，被告人李某甲也提出只需被害人廖某某偿还2200元，此有被害人廖某某的陈述："对方男子说'你不是欠3000元，你只需还2200元就可以了'"、被告人的供述和相关证人证言等予以证实，且事后李某甲确实也将该2200元及时返还给吴某某。由此可证实，被告等人向被害人索要2200元时，其目的是解决民事纠纷，因此，虽然被告等人索要债务的方式不当，但此时其主观上不具有非法占有的故意。然而，后来经被告一方所纠集的其他人员提议，被告人李某甲以需要多拿钱吃宵夜等为由要求被害人支付5000元时，对于超出原债务的2800元，其主观上具有非法占有为目的，且也使用胁迫手段当场向被害人廖某某索要并取得该款项。另外，根据《最高人民法院关于审理抢劫、抢夺刑事案件适用法律若干问题的意见》第九条第五项之规定"行为人为索取债务，使用暴力、暴力威胁等手段的，一般不以抢劫罪定罪处罚。构成故意伤害等其他犯罪的，依照刑法第二百三十四条等规定处罚"。因此，被告二人犯罪数额应以其取得的超出实际债务的现金数额2800元为宜。

本案是事出有因，被告人李某甲是出于帮其女朋友向被害人索要经多次催促而拒不返还的债务2200元的目的而将被害人约至现场；被告二人的主观恶性不大，其本人的主观意向也是收回债务2200元，直至后来听从在场的老乡大声提出“多拿点，拿5000元吃宵夜”的意见，才临时起意向对方索要5000元，且在现场未对被害人实施殴打等行为；被告人李某甲身体患有严重疾病，且被告二人是亲属关系，且均较为年轻，法律意识淡薄，犯罪后能如实供述主要的犯罪事实，且主动赔偿对方经济损失8000元，并取得谅解。因此，综合本案的案情和被告二人的犯罪情节、悔罪表现等，对被告二人适用缓刑。

编写人：广东省江门市新会区人民法院　赵淑云

47

未成年人使用或威胁使用轻微暴力强抢少量财物的认定

——刘某乙等抢劫，刘某乙、邵某甲寻衅滋事案

【案件基本信息】

1. 裁判书字号

北京市第二中级人民法院（2016）京02刑终676号刑事判决书

2. 案由：抢劫罪、寻衅滋事罪

【基本案情】

1. 寻衅滋事的事实

2015年3月1日17时许，刘某甲（另案处理）伙同刘某乙、邵某甲、郭某甲等人，在北京市西城区广安门外手帕口西街的甲网吧附近及乙小学附近持械（未收缴）殴打、恐吓崔某甲，索要人民币4000元，并致崔某甲左侧上颌骨额突骨折，经法医鉴定为轻微伤。

2. 抢劫的事实

2015年3月3日18时许，刘某乙、郭某甲、邵某甲、崔某甲在北京市西城区

丙中学附近一胡同内，以持刀威胁并殴打被害人宋某某的方式，当场劫取被害人宋某某手机一部（已发还，经鉴定价值人民币2200元）及现金人民币40元。

2015年3月6日，刘某乙、崔某甲、邵某甲、郭某甲被抓获。

【案件焦点】

1. 未成年人使用或威胁使用轻微暴力强抢少量财物的数额标准如何认定；2. 被告人为摆脱他人索要钱财的胁迫，实施新的犯罪行为是否应认定为胁从犯。

【法院裁判要旨】

北京市西城区人民法院经不公开审理认为：被告人刘某乙、崔某甲、邵某甲、郭某甲，以暴力手段抢劫他人财物，侵犯了公民的财产所有权及人身权利，扰乱了社会秩序，其行为均已构成抢劫罪，应予惩处；被告人刘某乙、邵某甲随意殴打他人，情节恶劣，扰乱了社会管理秩序，其行为又均已构成寻衅滋事罪。对被告人刘某乙、邵某甲应数罪并罚。

北京市西城区人民法院依照《中华人民共和国刑法》第二百六十三条、第二百九十三条第一项等的规定，作出如下判决：

一、被告人刘某乙犯抢劫罪，判处有期徒刑二年二个月，并处罚金人民币5000元；犯寻衅滋事罪，判处有期徒刑八个月，决定执行有期徒刑二年六个月，并处罚金人民币5000元；

二、被告人崔某甲犯抢劫罪，判处有期徒刑一年八个月，并处罚金人民币4000元；

三、被告人邵某甲犯抢劫罪，判处有期徒刑一年六个月，缓刑一年六个月，并处罚金人民币4000元；犯寻衅滋事罪，判处有期徒刑六个月，缓刑九个月，决定执行有期徒刑一年九个月，缓刑二年，并处罚金人民币4000元；

四、被告人郭某甲犯抢劫罪，判处有期徒刑一年九个月，缓刑二年，并处罚金人民币4000元；

五、在案扣押作案工具折叠刀二把予以没收。

北京市西城区人民检察院提起抗诉，刘某乙提起上诉。

北京市第二中级人民法院经审理认为：上诉人（原审被告人）刘某乙、原审被告人崔某甲、邵某甲、郭某甲以非法占有为目的，采取暴力手段劫取他人财物，其四人的行为均已构成抢劫罪，依法应予惩处；刘某乙、邵某甲随意殴打他人，情节恶劣，破坏社会秩序，其二人的行为又均已构成寻衅滋事罪，对刘某乙、邵某甲所犯抢劫罪、寻衅滋事罪应予以数罪并罚。崔某甲伙同他人强索李某甲、蔡某现金人民币440元，单独强索杨某甲现金人民币130元时，未满十六周岁，暴力、胁迫程度轻微，两起行为均属于未成年人使用或威胁使用轻微暴力强抢少量财物的行为，且未给被害人造成轻微伤以上等损害后果。根据相关司法解释等规定，上述两起行为不应以抢劫罪定罪处罚。另，鉴于崔某甲实施上述两起行为时，未满十六周岁，亦不应以寻衅滋事罪定罪处罚。鉴于刘某乙、崔某甲、邵某甲、郭某甲犯罪时均未满十八周岁，且系初犯，邵某甲在共同犯罪中起次要作用，系从犯，刘某乙、崔某甲、邵某甲、郭某甲均如实供述自己的罪行，可依法对刘某乙、崔某甲、邵某甲、郭某甲予以减轻处罚，并对邵某甲、郭某甲适用缓刑。北京市人民检察院第二分院所提刘某乙的上诉理由不能成立，应于驳回的相关出庭意见成立，予以采纳。北京市西城区人民法院根据刘某乙、崔某甲、邵某甲、郭某甲犯罪的事实、犯罪的性质、情节和对于社会的危害程度及各自在共同犯罪中的作用，对刘某乙、崔某甲、邵某甲、郭某甲分别定罪正确，量刑适当，对在案扣押的物品所作处理并无不当，应予维持，唯认定崔某甲系被胁迫犯罪、未认定崔某甲如实供述自己的罪行及对邵某甲所犯抢劫罪、寻衅滋事罪分别适用缓刑不妥，予以纠正。

北京市第二中级人民法院依照《中华人民共和国刑事诉讼法》第二百二十五条第一款第一项、第二项①及《中华人民共和国刑法》第二百六十三条，第二百九十三条第一款第一项，第二十五条第一款，第二十七条，第十七条第一款、第二款、第三款，第六十七条第三款，第六十九条第一款、第三款，第七十二条第一款、第三款，第七十三条第二款、第三款，第五十二条，第五十三条，第六十四条和《最高人民法院关于审理未成年人刑事案件具体应用法律若干问题的解释》第七条之规定，作出如下判决：

一、驳回北京市西城区人民检察院的抗诉及刘某乙的上诉，维持北京市西城区人民法院（2015）西少刑初字第850号刑事判决第一项、第二项、第四项、第五项，即被告人刘某乙犯抢劫罪，判处有期徒刑二年二个月，并处罚金人民币5000

---

① 对应2018年《刑事诉讼法》第二百三十六条第一款第一项、第二项。

元；犯寻衅滋事罪，判处有期徒刑八个月，决定执行有期徒刑二年六个月，并处罚金人民币5000元；被告人崔某甲犯抢劫罪，判处有期徒刑一年八个月，并处罚金人民币4000元；被告人郭某甲犯抢劫罪，判处有期徒刑一年九个月，缓刑二年，并处罚金人民币4000元；在案扣押作案工具折叠刀二把予以没收；

二、撤销北京市西城区人民法院（2015）西少刑初字第850号刑事判决第三项，即被告人邵某甲犯抢劫罪，判处有期徒刑一年六个月，缓刑一年六个月，并处罚金人民币4000元；犯寻衅滋事罪，判处有期徒刑六个月，缓刑九个月，决定执行有期徒刑一年九个月，缓刑二年，并处罚金人民币4000元；

三、原审被告人邵某甲犯抢劫罪，判处有期徒刑一年六个月，并处罚金人民币4000元；犯寻衅滋事罪，判处有期徒刑六个月，决定执行有期徒刑一年九个月，缓刑二年，并处罚金人民币4000元（缓刑考验期限，从判决确定之日起计算；罚金于判决生效后三个月内缴纳）。

【法官后语】

该案检察机关与人民法院之间的意见分歧主要源于对《最高人民法院关于审理未成年人刑事案件具体应用法律若干问题的解释》（以下简称《审理未成年人刑事案件司法解释》）第七条①和《最高人民法院关于审理抢劫、抢夺刑事案件适用法律问题的意见》（以下简称《两抢意见》）第九条第四项②在适用时的认识差异。目前没有司法解释或其他规范性文件对上述规定中的“钱财数量不大”和“少量财物”明确具体的数额标准。检察机关坚持认为指控两起抢劫犯罪事实中的440元和130元均不属于“少量财物”的范畴，人民法院经过审理认为综合考虑司法解释关于盗窃罪、抢夺罪、寻衅滋事罪等相关入罪数额标准及北京市经济发展状况等因素，应认定本案上述440元和130元属于《两抢意见》第九条规定中的“少量财

---

① 内容为：“已满十四周岁不满十六周岁的人使用轻微暴力或者威胁，强行索要其他未成年人随身携带的生活、学习用品或者钱财数量不大，且未造成被害人轻微伤以上或者不敢正常到校学习、生活等危害后果的，不认为是犯罪。已满十六周岁不满十八周岁的人具有前款规定情形的，一般也不认为是犯罪。”

② 内容为：“……司法实践中，对于未成年人使用或威胁使用轻微暴力强抢少量财物的行为，一般不宜以抢劫罪定罪处罚。其行为符合寻衅滋事罪特征的，可以寻衅滋事罪定罪处罚”。

物”。被告人崔某甲实为本案寻衅滋事案件中的被害人，其虽受到一个月内凑齐4000元的胁迫，但其随后为获取4000元积极实施新的犯罪不应认定为刑法意义上的胁从犯。本案对于未成年人犯抢劫、寻衅滋事罪的认定及胁从犯的认定具有统一裁判尺度意义上的参考价值。

1.《审理未成年人刑事案件司法解释》第七条和《两抢意见》第九条第四项的适用

（1）少量财物的数额标准

《审理未成年人刑事案件司法解释》第七条中的“钱财数量不大”以及《两抢意见》第九条第四项中的“少量财物”，如果没有确定的数额标准，必然导致出现追诉及裁判尺度不统一的问题。既然根据上述规定，在通常情况下将未成年人使用或威胁使用轻微暴力强抢财物的数额作为界定罪与非罪的一个标准，可以考虑对上述规定进行逆向解读，即如果未成年人使用或威胁使用轻微暴力强抢“钱财数量较大”抑或“财物价值数额较大”，一般应追究相应的刑事责任。鉴于现行司法解释及规范性文件对上述规定中的数额标准没有明确，考虑抢夺犯罪和强拿硬要型寻衅滋事犯罪一般均存在一定程度的轻微暴力，故可以参照《最高人民法院、最高人民检察院关于办理抢夺刑事案件适用法律若干问题的解释》中抢夺数额较大的具体标准（1000～3000元）以及《最高人民法院、最高人民检察院关于办理寻衅滋事刑事案件适用法律若干问题的解释》中关于强拿硬要情节严重的数额标准（1000元以上），以1000元以下作为确定“钱财数量不大”“少量财物”的数额标准，尤其是在北京、上海、广州这样的全国一线经济发达地区，将1000元以下认定为“钱财数量不大”“少量财物”，也可为一般公众接受。故本案中，被告人崔某甲向李某甲、蔡某强索440元，向杨某甲强索130元，数额均在1000元以下，属于《审理未成年人刑事案件司法解释》第七条中的“钱财数量不大”以及《两抢意见》第九条第四项中的“少量财物”。

（2）轻微暴力的认定

根据《审理未成年人刑事案件司法解释》第七条和《两抢意见》第九条第四项的规定，未成年人强抢“少量财物”抑或“钱财数量不大”，必须是使用或威胁使用“轻微暴力”，一般才不认为是犯罪或不以抢劫罪定罪。实质上也是通过轻微暴力的客观行为进一步证实行为人的主观故意不是抢劫。那么什么样的暴力属于轻微暴力呢？一般可以从暴力行为的方式（是否持凶器）、强度、对象、场所及给被害人造成的后果等综合评价行为人使用暴力或威胁使用暴力的人身危险性、社会危害性，这样的评价应当以一般人的认识能力和水平为基本标准。《审理未成年人刑事案件司法解释》第七条从暴力行为给被害人造成的后果上做了一些列举，如未造成被害人轻微伤以上或者不敢正常到校学习、生活等。本案法院未认定的两起事实中，崔某甲在向李某甲和蔡某强索440元的过程中，仅是分别踢了二人一脚，其暴力行为方式简单、程度轻微，亦未给李某甲、蔡某造成轻微伤以上等损害后果，崔某甲在向杨某甲强索130元的过程中，只是将杨某甲拽至网吧门口，之后并未对杨某甲实施更为严重的暴力或以更严重的暴力相威胁，故法院认定崔某甲向李某甲、蔡某、杨某甲强索钱财时，仅是使用轻微暴力。

(3)《审理未成年人刑事案件司法解释》第七条与《两抢意见》第九条第四项的理解与适用

《审理未成年人刑事案件司法解释》和《两抢意见》虽然一个是司法解释，一个是司法解释性文件，但在审判实践中均应同时适用。虽然司法解释性文件不能作为人民法院裁判依据在裁判文书中援引，但同样可以在裁判文书说理论证中援引。虽然《审理未成年人刑事案件司法解释》第七条与《两抢意见》第九条第四项的内容存在一定的差别，但从两条规定的具体内容来看并不存在冲突。从颁布实施的时间来看，《两抢意见》在前，《审理未成年人刑事案件司法解释》在后，且《两抢意见》并不是专门针对未成年人刑事案件颁布的司法解释性文件，《审理未成年人刑事案件司法解释》第七条可以理解为对《两抢意见》第九条第四项的细化。已满十四周岁不满十六周岁的人使用轻微暴力或者威胁，强行索要其他未成年人随身携带的生活、学习用品或者钱财数量不大，且未造成被害人轻微伤以上或者不敢正常到校学习、生活等危害后果的，首先不以抢劫罪定罪处罚，其次这样的行为人未达到以寻衅滋事罪定罪处罚的刑事责任年龄，因此《审理未成年人刑事案件司法解释》第七条直接规定此种情况不认为是犯罪。此外，根据《审理未成年人刑事案件司法解释》第七条的规定，对于已满十六周岁不满十八周岁的人具有前款规定情形的，一般也不认为是犯罪。如此规定，与《两抢意见》第九条第四项中“其行为符合寻衅滋事罪特征的，可以寻衅滋事罪定罪处罚”实现了顺畅衔接。也就是说，已满十六周岁不满十八周岁的人使用或威胁使用轻微暴力强抢少量财物的行为，一般不宜以抢劫罪定罪处罚。其行为符合寻衅滋事罪特征的，可以寻衅滋事罪定罪处罚。本案法院未认定的两起事实中，从崔某甲强索钱财选定的对象（李某甲、杨某甲均12岁、蔡某13岁）以及具体的手段（实施轻微暴力）分析，崔某甲的行为主要还是基于以大欺小、以强凌弱的心态，随意殴打未成年人，向未成年人强索少量钱财，并非纯粹的抢劫故意。崔某甲向李某甲、蔡某、杨某甲强索财物时，不满十六周岁，且强索财物的数额也未达到1000元的追诉标准，故崔某甲的行为亦不构成寻衅滋事罪。故根据《审理未成年人刑事案件司法解释》第七条的规定，人民法院认定崔某甲使用轻微暴力向李某甲、蔡某、杨某甲强索财物的行为，不构成犯罪。

2. 胁从犯的认定

根据《刑法》第二十八条的规定，胁从犯是被胁迫参加犯罪的人，即在他人威胁下不完全自愿地参加共同犯罪，并在共同犯罪中起较小作用的人①。如果行为人起先是被胁迫参加共同犯罪，但后来发生变化，积极主动实施犯罪行为，在共同犯罪中起主要作用，则应按主犯处罚②。胁从犯一定是在同一个共同犯罪中才能认定，如果行为人是因他人的犯罪行为遭到胁迫，为尽早摆脱胁迫，主动实施一个新的犯罪行为，其因他人遭到胁迫进而产生精神上的压力，只是其实施新的犯罪行为的一个动机或者说是诱因而已，不能认定是刑法意义上的胁从犯，此种情况下，其实施一个新的犯罪行为的心态是积极主动的，并非在他人威胁下不完全自愿实施新的犯罪。本案中，崔某甲伙同刘某乙等人实施抢劫之前，被刘某甲等人殴打，并被索要4000元，且刘某甲威胁崔某甲如果一个月内不给4000元，就殴打崔某甲的奶奶，并用刀捅崔某甲，但刘某甲等人并未授意胁迫崔某甲通过抢劫犯罪的方式来获取上述4000元。虽然崔某甲并不情愿给这4000元，因受到刘某甲的威胁，为尽快摆脱心理上的恐惧和之后可能遭受的侵害，崔某甲和刘某乙、邵某甲、郭某甲商议通过抢劫的方式来获取这4000元，获取4000元并非必须通过犯罪行为来实现，崔某甲也并非受到刘某乙、邵某甲和郭某甲的胁迫实施抢劫，反而在共同犯罪中，行为积极主动，因此二审法院认为一审法院认定崔某甲是胁从犯不妥。

编写人：北京市第二中级人民法院　陈光旭

---

① 张明楷：《刑法学》（上册），法律出版社2016年版，第453页

② 参见王作富：《中国刑法研究》，中国人民大学出版社1988年版，第257页。

（二）抢夺罪

48

被告人缺乏对“被追捕”的主观认识，其抢夺后的暴力对抗不具有当场使用暴力抗拒抓捕的性质

——巫永某抢夺案

【案件基本信息】

1. 裁判书字号

四川省成都市新都区人民法院（2017）川0114刑初150号刑事判决书

2. 案由：抢夺罪

【基本案情】

2016年3月29日14时许，被告人巫永某伙同“凯凯”在成都市新都区龙桥镇斑龙路与龙腾大道交叉路口，采用由巫永某驾驶一辆红色无号牌摩托车，“凯凯”动手拉扯的方式，趁在路边的杨某不备之机，将其脖子上的一根黄金项链抢走。便衣民警发现被告人巫永某和“凯凯”的抢夺行为后，驾驶一辆普通民用机动车尾随二人至大丰街道，并趁机拦下二人所驾摩托车进行抓捕。被告人巫永某手持一把匕首与民警发生抓扯，后伙同“凯凯”驾驶摩托车逃脱。经鉴定，被抢黄金项链价值4900元。

2016年7月12日8时许，被告人巫永某伙同陈永某（已判）在成都市新都区斑竹园镇兴城大道路口，采用由巫永某驾驶一辆踏板摩托车，陈永某动手拉扯的方式，趁在路边的陈某某不备之机，将其脖子上的一根黄金项链抢走。二人在逃离过程中被公安民警挡获。经鉴定，被抢黄金项链价值3787元。该项链现已追回并发

还失主。

公诉机关认为，被告人巫永某伙同“凯凯”抢夺既遂后，为抗拒抓捕以暴力相威胁，应当以抢劫罪追究刑事责任；被告人巫永某伙同陈永某驾驶机动车抢夺他人财物，数额较大，应当以抢夺罪追究刑事责任。

被告人巫永某对公诉机关指控其伙同陈永某驾驶机动车抢夺他人财物的事实及罪名均不持异议，对指控其伙同“凯凯”抢夺后抗拒抓捕的事实及罪名有异议，提出其伙同“凯凯”驾驶机动车在龙桥镇抢夺他人财物后，行驶至大丰街道附近时被他人用车撞翻，虽然与对方发生抓扯，但不知道对方是警察，该行为应当以抢夺罪追究刑事责任。

被告人巫永某的辩护人对公诉机关指控被告人巫永某的犯罪事实均不持异议，提出被告人巫永某伙同“凯凯”实施抢夺后，被公安民警跟踪并实施抓捕的行为，不符合抢劫罪“当场性”的要件，巫永某离开犯罪现场后抗拒抓捕的行为不应当认定为转化型抢劫，其行为应当以抢夺罪追究刑事责任。

【案件焦点】

巫永某伙同“凯凯”实施完抢夺行为后，被公安民警尾随跟踪并在实施抓捕时暴力对抗的行为是否应当认定为转化型抢劫。

【法院裁判要旨】

四川省成都市新都区人民法院经审理认为：本案的争议焦点在于巫永某伙同“凯凯”实施完抢夺行为后，被公安民警尾随跟踪并实施抓捕时抗拒抓捕的行为是否应当认定为转化型抢劫。根据刑法第二百六十九条的规定：“犯盗窃、诈骗、抢夺罪，为窝藏赃物、抗拒抓捕或者毁灭罪证而当场使用暴力或者以暴力相威胁的，依照本法第二百六十三条的规定定罪处罚。”因此，被告人巫永某的行为是否构成转化型抢劫在于其行为是否应当认定为“当场”使用暴力。《最高人民法院关于审理抢劫刑事案件适用法律若干问题的指导意见》中明确规定，转化型抢劫犯罪中的“当场”是指在盗窃、诈骗、抢夺的现场以及行为人刚离开现场即被他人发现并抓捕的情形。本案中，巫永某抗拒抓捕的行为既不是在抢夺的现场，也不属于刚离开现场即被人发现并抓捕的情形，不应当认定为当场使用暴力。虽然司法实践中往往将行为人刚离开现场即被人发现并追捕的情形视为现场的延伸，但本案中的行为人并不知晓自己被跟踪追捕，其主观上的认知缺失导致了现场延伸的中断。因此，被告人巫永某并非当场使用暴力抗拒抓捕，其行为不符合转化型抢劫的构成要件，应当以抢夺罪定罪处罚。

综上，被告人巫永某分别伙同他人以非法占有为目的，驾驶机动车抢夺他人财物，数额较大，其行为构成抢夺罪。四川省成都市新都区人民检察院指控被告人巫永某犯抢夺罪的事实清楚，证据确实、充分，指控罪名成立。被告人巫永某在前罪刑罚执行完毕后五年内再犯应当判处有期徒刑以上刑罚之罪，系累犯，本院依法对其从重处罚。被告人巫永某有多次犯罪前科，且归案后有脱逃行为，主观恶性较深，本院酌定对其从重处罚。被告人巫永某归案后，对伙同他人抢夺财物的基本犯罪事实能够如实供述，有一定的认罪态度，本院在量刑时酌情考虑。根据本案的犯罪情节、社会危害后果以及被告人归案后的认罪态度、悔罪表现等因素，依照《中华人民共和国刑法》第二百六十七条、第六十五条第一款、第五十二条、第五十三条、第六十四条之规定，判决如下：

一、被告人巫永某犯抢夺罪，判处有期徒刑二年八个月，并处罚金5000元；

二、被告人巫永某违法所得的财物黄金项链一根（价值4900元）依法退赔杨某；公安机关扣押在案的作案工具依法予以没收。

【法官后语】

转化型抢劫的法律依据来源于《刑法》第二百六十九条的规定：“犯盗窃、诈骗、抢夺罪，为窝藏赃物、抗拒抓捕或者毁灭罪证而当场使用暴力或者以暴力相威胁的，依照本法第二百六十三条的规定定罪处罚。”按照法律原意，抢夺转化为抢劫需要满足三个构成要件：一是具有抢夺行为，二是当场暴力对抗或威胁，三是具有三个法定目的之一。本案中，被告人巫永某在实施完抢夺行为后，在不知被“便衣”尾随的情况下使用了暴力对抗。从表象上看，被告人有抢夺行为，有暴力对抗，而难以辨别的是“当场”和“为抗拒抓捕”两个关键性因素。因此，本案是否构成转化型抢劫的关键在于被告人的行为是否属于为抗拒抓捕而“当场”使用暴力。笔者认为，本案被告人的抢夺行为不足以转化为抢劫行为，应当以抢夺罪定罪处罚。

1. 转化类犯罪是对行为人主观恶性升级的否定评价

抢夺与抢劫的共同点在于在夺取财物的过程中，通常与受害人发生身体接触，并存在不同程度的暴力。两者的区别在于，抢夺的暴力程度显著轻微并着力于物，而抢劫的暴力程度使被害人不能反抗或不敢反抗，并直接着力于人。然而在现实生活中，由于抢夺行为的公然性，致使其遭遇反抗的概率较大，极易发生暴力升级导致犯罪人主观恶性增大的情况。因此《刑法》第二百六十九条特别规定了抢夺罪在什么样的情形下可以转化为抢劫罪。笔者认为，这样的规定至少有两个目的：一是对罪责刑相适应原则的遵循；二是形成一种行为指引，明确此种主观恶性的增大会导致刑法上升级的否定性评价，以此对行为人形成威慑。

同时，任何一种刑事苛责都必然要求行为人主观上存在罪过。主客观一致原则把行为人的刑事责任限制在其主观认识之内，有利于防止罪刑擅断，是人权保护的重要体现。《刑法》分则在规定具体犯罪行为时一般不会列明或者强调行为人的主观认识状态，但是《刑法》总则关于主客观相一致的原则应当适用于分则规定的所有罪行。在抢夺转抢劫的犯罪行为中，行为的主观罪过形式是明显的故意，而犯罪故意是由认识因素和意志因素构成，认识是意志的基础。在本案中，只有当行为人明确认识到他方的对抗是基于其抢夺行为，而行为人依然选择采取对方不能或不敢抗拒的暴力行为继续自己的犯罪行为的情况下，行为人的行为才具有转化为抢劫的可能。因此，在转化升级犯罪的认定过程中，行为人的主观认识是必须考量的重要因素。

2. 被告人的暴力对抗不符合法定“当场”性的要求

最高人民法院在《关于审理抢劫刑事案件适用法律若干问题的指导意见》中明确规定，转化型抢劫犯罪中的“当场”是指在盗窃、诈骗、抢夺的现场以及行为人刚离开现场即被他人发现并抓捕的情形。本案中，巫永某伙同“凯凯”实施抢夺行为的地方是龙桥镇，而抗拒民警王某抓捕的地方是大丰街道，显然不是抢夺的现场。那么，本案是否属于行为人刚离开现场即被他人发现并抓捕的情形呢？也就是说，本案是否可以对犯罪“现场”做合法延伸？笔者认为，对于转化型抢劫发生的空间是限定在犯罪现场及现场的延伸，这种现场延伸是基于与犯罪现场有密切联系的自然延伸，可以视为犯罪现场的情形。法定的表述是刚离开即被发现并抓捕，这种现场延伸发生在抢夺行为后极短的时间里，如前所述，根据刑法主客观一致的原则，行为人对抓捕应当具有明确的认识。因此，在犯罪人缺乏对“被追捕”主观认识的情况下，“现场”延伸即中断，其后续的暴力对抗行为将不符合法定“当场”性的要求

3. 被告人并不一定具有“抗拒抓捕”的主观故意

本案中根据抓捕民警的陈述，被告人巫永某伙同“凯凯”在龙桥镇实施抢夺行为时，已经为在场的便衣民警所发现，后民警秘密跟踪二人至大丰街道后方实施了抓捕行为。由此，可以确定两点：一是巫永某刚离开现场时即被发现，二是巫永某并不知道民警的跟踪行为。巫永某实施完毕抢夺行为后已经离开了犯罪现场，在被尾随至离犯罪现场相当距离的另一地点被便衣民警用车逼停后使用暴力。被逼停后的第一时间，被告人并不清楚便衣民警的身份，在这样的情况下，很难认定被告人暴力对抗与之前抢夺行为的关联性，也就很难认定被告人具有法定的“为抗拒抓捕”的主观目的。如果本案不是“暗跟”而是明追，行为人在明知因抢夺行为被追捕的情况下，不一定会选择暴力升级。

因此在本案中，被告人的“现场”延伸因其主观认知的原因已经中断，其在犯罪现场之外的地方实施抗拒抓捕的行为，不应当认定为当场使用暴力抗拒抓捕，其行为不符合转化型抢劫的构成要件，应以抢夺罪定罪处罚。

编写人：四川省成都市新都区人民法院　苏平

49

以试骑为由当着被害人的面将电动车骑走的罪名认定

——王某抢夺案

【案件基本信息】

1. 裁判书字号

云南省昆明市中级人民法院（2017）云01刑终792号刑事裁定书

2. 案由：抢夺罪

【基本案情】

2016 年 10 月 14 日晚 11 时许，被告人王某在昆明市官渡区甲小区溜冰场门口，以试骑为由，当着公民郑某某的面直接骑走了公民郑某某的乙牌电动自行车一辆，价值人民币 5600 元，携赃逃离。案发后，缴获涉案车辆已发还被害人。

2016 年 12 月 1 日 23 时许，被告人王某在昆明市五华区青莲巷和翠湖东路交叉口丙宾馆门口，趁公民黄某某不备，夺取了其丁牌电动自行车一辆并骑走，价值人民币 4600 元，后销赃挥霍。

2016 年 12 月 6 日 19 时 30 分许，被告人王某在昆明市盘龙区戊小区门口，趁公民马某某不备，夺取了其车钥匙并将其已牌电动自行车一辆骑走，价值人民币 4500 元，案发后，缴获涉案车辆已发还被害人。

2016 年 12 月 15 日 15 时许，民警在昆明市盘龙区庚花园北区×栋×单元×××室抓获被告人王某。公诉机关认为，对被告人王某的第一起犯罪应当以诈骗罪追究其刑事责任；对被告人王某的第二起、第三起犯罪应当以抢夺罪追究其刑事责任。公诉人当庭提出被告人王某到案后对第一起犯罪事实如实供述，可以从轻处罚；对第二起、第三起犯罪事实均没有如实供述，请法庭予以考虑。

被告人王某对公诉机关指控的第二起、第三起犯罪事实及罪名均有异议，辩解称其与被害人均无身体接触，他的行为是诈骗，不是抢夺。

【案件焦点】

被告人王某以试骑为由当着被害人的面将电动车骑走的行为属于诈骗还是抢夺。

【法院裁判要旨】

云南省昆明市五华区人民法院经审理认为：被告人王某以非法占有为目的，多次抢夺他人财物，抢夺数额达人民币 14700 元，数额较大，其行为已构成抢夺罪。公诉机关指控的事实及部分罪名成立。被告人王某到案后如实供述其主要犯罪事实，依法可以从轻处罚。对于公诉机关指控被告人王某第一起犯罪构成诈骗罪的公诉意见以及被告人王某提出其第二起、第三起犯罪行为不构成抢夺罪，构成诈骗罪的辩解，本院认为被告人王某以试骑为由骑上电动车时，被害人（电动车驾驶员）并未离开现场，未失去对电动车的紧密占有，也未失去对电动车的所有权益，同时被告人王某并没有因为其谎言骗到对电动车的占有甚至是电动车的所有权，被告人王某骗到的是接触电动车的机会，所以不符合诈骗罪的构成要件；被告人王某当着被害人的面直接骑走电动车，其行为具有公然性，社会危害性较大；当电动车快速驶出的那一瞬间，动作迅猛，符合抢夺罪客观上对物的暴力，被告人王某系以非法占有为目的，当场直接夺取他人紧密占有的数额较大的财物，其行为构成抢夺罪。故对公诉机关的该项指控以及被告人王某的该项辩解本院均不予采纳。据此，本院依照《中华人民共和国刑法》第二百六十七条第一款、第六十七条第三款、第六十四条之规定，判决如下：

一、被告人王某犯抢夺罪，判处有期徒刑二年零三个月，并处罚金人民币9000元；

二、剩余赃物继续追缴发还被害人。

一审宣判后，原审被告人王某不服，提出上诉称：其只是骗被害人，让被害人自愿、主动交付财物，也未采用暴力抢被害人的财物，其只构成诈骗罪，不构成抢夺罪，原审认定罪名错误，量刑过重，希望二审法院依法改判。

云南省昆明市中级人民法院经审理认为：原审人民法院认定事实清楚，证据确实、充分，定性准确，量刑适当，审判程序合法，依法应予维持。据此，依照《中华人民共和国刑事诉讼法》第二百二十五条第一款第一项[①]之规定，裁定如下：

驳回上诉，维持原判。

【法官后语】

1. 对公诉机关指控的被告人王某的第一起犯罪应定性为抢夺罪还是诈骗罪

一审、二审法院均认为被告人王某的第一起犯罪应定性为抢夺。

诈骗罪，是指以非法占有为目的，使用欺骗方法，骗取数额较大的公私财物的行为。诈骗罪（既遂）的基本构造为：行为人事实欺骗行为—对方（受骗者）产生或继续维持错误认识—对方基于错误认识处分财产—行为人或者第三者取得财产—被害人遭受财产损害。该罪客观上表现为使用虚构事实或者隐瞒真相的方法，骗取数额较大的公私财物的行为。由于犯罪分子使用虚构事实或者隐瞒真相的方法，从而使公私财物的所有人、管理人产生错误认识，信以为真，并“自愿地”将财物交给犯罪分子。这种“自愿”并不是财物所有人、管理人的真实意思而是被犯

① 对应2018年《刑事诉讼法》第二百三十六条第一款第一项。

罪分子制造的假象所迷惑而上当受骗的结果。

可以说“骗”是诈骗罪的突出特点，也是区别于盗窃罪、抢夺罪的重要标志，但这并不是诈骗罪与其他犯罪的本质区别。从实质上来说，诈骗是行为人通过欺骗行为，使对方陷入处分财产的认识错误的行为。欺骗行为既可以是在他人没有任何认识错误的情况下使之产生处分财产的认识错误，也可以是在他人已经由于某种原因陷入认识错误的情况下，使他人继续维持或者强化其处分财产的认识错误。不具有使他人产生处分财产的认识错误的欺骗行为，不是诈骗罪的欺骗行为。具体到本案中，一方面，被害人（电动车驾驶员）并未离开现场，在物理空间上电动车仍处于被害人的紧密占有之下。另一方面，被害人将电动车交给被告人试乘时，也没有转移占有的意思，因此本案欠缺被害人处分财产的行为。被告人王某并没有因为其谎言骗到对电动车的占有甚至是电动车的所有权，被告人王某骗到的是接触电动车的机会，所以不符合诈骗罪的构成要件。

抢夺罪，是指以非法占有为目的，当场直接夺取他人紧密占有的数额较大的公私财物的行为。抢夺罪构成要件的内容，当场直接夺取他人紧密占有的数额较大的财物。例如，乘人不备而突然夺取，在他人来不及夺回时（不问是否乘人不备）而夺取，制造他人不能夺回的机会而夺取。抢夺的主要特点是对他人紧密占有的财物行使有形力（对物的暴力，也不排除行为人使用轻微的对人暴力抢夺财物），被害人虽然当场可以得知财物被夺取，但往往来不及抗拒。具体到本案中，被告人王某以试骑为由，骑上电动车，当着被害人的面“骑走”电动车的行为就属于“制造他人不能夺回的机会而夺取”的情形。

2. 被告人王某是否存在坦白（如实供述）情节

一审、二审法院均认为被告人王某到案后如实供述其主要犯罪事实，构成坦白，依法可以从轻处罚。

根据《最高人民法院关于处理自首和立功若干具体问题的意见》中关于“如实供述自己的罪行”的具体认定：如实供述自己的罪行，除供述自己的主要犯罪事实外，还应包括姓名、年龄、职业、住址、前科等情况。犯罪嫌疑人供述的身份等情况与真实情况虽有差别，但不影响定罪量刑的，应认定为如实供述自己的罪行。犯罪嫌疑人自动投案后隐瞒自己的真实身份等情况，影响对其定罪量刑的，不能认定为如实供述自己的罪行。

犯罪嫌疑人多次实施同种罪行的，应当综合考虑已交代的犯罪事实与未交代的犯罪事实的危害程度，决定是否认定为如实供述主要犯罪事实。虽然投案后没有交代全部犯罪事实，但如实交代的犯罪情节重于未交代的犯罪情节，或者如实交代的犯罪数额多于未交代的犯罪数额，一般应认定为如实供述自己的主要犯罪事实。无法区分已交代的与未交代的犯罪情节的严重程度，或者已交代的犯罪数额与未交代的犯罪数额相当，一般不认定为如实供述自己的主要犯罪事实。

犯罪嫌疑人自动投案时虽然没有交代自己的主要犯罪事实，但在司法机关掌握其主要犯罪事实之前主动交代的，应认定为如实供述自己的罪行。

坦白是指犯罪人被动归案后，如实供述自己罪行的行为。具体到本案中，综合全案证据来看，对于公诉人虽当庭提出被告人王某到案后对第一起犯罪事实如实供述，可以从轻处罚；对第二起、第三起犯罪事实均没有如实供述的公诉意见，笔者认为如实供述自己的罪行，侧重于客观犯罪事实，在本案中，被告人对于客观犯罪事实供认不讳，其对自己犯罪行为性质的辩解不影响司法上对其具有坦白情节的认定。结合《最高人民法院关于处理自首和立功若干具体问题的意见》可以认定被告人王某到案后如实供述其主要犯罪事实，具有坦白情节。

编写人：云南省昆明市五华区人民法院　陈春琳　范小坚

（三）盗窃罪

50

被害人昏迷后取其财物的定性

——刘国安故意杀人、盗窃案

【案件基本信息】

1. 裁判书字号

北京市第二中级人民法院（2017）京 02 刑终 596 号刑事附带民事裁定书

2. 案由：故意杀人罪、盗窃罪

【基本案情】

2016年11月初，被告人刘国安通过某网络软件认识了被害人夏某，后以给夏某介绍工作为由约定于2016年11月9日18时许在北京市大兴区黄村火车站地铁附近见面。二人见面后刘国安驾驶黑色帕萨特轿车（车牌号：京N6×××6）将夏某带至北京市大兴区永定河东堤庞各庄镇北章客村附近，因刘国安与夏某发生口角后对夏某进行殴打，并用手机充电线勒夏某的脖子致其昏迷，后刘国安将被害人夏某随身携带的手机一部、戒指两枚、项链一条、耳钉一对拿走。随后刘国安将夏某从其车上拖拽至永定河大堤路西侧欲将其杀害，用车内的打火机及纸巾引燃夏某周围树叶后离开，造成被害人颈部、颜面部、鼻部、眼部、腿部等多处软组织损伤，且其颈部损伤出现窒息征象，身体所受损伤程度为轻伤二级，上述被抢物品共计价值人民币6340元。次日，被害人夏某向路人求救后报警。2016年11月22日20时许，被告人刘国安在北京市大兴区北臧村镇大臧村其家中被抓获。上述涉案物品项链一条、耳钉一对、戒指两枚、苹果手机一部均已被公安机关扣押（未移送）。另查明，被告人刘国安的行为给附带民事诉讼原告人夏某造成经济损失共计人民币73032.88元。在本院审理期间，被告人刘国安家属已经将上述赔偿款交至本院。

被告人辩称其是因为怕夏某冷才点火的，没有想要杀人，后来其主动扑灭火苗，其对盗窃罪无异议。

【案件焦点】

被告人实施暴力行为使得被害人处于昏迷、没有知觉的情形下拿走对方财物的行为应如何定性。

【法院裁判要旨】

北京市大兴区人民法院经审理认为：被告人刘国安非法剥夺他人生命，其行为已构成故意杀人罪；被告人刘国安以非法占有为目的，趁被害人昏迷之际窃取其财物，且数额较大，其行为已构成盗窃罪；且一人犯数罪，对其依法实行数罪并罚。根据被害人陈述、现场勘查检查笔录及照片、法医学人体损伤程度鉴定书，能够证实被告人刘国安用手机数据线勒晕夏某后将其丢弃在无人的树林，当时时间为晚上

12 时许，后被告人将被害人夏某周围树叶点燃后开车离开，被告人刘国安主观上对被害人死亡结果的发生持放任态度，同时结合其在公安机关的供述，其供述中也称当时想点火烧了被害人，知道点了被害人后她会死，故综合以上证据可以认定被告人刘国安的行为已构成故意杀人罪。被告人刘国安当庭辩称火是其本人灭的，结合其当庭供述称其点燃树叶后两三分钟的时间内就回到现场用脚把火踩灭，当时着火的位置在被害人的小腿部位，且没有烧到腿部。而根据现场勘验及照片、鉴定结论能够证实被害人烧伤的部位主要为左右大腿部分，检查结果也显示被害人夏某左大腿外侧、右大腿后侧区可见片状皮肤创伤，被告人的该辩解与客观事实不符，本院不予采纳。鉴于被告人刘国安故意杀人系未遂，依法对其所犯故意杀人罪减轻处罚。鉴于被告人刘国安家属在本院审理期间主动缴纳赔偿款及罚金，对其酌予从轻处罚。

北京市大兴区人民法院作出如下判决：

一、被告人刘国安犯故意杀人罪，判处有期徒刑八年六个月，剥夺政治权利一年；犯盗窃罪，判处有期徒刑一年，并处罚金人民币 2000 元，数罪并罚，决定执行有期徒刑九年，并处罚金人民币 2000 元，剥夺政治权利一年；

二、扣押项链一条、耳钉一对、戒指两枚、手机一部，由扣押机关依法发还被害人夏某；

三、被告人刘国安赔偿附带民事诉讼原告人夏某医疗费、误工费、护理费、住院伙食补助费、营养费、交通费共计人民币 73032. 88 元；

四、驳回附带民事诉讼原告人夏某的其他诉讼请求。

一审宣判后，附带民事诉讼原告人夏某、被告人刘国安向北京市第二中级人民法院提起上诉。北京市第二中级人民法院裁定：

驳回夏某、刘国安的上诉，维持原判。

【法官后语】

本案审理的重点在于被告人实施暴力行为使得被害人处于昏迷、没有知觉的情形下拿走对方财物的行为应如何定性。本案中，公诉机关一开始起诉指控被告人刘国安此种行为构成抢劫罪，认为被告人刘国安的行为属于以暴力手段当场劫取他人财物，后经合议庭开庭审理认为被告人刘国安系在用手机充电线将被害人夏某勒晕之后拿走的被害人财物，当时被害人已处于昏迷状态，即被告人系在他人不知情的情况下拿走财物，属于盗窃。后经与公诉机关沟通，公诉机关也同意将指控罪名由抢劫罪更正为盗窃罪。法院对于此行为最终以盗窃罪定罪量刑。理由如下：

1. 从抢劫罪与盗窃罪的区别来看，盗窃罪是指在他人毫无防范的情况下，趁当事人不知情而偷偷将财物拿走，其客观上的主要特点就是受害人毫不知情，无所防范；而抢劫罪是指对被害人实施的强行截取财物的行为，客观上被害人是已经知道犯罪人要抢夺财物，而并非在不知情的情况下被夺走财物。本案中，被告人刘国安系在双方发生争执的情形下将被害人勒晕，也就是在被害人昏迷之前被告人并没有劫取被害人财物的故意，而是在被害人昏迷之后临时起意的。

2. 根据《最高人民法院关于审理抢劫、抢夺刑事案件适用法律若干问题的意见》第八条的规定，行为人实施伤害、强奸等犯罪行为，在被害人未失去知觉，利用被害人不能反抗、不敢反抗的处境，临时起意劫取他人财物的，应以此前所实施的具体犯罪与抢劫罪实行数罪并罚；在被害人失去知觉或者没有发觉的情形下，以及实施故意杀人犯罪行为后，临时起意拿走他人财物的，应以此前所实施的具体犯罪与盗窃罪实行数罪并罚。故从法律依据上来讲，在被害人失去知觉的情形下临时起意拿走他人财物的，亦应当认定为盗窃罪而非抢劫罪。

3. 本案中，虽然被告人供述称当时被害人尚未失去知觉，但是被害人一直称自己不知道，当时是昏迷状态。从具体证据认定中，笔者认为是否知道应当以被害人的感知为准，且从有利于被告人的原则出发认定为盗窃罪为宜。

综合上述分析，被告人在被害人失去知觉的情况下，临时起意拿走对方的财物的行为，应属于秘密窃取他人财物的行为，应认定为盗窃罪，而非抢劫罪。

编写人：北京市大兴区人民法院　陈国娟

51

盗窃过程中采用了欺诈的手段不影响案件性质的认定

——董某盗窃案

【案件基本信息】

1. 裁判书字号

四川省彭州市人民法院（2017）川0182刑初684号刑事判决书

2. 案由：盗窃罪

【基本案情】

2017年8月1日，被害人胡某到被告人董某上班的公司说要贷款15000元，被告人董某以帮助被害人胡某手机操作进行贷款的方式，在操作成功第一笔贷款人民币700元后，被告人董某谎称该笔款项为方便被害人贷款，由被告人董某所在公司转入被害人胡某的支付宝账户，由此骗取胡某的支付宝密码，并将此款转入被告人董某的支付宝账户。之后被告人董某继续操作胡某的手机进行贷款，并在当日操作贷款成功3000元人民币。该笔3000元贷款贷入胡某的支付宝账户后，被告人董某谎称贷款未成功，秘密将该3000元转入自己支付宝账户，并将胡某手机上的该笔支付宝交易记录删除。

案发后，被告人董某已将3700元现金退还被害人胡某，并取得被害人的谅解。

【案件焦点】

被告人采用欺骗的方式获取被害人支付宝密码，然后秘密转款3700元的行为性质应当认定为诈骗行为还是盗窃行为。

【法院裁判要旨】

四川省彭州市人民法院经审理认为：被告人董某用被害人的手机操作贷款，将贷款3700元转入自己的支付宝账户，并删除被害人手机上的支付宝交易记录，该盗划资金的行为被害人不可能察觉，故被告人董某以非法占有为目的，秘密窃取他人财物的行为，应当以盗窃罪论处。被告人董某在被判处有期徒刑刑罚执行完毕后五年内再犯应当判处有期徒刑以上刑罚之罪，系累犯，依照《中华人民共和国刑法》第六十五条之规定，对其从重处罚。被告人董某归案后如实供述其犯罪事实，自愿认罪，依照《中华人民共和国刑法》第六十七条第三款的规定，可对其从轻处罚。案发后，被告人董某积极退赃并取得被害人的谅解，可对其酌情从轻处罚。根据被告人董某的犯罪情节，本院在量刑时一并予以体现。据此，依照《中华人民共和国刑法》第二百六十四条、第六十五条、第六十七条第三款、第五十二条、第五十三条、第四十七条之规定，判决如下：

被告人董某犯盗窃罪，判处有期徒刑九个月，并处罚金人民币1000元。

【法官后语】

本案的争议点在于被告人在犯罪过程中既采用了欺诈的手段又有秘密窃取的行为应当按照诈骗罪还是盗窃罪来定性。盗窃是指以非法占有为目的，秘密窃取公私财物的行为；诈骗是指以非法占有为目的，采用虚构事实或者隐瞒真相的方法，骗取公私财物的行为。对既采取秘密窃取手段又采取欺骗手段非法占有财物行为的定性，应从行为人采取主要手段和被害人有无处分财物意识方面区分盗窃与诈骗。如果行为人获取财物时起决定性作用的手段是秘密窃取，诈骗行为只是为盗窃创造条件或作掩护，被害人也没有"自愿"交付财物的，就应当认定为盗窃；如果行为人获取财物时起决定性作用的手段是诈骗，被害人基于错误认识而"自愿"交付财物，盗窃行为只是辅助手段的，就应当认定为诈骗。

本案中，被告人采用欺诈的方式骗取了被害人的支付宝密码，并谎称贷款未成功作为掩饰，但被害人并不知悉自身财物情况，更没有处分财物的意愿。本案被告人通过秘密转账的形式，在被害人不知情的情况下将他人财物转移到自己账户的，实现非法占有，行为人获取财物的决定性手段是秘密窃取，并无被害人的错误意思表示。因此在窃取财物的过程中被告人采用了欺诈的方式掩饰盗窃经过，也不能改变盗窃行为的基础性，本案应当认定为盗窃罪。

编写人：四川省彭州市人民法院　刘佩云

52

以封建迷信“施法”调包的方式获取他人财物的行为构成盗窃罪

——蔡某卫盗窃案

【案件基本信息】

1. 裁判书字号

福建省永安市人民法院（2017）闽0481刑初595号刑事判决书

2. 案由：盗窃罪

【基本案情】

2017年6月底的一天，被告人蔡某卫和同案人蔡某某（在逃）预谋一起到永安搞迷信诈骗赚钱，并商量好骗到的钱对半分。二人一同乘坐班车来到永安并入住永安市江滨路的甲公寓。2017年6月28日7时许，被告人蔡某卫和蔡某某到街上寻找目标，在三明市第二医院对面人民广场马路边的人行道处，发现了被害人刘某某。被告人蔡某卫主动上前同被害人刘某某搭讪，自称他是“广东做生意的老板”，蔡某某自称是路过的“小陶人”，与刘某某一起聊天。在聊天过程中，蔡某某和蔡某卫互相配合，以蔡某卫“会法术、会变钱”为由，引起刘某某的好奇心。蔡某某假装拿出200元钱给蔡某卫，蔡某卫将200元钱装进事先准备好的空烟盒里，然后装模作样地在蔡某某手上画了个符，之后把装着钱的烟盒交给蔡某某，并让其往前走一圈回来。蔡某某趁被害人刘某某不注意时，又往烟盒里塞了200元钱，接着回到蔡某卫身边，以烟盒里面放的钱款翻倍为假象，骗取被害人刘某某的信任。随后蔡某卫以“钱越多变得越多”为借口，表示可以免费帮刘某某“施法”。刘某某信以为真，就将其老公住院看病期间亲朋好友包给的红包钱及部分借款5000元，又在ATM机上取款1000元，加上身上的现金100元，凑足6100元交给蔡某卫“施法”。为了避人耳目，蔡某卫、蔡某某谎称要在安静处才能施法，将刘某某带到永安市某小区河边一较为僻静处，蔡某卫要求刘某某将6100元放到烟盒里，而后以“画符施法”的名义转移刘某某的注意力，蔡某某趁机将装着钱的烟盒进行调包。被告人蔡某卫“施法”后，把调包好的空烟盒放进刘某某的包里，并叮嘱刘某某回去后要将其丈夫的头敲三下后再把烟盒打开，法术才能生效。随后，蔡某卫和蔡某某迅速乘车逃离了永安。

【案件焦点】

以封建迷信的方式获取被害人信任后，通过“施法”调包的方式获取他人财物的行为，构成诈骗罪还是盗窃罪。

【法院裁判要旨】

福建省永安市人民法院经审理认为：被告人蔡某卫以非法占有为目的，伙同他人利用封建迷信骗取被害人信任后，以“画符施法”的名义调包窃取他人财物其行为构成盗窃罪。公诉机关指控的罪名成立。归案后，蔡某卫能如实供述自己的主要犯罪事实，当庭自愿认罪，有一定的悔罪表现。审理过程中，蔡某卫家属积极退缴全部违法所得并取得被害人谅解，主动预缴罚金，可对蔡某卫酌情从轻处罚。

福建省永安市人民法院依照《中华人民共和国刑法》第二百六十四条、第六十七条第三款之规定，作出如下判决：

被告人蔡某卫犯盗窃罪，判处拘役四个月，并处罚金人民币2000元。

【法官后语】

本案在审理过程中，对被告人蔡某卫的行为定性，存在两种意见：

第一种意见认为，蔡某卫的行为构成诈骗罪。理由是蔡某卫等人以非法占有为目的，虚构能“钱生钱”的法术，采用封建迷信的欺骗手段骗取他人钱财，构成诈骗罪。

第二种意见认为，蔡某卫的行为构成盗窃罪。理由是蔡某卫以非法占有为目的，伙同他人利用封建迷信骗取被害人信任后，以“画符施法”的名义调包窃取他人财物。被告人蔡某卫虽然以诈骗之术骗取了被害人的信任，但在之后是采用趁被害人不备、秘密调包的手段将被害人现金盗走，被害人并无主动交付现金的意思表示，其行为符合盗窃罪的犯罪构成，应当以盗窃罪对其定罪量刑。

笔者同意第二种意见，即被告人蔡某卫的行为应认定为盗窃罪。理由是：《刑法》第二百六十四条规定，盗窃罪是指以非法占有为目的，秘密窃取公私财物数额较大或者多次盗窃公私财物的行为。而第二百六十六条规定，诈骗罪是指以非法占有为目的，采用虚构事实或者隐瞒真相的方法，骗取数额较大的公私财物的行为。从法条字面来看，盗窃罪与诈骗罪的区别较为明显，不难区分，似乎不容易混淆，但是在实践中，由于犯罪分子在实施犯罪过程中，往往同时交织使用骗取和窃取两种手段非法占有被害人的财物，此种情况下对被告人的行为如何准确定性尤为关键。

区分诈骗罪与盗窃罪的关键在于，被害人的钱是被秘密窃取的，还是其被骗产生错误认识自愿处分给犯罪嫌疑人的。根据两罪罪名的概念及本质特征，盗窃罪的本质特征是秘密窃取，而诈骗罪的本质特征是被害人基于行为人的欺诈行为对事实真相产生错误认识进而自愿处分财物。就本案而言，被告人冒充法师，诈称能将烟盒里面放的钱越变越多为借口，让被害人拿出财物给其“做法事”后再予以归还。被告人正是采取这种方式骗取被害人的信任，拿出钱款交给被告人。但是，此时被害人均认为自己的钱只是交给被告人作为“做法事”的道具而已，做完法事后被告人会归还。最后被告人能取得被害人的钱财，主要是靠在被害人没有防备的情况下调包窃取的，而不是被害人对事实真相产生错误认识进而自愿处分给他们的。可见，被告人采用欺骗的方法，只是为了让被害人拿出钱，并通过做法事让被害人放松警惕而达到使调包顺利完成的目的，因而更符合盗窃罪的“秘密窃取”特征，所以蔡某卫等人的行为应定性为盗窃罪。

编写人：福建省永安市人民法院　王军

53

主观上没有盗窃的合意，客观上却实施了盗窃的行为该如何定性

——覃某盗窃，杨某等掩饰、隐瞒犯罪所得案

【案件基本信息】

1. 裁判书字号

广西壮族自治区贵港市港北区人民法院（2017）桂0802刑初254号刑事判决书

2. 案由：盗窃罪，掩饰、隐瞒犯罪所得罪

【基本案情】

2016年年底，被告人覃某在萌生盗窃他人停放在贵港市区的汽车当废铁变卖挣钱的念头后，找到在贵港市西江农场奶牛场路畜牧所附近开废旧回收店的被告人杨某、杨某军、杨某键，谎称其是甲投资有限公司的工作人员，公司委托其出售一批别人抵押给公司的现已报废的汽车。被告人杨某、杨某军、杨某键在未核实被告人覃某的真实身份，且明知被告人覃某要出售的汽车没有合法手续、来路不明的情况下，决定一起出资向其收购。2016年12月14日晚上至次日凌晨2时许，被告人覃某指挥被告人杨某、杨某军、杨某键用叉车和货车，在贵港市港北区仙衣路旧长城酒店对面的马路边拉走一辆价值人民币1200元的田野牌皮卡车；在贵港市港北区荷城路交通银行门口拉走一辆丰田牌佳美小车；在贵港市港北区江北西路阳光99酒店门口外拉走滕某停放在该处的一辆价值人民币15000元的东风雪铁龙牌小车；在贵港市港北区江北中路金都名筑小区门口外拉走一辆价值人民币800元的汉江牌面包车和张某的一辆价值人民币4000元的长城牌越野车；在贵港市港北区江北西路汽车大修厂门外拉走覃某甲停放在该处的一辆价值人民币270元的奥迪牌小车。

被告人杨某、杨某军、杨某键将上述六辆汽车拉回废旧回收店内停放，商定15日上午付给被告人覃某购车款人民币4600元。2016年12月15日上午，被告人覃某为向被告人杨某、杨某军、杨某键解释车辆情况而前往废旧回收店时被公安民警抓获。公安机关收到贵港市港北区人民检察院《应当逮捕犯罪嫌疑人建议书》后，于2017年3月15日对被告人杨某、杨某军、杨某键实施逮捕。案发后，民警将东风雪铁龙牌小车、长城牌越野车、奥迪牌小车发还给被害人滕某、张某、覃某甲。

【案件焦点】

被告人杨某、杨某军、杨某键主观上没有盗窃的合意，客观上却实施了盗窃的行为该如何定性。

【法院裁判要旨】

广西壮族自治区贵港市港北区人民法院经审理认为：被告人覃某以非法占有为目的，秘密窃取他人财物，数额较大，其行为已触犯刑律，构成盗窃罪。公诉机关指控被告人覃某犯盗窃罪的事实清楚，证据确实、充分，指控罪名成立。

被告人杨某、杨某军、杨某键主观上没有盗窃的故意，与被告人覃某没有共谋，故他们的行为不构成盗窃罪。被告人杨某、杨某军、杨某键的辩护人提出三被告人不构成盗窃罪的辩护意见，本院予以采纳。但被告人杨某、杨某军、杨某键明知是来路不明的机动车而予以收购，他们的行为已触犯刑律，构成掩饰、隐瞒犯罪所得罪。公诉机关指控被告人杨某、杨某军、杨某键犯盗窃罪的指控不当，予以纠正。在共同掩饰、隐瞒犯罪所得犯罪中，被告人杨某、杨某军、杨某键各自分工，相互配合，均起主要作用，均是主犯，依法应当分别按照各自所参与的全部犯罪处罚。

公诉机关指控被告人覃某盗窃六辆小车，经查，根据现有到案证据无法确认其中的田野牌皮卡车、丰田牌佳美小车、汉江牌面包车的权属人，不能确定该三辆车是否属被抛弃的无主物，覃某非法占有该三辆车的行为不能认定为盗窃他人财物，故公诉机关指控被告人覃某盗窃六辆小车的指控不当，本院认定被告人覃某盗窃汽车三辆，共价值人民币19270元。认定掩饰、隐瞒犯罪所得罪，以上游犯罪事实成立为前提，故本院认定被告人杨某、杨某军、杨某键掩饰、隐瞒犯罪所得汽车三辆，共价值人民币19270元。

对被告人覃某的辩护人提出被告人覃某具有自首情节的辩护意见，根据抓获经过及被告人覃某的供述，被告人覃某前往抓捕地时没有投案的主动性，而是公安机关已经掌握线索后对其实施诱捕。故被告人覃某不构成自首。

被告人覃某到案后能如实供述其罪行并当庭自愿认罪，可以从轻处罚。

广西壮族自治区贵港市港北区人民法院依照《中华人民共和国刑法》第二百六十四条、第三百一十二条、第二十五条第一款、第二十六条第一款及第四款、第六十七条第三款、第四十五条、第四十七条、第五十二条、第五十三条与《最高人民法院关于审理掩饰、隐瞒犯罪所得、犯罪所得收益刑事案件适用法律若干问题的解释》第八条第一款的规定，作出如下判决：

一、被告人覃某犯盗窃罪，判处有期徒刑一年，并处罚金人民币5000元；

二、被告人杨某犯掩饰、隐瞒犯罪所得罪，判处有期徒刑八个月，并处罚金人民币1000元；

三、被告人杨某军犯掩饰、隐瞒犯罪所得罪，判处有期徒刑八个月，并处罚金人民币1000元；

四、被告人杨某键犯掩饰、隐瞒犯罪所得罪，判处有期徒刑八个月，并处罚金人民币1000元。

【法官后语】

对于被告人杨某、杨某军、杨某键主观上没有盗窃的合意，客观上却实施了盗窃的行为该如何定性的问题。有两种不同的意见。

第一种意见：被告人杨某、杨某军、杨某键的行为是共同盗窃，构成盗窃罪。理由是三被告人明知被告人覃某要出售的汽车没有合法手续，且来历不明的情况下，仍一起出资向被告人覃某收购汽车，并帮助搬运转移。三被告人的行为是事前无通谋的共同盗窃犯罪，应当以盗窃罪追究其刑事责任。

第二种意见：被告人杨某、杨某军、杨某键的行为构成掩饰、隐瞒犯罪所得罪。理由是被告人杨某、杨某军、杨某键与被告人覃某没有共同的盗窃犯意联络，其知道车辆是来路不明的情况下而进行收购搬运，构成掩饰、隐瞒犯罪所得罪。

笔者同意第二种意见，被告人杨某、杨某军、杨某键明知是来路不明的机动车而予以收购，构成掩饰、隐瞒犯罪所得罪。根据《关于依法查处盗窃、抢劫机动车案件的规定》第四条规定："本规定第二条和第三条中的行为人事先与盗窃、抢劫机动车辆的犯罪分子通谋的，分别以盗窃、抢劫罪的共犯论处。"该条所称的行为人就是案件中的掩饰、隐瞒犯罪所得人。同时，根据《最高人民法院关于审理掩饰、隐瞒犯罪所得、犯罪所得收益刑事案件适用法律若干问题的解释》第五条的规定："事前与盗窃、抢劫、诈骗、抢夺等犯罪分子通谋，掩饰、隐瞒犯罪所得及其产生的收益的，以盗窃、抢劫、诈骗、抢夺等犯罪的共犯论处。"而对于"事先通谋"的含义及认定标准，最高人民法院并没有明确的司法解释。因此认定盗窃的共犯，往往因为对事先通谋的认识不一致，而产生争议。在本案中，被告人杨某等三人就是这种情况，三被告人帮助被告人覃某实施了盗窃车辆的搬运行为，能否认定三人是盗窃的共犯就是看事先与覃某是否达成盗窃的通谋。

事前通谋的共同犯罪，是指共同犯罪人在着手实施犯罪之前已经形成共同犯罪故意的情况。即在动手实施犯罪以前，各共同犯罪人对犯什么罪以及如何实行犯罪等事项业以谋议，在主观上已经形成共同犯罪的故意。就本案而言，被告人覃某事前就对被告人杨某、杨某军、杨某键谎称其公司委托其出售一批报废车辆，而被告人杨某、杨某军、杨某键从事的职业就是废旧回收，从而得知，在搬运转移车辆前三被告人只是想收购报废车辆。后被告人杨某、杨某军、杨某键深夜在被告人覃某的指挥下帮助搬运转移明知来路不明的车辆，从本案的证据上看，没有证据证实被告人杨某、杨某军、杨某键已经于盗窃着手前被事先告知，被告人杨某、杨某军、杨某键和被告人覃某对于实施盗窃的行为并没有商量，缺乏共同盗窃的意思联络，不能将被告人杨某、杨某军、杨某键的行为定为事前通谋的盗窃共犯。

笔者认为被告人杨某、杨某军、杨某键的行为只属于"明知"是犯罪所得的赃物而予以转移、收购的行为，应以掩饰、隐瞒犯罪所得罪对被告人杨某、杨某军、杨某键定罪量刑。

编写人：广西壮族自治区贵港市港北区人民法院　廖冬瑜

54

多次盗窃中“次”的认定

——宁某盗窃案

【案件基本信息】

1. 裁判书字号

广西壮族自治区钦州市灵山县人民法院（2017）桂0721刑初270号刑事判决书

2. 案由：盗窃罪

【基本案情】

2017年2月至5月，被告人宁某为筹措毒资，伙同他人或独自一人，先后6次窜至灵山县灵城街道白水村委会甲凉果厂内，共盗得被害人何某存放在该处的建筑金属扣件335只，共价值人民币1366.8元。具体如下：

1. 2017年2月间，被告人宁某伙同他人3次窜至上述地点，先后盗窃被害人何某存放在该处的建筑金属扣件共计180只，共价值人民币734.4元，并全部销赃给邓某，共得赃款人民币180元；

2. 2017年3月间，被告人宁某窜至上述地点，先后两次盗窃被害人何某存放在该处的建筑金属扣件共50只，价值人民币204元，后销赃给黄某，得赃款人民币55元；

3. 2017年5月的一天，被告人宁某窜至上述地点，盗窃被害人何某存放在该处的建筑金属扣件105只，价值人民币428.4元，后销赃给谢某，得赃款人民币105元。

【案件焦点】

多次盗窃中被告人每次盗窃的数额均不大，有时候一次只有一两百元，这样的盗窃是否能认定为多次盗窃中的“一次”。

【法院裁判要旨】

广西钦州市灵山县人民法院经审理认为：被告人宁某以非法占有为目的，结伙或单独多次秘密窃取他人财物，其行为已触犯了《中华人民共和国刑法》第二百六十四条的规定，构成盗窃罪。根据被告人宁某的犯罪事实、性质、情节及对社会的危害程度，依照《中华人民共和国刑法》第二百六十四条的规定，判决被告人宁某犯盗窃罪，判处有期徒刑一年六个月，并处罚金人民币2500元。

【法官后语】

本案处理重点主要在于对被告人多次盗窃中次数的认定。2013年《最高人民法院、最高人民检察院关于办理盗窃刑事案件适用法律若干问题的解释》第三条第一款规定：“二年内盗窃三次以上的，应当认定为‘多次盗窃’。”该条解释对构成多次盗窃的时间跨度、次数都进行了规定。实践中，对于“二年内”时间上的把握相对争议不大，但是对于如何理解和判断“次”实践中却存在着不同的观点。特别是对于每“次”的犯罪数额判断在理论界与实务界都具有比较大的争议。《刑法》的规定和相关司法解释中，并没有要求多次盗窃中每次盗窃的犯罪数额都要达到定罪标准才构成犯罪，其目的就是防止犯罪嫌疑人为规避刑罚处罚，每次盗窃都不超过定罪标准的行为。“多次盗窃”入罪不要求盗窃数额累计达到数额较大，更不要求单次达到数额较大，这就出现了一个颇有争议的问题，即对于多次盗窃的每次盗窃有无社会危害性程度的要求，是不是只要能够认定为一次盗窃行为，即属于多次盗窃中的一次，哪怕仅仅是一次情节非常轻微的行为？目前大多数意见对此持否定态度，即构成多次盗窃的每次盗窃行为也应有一定的社会危害性程度要求。《浙江省高级人民法院、浙江省人民检察院、浙江省公安厅关于办理盗窃刑事案件的若干意见》第一条规定，行为人仅为充饥而窃取少量食物，因为保暖而盗窃少量衣物的行为，如果没有其他严重情节，可根据《刑法》第十三条视为犯罪情节显著轻微，不作为犯罪处理，如多次到商店仅盗窃几个面包、几瓶水等物品的行为。

具体到本案中，宁某在短短三个月的时间内先后六次秘密窃取他人财物，六次的盗窃数额累计相加为1366.8元，累计相加的犯罪数额也没有达到刑事犯罪立案标准（根据广西壮族自治区高级人民法院规定的标准，1500元以上才构成“数额较大”)，有时每次盗窃的数额只有一二百元，对于其每次盗窃行为是否都能达到一定的社会危害性程度要求，是否应对其的每次盗窃都予以刑事处罚的问题。笔者认为，构成“多次盗窃”犯罪的每次盗窃行为，以达到应受行政处罚的危害程度进行价值限定。理由有如下两点：第一，轻微危害行为的非犯罪化，是基于我国刑事处罚与行政处罚并存二元规制体系的现实考虑。在对盗窃违法犯罪行为进行打击时，二者应当各留空间，协调规制。犯罪是具有严重社会危害性的行为，将不具有严重社会危害性的轻微盗窃行为（如偶尔小偷小摸）交由《治安管理处罚法》处理，是应有之义。第二，在具体认定“多次盗窃”犯罪的每次盗窃行为时，可以从数额和情节两个方面进行危害性程度的限定。综合考虑每次盗窃财物数额以及行为的动机、时间、对象、方式，确有刑事处罚必要的，才定罪处罚。本案中，被告人宁某虽然每次盗窃的数额并不大，但是其多次均前往同一地点对同一犯罪对象进行盗窃，主观恶性强，犯罪动机明显，对被害人的正常生活造成了比较大的干扰与伤害，对于当地社会具有严重的社会危害性，其盗窃行为具有刑事处罚的必要性，其在短短三个月的时间内对同一被害人盗窃六次，已符合《刑法》规定的二年内盗窃三次以上，应当认定为多次盗窃。

编写人：广西壮族自治区钦州市灵山县人民法院　李媛

55

多次盗窃的认定

——李某某盗窃案

【案件基本信息】

1. 裁判书字号

北京市第二中级人民法院（2017）京02刑终648号刑事裁定书

2. 案由：盗窃罪

【基本案情】

1. 2016 年 11 月 28 日，被告人李某某在北京市丰台区某小区，破坏被害人李某甲停放车辆的车窗，进入车内窃取财物，后未窃取到财物，离开现场。经鉴定被害人李某甲的车辆损失为人民币 1600 元。

2. 2016 年 12 月 3 日至 4 日，被告人李某某在北京市丰台区某小区内多次采取破坏车窗的方式，进入被害人周某、吴某停放的车辆内窃取财物，窃取被害人周某人民币 100 余元。经鉴定，被害人周某的车辆损失为人民币 500 元，被害人吴某驾驶的车辆损失为人民币 350 元。

3. 2016 年 12 月 2 日至 12 月 4 日，被告人李某某在北京市丰台区某停车场内，采取破坏车窗的方式，进入被害人李某乙的车辆中窃取财物，未窃取到财物后离开现场，经鉴定被害人李某乙的车辆损失为人民币 350 元。

4. 2016 年 12 月 6 日至 12 月 13 日，被告人李某某在北京市丰台区某小区二区、三区先后采取破坏车窗的方式，进入被害人赵某、肖某、李某丙、戎某、孙某、刘某停放的车辆，窃取财物。窃取被害人赵某人民币 80 余元，被害人李某丙人民币 300 元左右，被害人孙某人民币 700 元左右。经鉴定，被害人肖某的车辆损失为人民币 600 元，被害人赵某的车辆损失为人民币 300 元，被害人李某丙的车辆损失为人民币 350 元，被害人戎某的车辆损失为人民币 430 元，被害人孙某的车辆损失为人民币 350 元，被害人刘某的车辆损失为人民币 350 元。

被告人李某某于 2016 年 12 月 23 日在通州区某地被民警抓获。被告人李某某家属已代其退赔了吴某、周某、李某乙、赵某、肖某、李某丙、戎某、刘某、孙某驾驶或者所有的车辆损失及车内经济损失。其余被害人表示不再要求被告人李某某赔偿车辆损失，但要求法庭对被告人李某某从重处罚。

【案件焦点】

如何认定“多次盗窃”。

【法院裁判要旨】

北京市丰台区人民法院经审理认为：被告人李某某采取破坏性手段多次盗窃他人财物，其行为已构成盗窃罪，应予处罚。北京市丰台区人民检察院指控被告人李某某犯盗窃罪的主要事实清楚，证据确实充分，罪名成立。被告人李某某关于其没有砸坏被害人李某甲的车窗进行盗窃的辩解，与本案已查明的证据证明的事实不符，本院不予采纳。被告人李某某多次以破坏性手段盗窃他人财物，危害后果严重，故对辩护人提出的被告人李某某主观恶性较小的辩护意见，本院不予采纳；辩护人的其余辩护意见，本院酌予采纳。北京市丰台区人民检察院指控被告人李某某采取破坏车窗的方式，进入被害人万某、赵某、高某的车辆中窃取财物的证据不足，本院不予支持。鉴于被告人李某某认罪态度较好，能如实供述主要犯罪事实，已退赔部分被害人经济损失并取得其中部分被害人谅解，故对其予以从轻处罚。

北京市丰台区人民法院依照《中华人民共和国刑法》第二百六十四条、第六十七条第三款、第五十二条、第五十三条、第六十一条、第六十四条之规定，判决如下：

一、被告人李某某犯盗窃罪，判处有期徒刑一年六个月，并处罚金人民币2000元；

二、随案移送作案工具手电筒一个、手套一副、棉袄一件、裤子一条、鞋一双，依法予以没收。

李某某持原审辩解提起上诉。

北京市第二中级人民法院经审理认为：上诉人（原审被告人）李某某以非法占有为目的，多次以破坏性手段盗窃他人财物，其行为已构成盗窃罪，依法应予惩处。鉴于李某某退赔部分被害人经济损失并取得部分被害人谅解，可酌予从轻处罚。原审人民法院根据李某某犯罪的事实、犯罪的性质、情节以及对于社会的危害程度作出的判决，定罪及适用法律正确，量刑适当，对扣押物品的处理亦无不当，审判程序合法，应予维持。

北京市第二中级人民法院依照《中华人民共和国刑事诉讼法》第二百二十五条第一款第一项①之规定，裁定如下：

驳回李某某的上诉，维持原判。

【法官后语】

本案发生于2016年11月至12月，被告人李某某于案发当夜凌晨砸毁汽车玻

① 对应2018年《刑事诉讼法》第二百三十六条第一款第一项。

璃后盗窃车内物品，经审理认定的盗窃金额为现金人民币1180元，造成十名车主汽车玻璃损失人民币共5180元。根据被告人李某某供述，其选取被砸车辆并没有针对性，只是夜间逛到该小区就随机选取了犯罪对象，根据审理查明的事实，被告人李某某在有些车辆中并没有窃得财物，在剩余多辆汽车中窃得现金金额也只有1180元，但被告人的行为导致被害人车辆受损，花费了时间、金钱维修车辆，很多被害人表示，被害人的行为浪费了自己大量时间处理后续事宜，社会危害性很大，部分被害人表示不再要求被告人李某某赔偿车辆损失，但要求法庭对被告人李某某从重处罚。被告人选取作案车辆没有针对性，不在车内留存财物并不能避免车辆被砸引发盗窃行为的厄运。

本案被告人提出其没有砸坏被害人李某甲、万某、高某、赵某的汽车车窗进行盗窃。经查，在案监控录像显示，2016年11月28日2时3分，一名戴口罩的男子出现在北京市丰台区某小区现场，对涉案车辆进行观察后离去，2时5分，相同体貌特征的男子从离去的方向返回案发现场实施盗窃。李某某亦承认第一次出现在画面中的男子是其本人，结合李某某在公安机关的供述，在案证据足以认定李某某实施砸坏被害人李某甲的汽车车窗进行盗窃的事实。对于北京市丰台区人民检察院指控被告人李某某采取破坏车窗的方式，进入被害人万某、赵某、高某的车辆中窃取财物的事实，虽有监控录像显示类似体貌特征的人出现于案发当日小区附近公路，但被告人不认可监控录像中的人是其本人，结合在案其他证据，不能排除合理怀疑，对公诉机关指控的上述事实，本院不予支持。在审查证据的过程中发现部分路段监控录像画面清晰度差，难以作为定案证据采信，建议有关部门对监控设施进行优化升级。

本案中，被害人一共砸毁十辆汽车玻璃进行盗窃。分别在某小区二区一辆，某小区14号楼下一辆，五号楼与六号楼之间一辆，某停车场一辆，某小区二区、三区不同地点共7辆，车辆位置不连续，分四个晚上作案。被告人在四个时间的不同地点作案，车辆位置不连续，认定为多次盗窃是毫无疑问的。但是对于多次盗窃次数的计算，有不同意见：一种意见认为，对于“多次”的认定可以参照《最高人民法院关于审理抢劫、抢夺刑事案件适用法律若干问题的意见》第三条的规定，对于“多次”的认定，应以行为人实施的每一次抢劫行为均已构成犯罪为前提，综合考虑犯罪故意的产生、犯罪行为实施的时间、地点等因素，客观分析、认定。对于行为人基于一个犯意实施犯罪的，如在同一地点同时对在场的多人实施抢劫的；或基于同一犯意在同一地点实施连续抢劫犯罪的，如在同一地点连续地对途经此地的多人进行抢劫的；或在一次犯罪中对一栋居民楼房中的几户居民连续实施入户抢劫的，一般应认定为一次犯罪。另一种意见认为，抢劫罪是严重危害公私财物所有权和公民的人身权利的暴力犯罪，刑法对于多次抢劫，应判处十年以上有期徒刑、无期徒刑或者死刑，并处罚金或者没收财产。而将多次盗窃入罪，是因为有些被告人多次犯罪却因数额未达到数额较大而无法进行刑事处罚，如盗窃3次，涉案金额总计不足1000元的社会危害性并不一定比一次盗窃涉案金额2000元小，此种立法背景下，如果对于多次的认定像“多次抢劫”一样，不符合立法本意。笔者同意后一种观点，本案中定罪部分，认定多次没有争议，量刑部分，倾向于同一小区不同位置砸一辆车就可以单独算一次予以考虑增加刑期。

编写人：北京市丰台区人民法院　隗合佳

56

盗窃案被告人偷开机动车的，盗窃数额如何认定

——陆柏某、廖业某盗窃案

【案件基本信息】

1. 裁判书字号

广西壮族自治区钦州市钦北区人民法院（2017）桂0703刑初70号刑事判决书

2. 案由：盗窃罪

【基本案情】

2016年11月上旬，被告人陆柏某（网名：等待）、廖业某（网名：总是在梦里）通过QQ聊天工具共同商量实施偷牛行为并将牛群运到集市销售，为方便运送牛群，两人谋划偷开一辆货车作为运输工具。2016年11月9日21时许，被告人廖业某窜至南宁市兴宁区兴东路靠广西国有高峰林场厢竹小区路段北侧路边停车位，

偷开了被害人施某停放在该处的一辆蓝色小型汽车。被告人廖业某驾驶该车与被告人陆柏某会合后，二人于2016年11月11日凌晨共同窜至钦州市钦北区板城镇那觅村委那觅十六队被害人陆某某老家瓦房内，盗走被害人陆某某的1头体重约225公斤的母牛、1头体重约200公斤的公牛、1头体重约175公斤的母牛以及1头体重约50公斤的小牛，并将所盗窃的牛群运到南宁市沙井镇牛市进行销售，得款9700元（人民币，下同）。销赃后，被告人廖业某将所偷开的车辆丢弃在牛市附近。经鉴定，被告人廖业某偷开的蓝色小型汽车价值32000元，被害人陆某某被盗的四头牛价值合计26000元（其中体重约225公斤的母牛价值9000元、体重约200公斤的公牛价值8000元、体重约175公斤的母牛价值7000元、体重约50公斤的小牛价值2000元）。

另查明，2016年11月17日、11月22日，被告人廖业某、陆柏某先后在广西南宁市长岗岭长岗村廖业某的租屋处、钦州市钦北区板城镇那觅村委那觅十六队35号被公安民警抓获。案发后，被告人廖业某带公安民警到南宁市沙井镇牛市附近提取其偷开的蓝色小型汽车，公安民警业已将该车发还给被害人施某；被告人廖业某、陆柏某的家属代他们向被害人陆某某各赔偿了13000元，合计赔偿了26000元，被害人陆某某对被告人廖业某、陆柏某表示谅解。

【案件焦点】

1. 四头黄牛是否为被告人陆柏某所有，其是否构成盗窃罪；2. 被告人陆柏某、廖业某偷开机动车，机动车的价值是否计入盗窃数额。

【法院裁判要旨】

广西壮族自治区钦州市钦北区人民法院经审理认为：关于被告人陆柏某辩解四头黄牛均系属其所有，其不应构成盗窃罪的意见。经查，被告人陆柏某在侦查阶段曾供述其知晓所盗的牛的主人系被害人陆某某，其供述的偷牛预谋、时间、地点、过程、所盗四头牛的具体特征等情形，与聊天记录、被害人陆某某的陈述、被告人廖业某的供述相互佐证，其亦对偷牛现场作了辨认，足以认定。被告人陆柏某辩解所盗的四头牛系属其所有，未能提供相关证据证实，其辩解无事实依据，理由不成立，故对其所提上述辩解意见，本院不予采纳。

关于被告人廖业某的辩护人认为被告人廖业某偷开机动车作为犯罪工具使用后

没有非法占有的故意，也没有造成车辆丢失，被盗货车的价值不应计入盗窃数额的意见。经查，被告人廖业某、陆柏某在侦查阶段均曾供述两人为便于拉运牛群遂决定“偷”一辆车作为运输工具，被告人廖业某供述曾提及“偷开后卖牛再还回来”，在聊天记录中亦曾多次提及拉运牛群的车辆“不能留着”“把车子丢了”，甚至建议租车偷牛，二被告人在侦查阶段的供述和作案前的聊天记录均证实二被告人的主要目的是偷牛，偷开车辆是为了方便运送牛群，结合被告人廖业某遗弃车辆在牛市的行为，被告人陆柏某、廖业某非法占有偷开的车辆的故意并不明确，故二被告人将涉案车辆开走的行为属于偷开他人机动车；且被告人廖业某带公安民警提取其偷开的涉案车辆，涉案车辆业已发还给被害人施某，并未造成丢失，根据《最高人民法院、最高人民检察院关于办理盗窃刑事案件适用法律若干问题的解释》第十条第二项的规定，“……为盗窃其他财物，偷开机动车作为犯罪工具使用后非法占有车辆，或者将车辆遗弃导致丢失的，被盗车辆的价值计入盗窃数额……”，本案涉案车辆的价值不应计入盗窃数额，被告人陆柏某、廖业某的盗窃数额应为26000元，故被告人廖业某的辩护人所提上述辩解，本院予以采纳。

广西壮族自治区钦州市钦北区人民法院依照《中华人民共和国刑法》第二百六十四条、第二十五条第一款、第二十六条第四款、第五十二条、第五十三条、第六十一条、第六十七条第三款，《最高人民法院、最高人民检察院关于办理盗窃刑事案件适用法律若干问题的解释》第一条第一款、第十条第二项、第十四条的规定，判决如下：

一、被告人陆柏某犯盗窃罪，判处有期徒刑一年，并处罚金人民币6000元；

二、被告人廖业某犯盗窃罪，判处有期徒刑十个月，并处罚金人民币6000元。

【法官后语】

本案争议焦点主要在于对盗窃数额的认定。《最高人民法院、最高人民检察院关于办理盗窃刑事案件适用法律若干问题的解释》第十条规定：“偷开他人机动车的，按照下列规定处理：（一）偷开机动车，导致车辆丢失的，以盗窃罪定罪处罚；（二）为盗窃其他财物，偷开机动车作为犯罪工具使用后非法占有车辆，或者将车辆遗弃导致丢失的，被盗车辆的价值计入盗窃数额；（三）为实施其他犯罪，偷开机动车作为犯罪工具使用后非法占有车辆，或者将车辆遗弃导致丢失的，以盗窃罪和其他犯罪数罪并罚；将车辆送回未造成丢失的，按照其所实施的其他犯罪从重处罚。”

认定陆柏某、廖业某偷开的机动车的价值是否计入盗窃数额的关键在于陆柏某、廖业某主观上是否具有非法占有的目的或客观上是否遗弃机动车导致丢失。综合本案证据，笔者认为陆柏某、廖业某偷开的机动车的价值不应计入盗窃数额。主要理由如下：

1. 二被告人主观上不以非法占有机动车为目的

根据《刑法》第二百六十四条及《最高人民法院、最高人民检察院关于办理盗窃刑事案件适用法律若干问题的解释》第十条的规定，偷开机动车实施盗窃同种犯罪后，非法占有机动车的，被盗机动车价值计入盗窃数额；实施不同种犯罪后，非法占有机动车的，以盗窃罪与其他犯罪数罪并罚。可见，成立盗窃罪或计入盗窃数额与否，在于行为人偷开机动车，主观上是否具有非法占有的故意，如具有非法占有的故意，则成立盗窃罪或计入盗窃数额，反之则不然。本案中，二被告人主观上非法占有偷开的机动车辆的故意并不明确，不宜认定其偷开机动车辆的行为系以非法占有为目的。

2. 二被告人客观上遗弃车辆的行为未导致车辆丢失

如前所述，偷开机动车，以非法占有为目的，固然以盗窃罪定罪处罚或将机动车价值计入盗窃数额。而如不以非法占有为目的，客观上造成车辆丢失的，亦以盗窃罪定罪处罚或将车辆价值计入盗窃数额；未造成车辆丢失，则作为与盗窃不同种犯罪的从重处罚情节。可见，行为人偷开机动车，不以非法占有为目的，未造成机动车丢失的，不宜将其偷开机动车的行为评价为盗窃犯罪行为，不宜将该机动车辆的价值计入盗窃数额。

编写人：广西壮族自治区钦州市钦北区人民法院　邱瑛淇

57

被盗的可补办但不可兑现的记名有价票证盗窃金额的认定

——王会某盗窃案

【案件基本信息】

1. 裁判书字号

广东省珠海市中级人民法院（2017）粤04刑终200号刑事判决书

2. 案由：盗窃罪

【基本案情】

2016年第11届珠海航展举办前夕，被告人王会某欲盗窃航展入场凭证倒卖获利。2016年10月30日14时许，被告人王会某来到珠海市金湾区航展馆门口，并尾随两名外国人混进航展馆，寻找作案目标。15时许，被告人王会某发现两名男子（其中一人为航科某院职员付某某）将一批证件放在一个纸袋里，便一路尾随，在3号馆门口趁两名男子将纸袋放在地上办其他事情之机，将该纸袋盗走。被盗取的多次专业观众入场证上印有持证人照片和姓名、单位、职务等多项个人信息，单次专业观众入场证上没有照片，但印有持证人姓名、单位、职务等多项个人信息，被盗取的车证上有车牌号码，因上述票证信息明确，被告人王会某感觉无法出售获利，便将6张车证丢弃，将观众入场证带回住处藏匿。

纸袋被盗后，付某某报案，航科某院以100元/张的价格补办了上述被盗票证。公安机关经侦查，确定被告人王会某有重大作案嫌疑，于2016年11月4日将其抓获归案，在其住处扣押了多次专业观众入场证138张、单次专业观众入场证90张，后发还付某某。上述多次专业观众入场证、单次专业观众入场证、车证的购买单价分别为1000元、600元、800元，总购买价为196800元。

航科某院在2016年10月24日向珠海航展有限公司付款214600元，用于办理单次专业观众入场证93张（每张600元）、多次专业观众入场证154张（每张1000

元）、车证6张（每张800元），并要求将上述购票款发票开在“某院”等14家单位名下。在办证过程中，有3张单次专业观众入场证、11张多次专业观众入场证未通过审批（合计办证费用12800元），航科某院和珠海航展有限公司确认就未通过审批证件不予退款。

2016年11月4日，珠海航展有限公司按照航科某院的要求开具了总金额为214600元的发票14张。

公安机关就上述被扣押的228张入场证委托鉴定，认定上述证件的规格型号为PVC塑料，11cm×7.5cm，按照制作成本价计算，单价17元，共价值3876元。

另查明，被告人王会某因犯赌博罪，于2013年5月31日被判处有期徒刑六个月，并处罚金人民币5000元，于2013年7月10日刑满释放。

【案件焦点】

1. 盗窃数额应以被盗票证的购买价还是制作票证的成本价来确定；2. 被告人王会某系盗窃既遂还是盗窃未遂。

【法院裁判要旨】

广东省珠海市金湾区人民法院经审理，以被盗票证的购买价确定盗窃数额，结合累犯、犯罪未遂的量刑情节，判决如下：

被告人王会某犯盗窃罪，判处有期徒刑二年三个月，并处罚金人民币10000元。

被告人王会某不服一审判决，提起上诉。

广东省珠海市中级人民法院经审理认为：首先，上诉人王会某以航展入场凭证为盗窃目标，本案被盗票证属于入场凭证。其次，上诉人王会某所盗的入场凭证是权利凭证，代表着享受一定权利或服务的资格，此种资格才是其盗窃目标，因此，不能把是否取得入场凭证本身作为区别盗窃既遂或未遂的标准，如果权利凭证实际上并没有兑现的可能，其所承载的权利或服务不能被原权利人以外的其他人使用，应作盗窃未遂处理。本案中，上诉人王会某所盗证件不具备兑现可能性，因此，其盗窃行为属于未遂，其上诉主张以制作证件的成本作为盗窃金额且已既遂理由不成立，不予采纳。最后，上诉人王会某实质是想倒卖入场凭证所承载的权利，而取得航展入场资格需要支付相应对价，因此，应当以购买被盗证件的价格作为盗窃数额，上诉人王会某上诉主张以被盗票证的制作成本作为盗窃数额于法无据，不予采纳。原判决认定事实清楚，审判程序合法，但根据上诉人王会某的犯罪性质、罪行的严重程度及其犯罪行为造成的后果，原判决量刑过重，应予以纠正。

广东省珠海市中级人民法院依据《中华人民共和国刑法》第二百六十四条、第二十三条、第六十五条第一款、第六十七条第三款、第五条、第五十二条、第五十三条，《最高人民法院、最高人民检察院关于办理盗窃刑事案件适用法律若干问题的解释》第十二条第一款，《中华人民共和国刑事诉讼法》第二百二十五条第一款第二项①之规定，作出如下判决：

一、维持珠海市金湾区人民法院（2017）粤0404刑初10号刑事判决中对上诉人王会某的定罪部分；

二、撤销珠海市金湾区人民法院（2017）粤0404刑初10号刑事判决中对上诉人王会某的量刑部分；

三、上诉人王会某犯盗窃罪，判处有期徒刑一年十个月，并处罚金人民币10000元。

【法官后语】

公诉机关主张盗窃金额为被盗票证的购买价，因为被盗票证不具有兑现的可能性，故是犯罪未遂。被告人王会某及其辩护人主张盗窃金额为被盗票证的制作成本价，因为已经盗得票证，应为既遂。本案的关键在盗窃金额的认定上，确定了盗窃金额的认定方法，就间接解决了犯罪既遂、未遂的问题，故应着重对盗窃金额的认定方法进行分析。

1. 被盗记名有价票证的法律依据分析

本案被盗的有价票证系可补办但不可兑现的记名有价票证。《最高人民法院、最高人民检察院关于办理盗窃刑事案件适用法律若干问题的解释》第四条、第五条对盗窃数额的认定方法作出了规定，虽然本案被盗的有价票证有发票、证明等证实其有效价格，但本案并没有直接适用该司法解释第四条第一项的规定，因为：第一，从有价票证盗窃数额认定的规定的必要性来说，有价票证的盗窃数额认定涉及

① 对应2018年《刑事诉讼法》第二百三十六条第一款第二项。

多种情况，如不加以区分，直接按有效价格认定，会违反罪责刑相适应的原则；第二，第四条第一项是对盗窃数额认定的一般性规定，而第五条是对有价票证盗窃数额认定的专门性规定，根据特别规定优先于一般规定的原则，应优先采用第五条的规定。当然，第四条第一项和第五条并非对立排斥的关系，两者有交叉，如没有兑现，失主无法通过挂失、补领、补办手续等方式避免损失的，按照给失主造成的实际损失计算盗窃数额，如果失主的实际损失为记名有价票证的价值，那么记名有价票证的有效价格就成了认定盗窃金额的依据；本案中确定按被盗票证的购买价确定盗窃金额后，有效价格就成了确定购买价的直接依据。

2. 被盗记名有价票证盗窃金额的认定方法

该司法解释第五条第二项规定了记名有价票证的盗窃金额认定方法，即已经兑现的，按照兑现部分的财物价值计算盗窃数额；没有兑现的，但失主无法通过挂失、补领、补办手续等方式避免损失的，按照给失主造成的实际损失计算盗窃数额。该条规定没有明确可补办但不可兑现的记名有价票证盗窃数额的认定方法。该条规定的记名有价票证盗窃数额认定的前提条件是可兑现的记名有价票证，其所传递的法律精神是按照违法所得或被害人的实际损失来认定盗窃数额。而本案不能简单、直接地采纳该条规定或其所体现的法律精神，首先，本案记名有价票证不具备兑现的可能性；其次，被告人王会某并没有取得违法所得，被害人的实际损失是补办费用，如果简单地按照违法所得来计算则有失公正。故本案回归到盗窃罪的本质，从犯罪构成出发，结合被告人王会某的犯罪动机、目的、犯罪对象所承载的资格、权利和服务的价值等进行深入分析，从而认定。

编写人：广东省珠海市金湾区人民法院　袁晓燕

58

盗窃罪中未估价财物的数额认定

——李某某盗窃案

【案件基本信息】

1. 裁判书字号

江苏省无锡市锡山区人民法院（2017）苏0205刑初604号刑事判决书

2. 案由：盗窃罪

【基本案情】

2017年6月16日凌晨，被告人李某某与李某甲（未成年人）商议盗窃被害人赵某某的一辆摩托车，李某甲介绍罗某某（未成年人）加入。随后，李某甲与他人在无锡市锡山区安镇街道沈更巷口附近等候，被告人李某某和罗某某合乘一辆摩托车至无锡市锡山区锡北镇甲小区××号西侧停车场，采用罗某某推车、李某某骑在摩托车上从后面用脚蹬的手法将被害人赵某某停在该处的涉案摩托车推至沈更巷路口与李某甲会合。之后，被告人李某某采用搭线的方式将涉案摩托车启动，李某甲将该摩托车开至无锡市锡山区安镇街道乙小区地下停车场隐藏。当天下午，被告人李某某驾驶涉案摩托车前往常州，因摩托车发生故障且维修费用较高，李某某遂以人民币（下同）2000元的价格将该摩托车卖给李某。

经查，涉案摩托车由被害人赵某某于2017年5月24日以28000元的价格向原车主辛柯某购买。经民警及无锡市锡山区价格认证中心工作人员联合走访调查，涉案摩托车在案发日的非正常市场交易价格为12000~13000元。案破后，涉案摩托车已由公安机关追缴并发还给被害人赵某某。

被告人李某某认为称涉案摩托车系2005年出产，现在的利用价值没有这么大，其觉得仅价值八九千元。

【案件焦点】

盗窃犯罪中，涉案物品未能估价的情况下如何认定盗窃的数额。

【法院裁判要旨】

江苏省无锡市锡山区人民法院经审理认为：关于涉案摩托车的价值，由被害人的陈述、证人证言、相关转账支付凭证及相关市场交易价格予以证实，被告人李某某仅凭主观猜测估算摩托车的价值但未提供相关证据予以证明，该辩解意见，不予采纳。被告人李某某以非法占有为目的，秘密窃取公私财物，数额已经达到了较大的标准，其行为已构成盗窃罪，依法应予惩处。

据此，依照《中华人民共和国刑法》第二百六十四条、第六十五条第一款、第六十七条第三款之规定，作出如下判决：

被告人李某某犯盗窃罪，判处有期徒刑八个月，并处罚金人民币2000元。

【法官后语】

本案处理重点主要在于对盗窃数额的认定。

《最高人民法院、最高人民检察院关于办理盗窃刑事案件适用法律若干问题的解释》（法释〔2013〕8号）第四条对盗窃数额的认定有这样的规定：“盗窃的数额，按照下列方法认定：（一）被盗财物有有效价格证明的，根据有效价格证明认定；无有效价格证明，或者根据价格证明认定盗窃数额明显不合理的，应当按照有关规定委托估价机构估价……”。

具体到本案而言，涉案的被盗摩托车系未上市流通的物品，被害人通过私人渠道购买所得，相关的购买价格是买卖双方根据商品的实际价值、稀有程度、购置难易程度及个人喜好等因素议价而得，在刑事案件审理中不能将这种支付凭证简单认定为被盗财物的“有效价格证明”，需要估价机构进行有效估价。

但是，估价机构对于被盗财物价格认定的基础、依据、方法等亦有相关的要求，2014年11月15日国家发展改革委价格认证中心印发的《被盗财物价格认定规则（试行）》中规定“被盗财物价格认定常用方法有市场法、成本法、专家咨询法”，实践中较常使用的是市场法和成本法，而这些认定方法的基础在于被盗财物存在于流通领域，具有充分发育的、较为稳定的交易市场，能够搜集到“相关交易实例和正常价格信息”，有“政府定价”“政府指导价”和“市场调节价”。本案中的被盗财物不存在于流通领域，没有稳定的交易市场，往往仅在一定地区范围内的一些摩托车爱好者、俱乐部中进行私下交易，且价格波动较大。因此，估价机构对此类物品一般不会出具正式的《价格认定结论书》，这就给法院认定盗窃数额增加了难度。

在此情况下，本案中，法院在认定盗窃数额并据此确定是否达到定罪标准及量刑幅度时，一方面参考了“涉案摩托车系由被害人在2017年5月24日以28000元的价格购买”“2017年6月16日被盗”“经走访调查涉案摩托车在案发日的非正常市场交易价格为12000~13000元”等事实，充分考量成本、折旧、被害人的损失等因素，认定盗窃数额已经达到江苏省地区关于盗窃犯罪2000元“数额较大”、而尚未达到“数额巨大”；另一方面不同于其他盗窃案件主要凭借盗窃数额确定量刑幅度，而是综合考虑被告人的犯罪事实、认罪悔罪态度及赃物追缴情况等情节在法定刑之内作出八个月有期徒刑的判决，依法惩治犯罪的同时做到罚当其罪。

编写人：江苏省无锡市锡山区人民法院　林琳

59

盗骗行为交织案件中行为的定性

——张某盗窃案

【案件基本信息】

1. 裁判书字号

北京市第一中级人民法院（2017）京01刑终735号刑事裁定书

2. 案由：盗窃罪

【基本案情】

2017年3月2日，被告人张某在北京市门头沟区北京甲商贸有限公司内，向被害人范某提出要购买乙牌香烟10条、丙牌香烟10条、丁牌二锅头白酒1箱、戊牌香烟2条、己牌香烟2条等用于送礼。被害人备完货后，被告人张某将一张银行卡

（余额 90 余元）交给被害人，告知其错误密码并称要到店外看看车来了没有，趁被害人刷卡之机，将备好的戊牌香烟 2 条、己牌香烟 2 条（价值人民币 1950 元）窃走。2017 年 3 月 30 日，被告人张某在北京市门头沟区北京庚副食品商店内，向被害人崔某提出要购买啤酒 5 箱、辛牌白酒 1 箱、戊牌香烟 6 条、己牌香烟 10 条等用于婚宴。被害人备完货后，被告人张某将一张银行卡交给被害人，告知其错误密码并称要出去开车拉货，将备好的戊牌香烟 6 条、己牌香烟 10 条（价值人民币 7440 元）带出商店后乘坐事先打好的车离开。2017 年 4 月 12 日，被告人张某在北京市门头沟区北京壬商贸中心内，向被害人郭某提出要购买己牌香烟 5 条、戊牌香烟 5 条、啤酒 4 箱等用于婚宴。被害人备完货后，被告人张某将一张银行卡交给被害人，告知其错误密码并称要出去取车拉货，趁他人买烟之机，将戊牌香烟 5 条、己牌香烟 5 条（价值人民币 5000 元）窃走。被告人张某于 2017 年 4 月 15 日被民警抓获归案。

公诉机关认为，被告人张某虽然使用欺骗手段使被害人陷入错误认识，但该错误认识并未使被害人产生处分财产的意识，被害人允许被告人将香烟带离商店的行为亦非处分财产的行为，被告人是在被害人戒备松懈的情况下将香烟带离被害人控制范围，进而占有被害人财产。被告人张某以非法占有为目的，窃取他人财物，数额较大，应当以盗窃罪定罪量刑。

被告人张某及其辩护人认为被害人基于被告人张某还会回到店中结账取货的错误认识，允许被告人将香烟带出店外，故被害人系因陷入错误认识而对香烟做出了处分行为，被告人张某的行为应认定为诈骗罪。

【案件焦点】

行为人采取盗骗交织行为非法占有他人财物的，构成盗窃罪还是诈骗罪。

【法院裁判要旨】

北京市门头沟区人民法院经审理认为：被告人张某以非法占有为目的，利用虚构的事实使被害人放松对自身财物的保护意识，进而窃取他人财物，数额较大，其行为已构成盗窃罪，应依法惩处。北京市门头沟区人民检察院指控被告人张某犯盗窃罪的事实清楚，证据确实、充分，罪名成立。本案系在即时买卖过程中发生，不存在赊账交易情形，根据一般的社会观念，出卖一方只有在收取货款后才会处分货物。虽然被告人张某虚构了商品买卖的事实，虚构了出去开车马上返回结账的事实，并将银行卡、手机等物交予被害人以强化其虚构事实的可信度，被害人亦信以为真，但这并不会使被害人产生处分财物的意识。虽然被告人张某在被害人的默许下将香烟带离商店，但在被害人的观念中，被告人只是携带部分货物短时离开，马上会回来付清全部货款，在货款尚未付清之前，被害人不会放弃对香烟的占有，故被告人张某取得财物的直接行为并非其实施的欺骗行为，而是其利用被害人在错误认识下防备松懈之际实施的取财行为及后续的逃离行为。

综上，被告人张某的行为应认定为盗窃罪。其关于自己行为性质应为诈骗罪的辩解意见和辩护人的相应辩护意见，本院不予采纳。被告人张某能够如实供述罪行，其对案件性质的辩解不影响坦白的认定及从轻幅度，对其可依法从轻处罚；其曾因犯盗窃罪、合同诈骗罪两次被判处有期徒刑，此次又重新犯盗窃罪且多次盗窃，本院在对其裁量刑罚时对上述情节予以酌情考虑。公诉机关及辩护人的相应量刑意见，本院予以采纳。综上，依照《中华人民共和国刑法》第二百六十四条、第六十七条第三款、第五十二条、第五十三条、第六十四条，《最高人民法院、最高人民检察院关于办理盗窃刑事案件适用法律若干问题的解释》第二条第一项的规定，判决如下：

一、被告人张某犯盗窃罪，判处有期徒刑一年四个月，罚金人民币2000元；

二、责令被告人张某退赔赃款人民币14390元，发还范某人民币1950元，发还崔某人民币7440元，发还齐某人民币5000元；

三、随案移送的银行卡三张、手机一部、衣服一件、帽子一顶，予以没收。

张某持原审辩解提起上诉。

北京市第一中级人民法院经审理认为：张某以非法占有为目的，窃取他人财物，数额较大，其行为已构成盗窃罪，依法应予惩处。经查，一审法院根据张某犯罪的事实、犯罪的性质、情节及对于社会的危害程度所作出的判决，事实清楚，证据确实、充分，定罪及适用法律正确，量刑适当，审判程序合法，应予维持。故张某的上诉理由，不能成立，应予驳回。

北京市第一中级人民法院依照《中华人民共和国刑事诉讼法》第二百二十五

条第一款第一项[①]的规定，作出如下裁定：

驳回上诉，维持原判。

【法官后语】

我国《刑法》第二百六十四条、第二百六十六条对盗窃罪和诈骗罪的罪状规定比较简单，直接以“盗窃”和“诈骗”叙明两罪的罪状，但没有明示犯罪客观行为的结构。盗骗行为相交织的侵财犯罪中，既有行为人在实施骗术过程中加入秘密窃取行为，也有行为人在窃取行为中通过欺诈掩盖盗窃行为，或者交错实施窃取、骗取行为。被告人行为手段的复杂多变性导致办案过程中对该类犯罪是认定盗窃罪还是诈骗罪产生定性分歧。

理论上认为盗窃罪与诈骗罪区分的关键在于被害人是否基于认识错误而处分财产，如果不存在处分财产的事实，则不可能成立诈骗罪。笔者在审理该类案件过程中发现，被害人多是“自愿”将财物交给被告人，并在“交付”后一定时间内，被告人取得财物。有观点认为被害人在此情境下，只是放松了对财物的占有控制状态，属于占有弛缓的情形，财物的占有权在法律上并未转移到被告人，即被害人并未对财物作出处分。但另有观点则认为，财物一旦“交付”即处分行为的完成，被害人受骗产生错误认识而“自愿”处分财物的，应当成立诈骗罪。理论及司法实践对该类财产性犯罪的定性仍没有统一的适用标准，导致同案不同判的现象，司法机关对盗骗类案件的理解也大相径庭。例如，有的案件中，公安机关报捕的罪名为诈骗罪，而检察院审查逮捕认定罪名为盗窃罪。

在本案中，张某非法占有目的得逞的原因是其实施了窃取的行为。张某虽然使用了虚构事实、隐瞒真相的欺骗方法，但并未能使被害人“自愿”实施处分财产的行为，只是使被害人放松了对自身财物的保护意识，为其下一步实施窃取行为创造条件。对于被害人而言，张某付款，被害人将财物全部转移给张某，这才是完整的处分财产的行为，被害人默认张某拿走烟时，根据社会的一般观念，财物仍然由被害人占有。具体而言，张某拿走烟是基于对社会交往普遍心理的一种认识，即其认识到被害人碍于各种社会规则不会出言阻止其行为的心理，以欺骗性的行为取得被

---

① 对应2018年《刑事诉讼法》第二百三十六条第一款第一项。

害人的信赖，但上述行为不足以致使被害人陷入错误认识进而处置财物，因此，被害人对张某拿烟的行为认识是：短时间内张某就会回来，这个阶段属于全部货物交付前的准备阶段，被害人“默认”张某拿走烟的行为不应视为向张某转移占有了财物，即被害人并未实施处分行为。张某拿烟离开店后，即将被害人事实上占有的财物转移到自己的控制之下，并迅速脱离被害人的控制范围，这是典型的窃取行为。

在盗骗行为交织类案件中，应以获取财物的主行为，同时借助被害人主观上是否有处分意识，客观上是否具有财产处分的直接性等方面定性，仔细甄别盗窃与诈骗行为的区别。

本案中，张某主观上具有非法占有的故意，客观上实施了窃取的行为，符合盗窃罪的构成要件，其行为应当构成盗窃罪。

编写人：北京市门头沟区人民法院　王莉

60

关于盗窃罪和侵占罪法律性质的区分

——李某某盗窃案

【案件基本信息】

1. 裁判书字号

河南省商丘市柘城县人民法院（2017）豫1424刑初312号刑事判决书

2. 案由：盗窃罪

【基本案情】

2017年1月20日10时许，被告人李某某到柘城县未来大道河南省农村信用联社营业大厅办理存款业务时，发现也在信用社办理业务的黄某某遗忘在柜台上的黑色钱包，用手一摸感觉里面有钱，即用胳膊掩盖后转移到自己身上，办完业务后携带该钱包回家。当天被发现后追回，该钱包内有现金4900元。上述事实，被告人李某某在开庭审理过程中亦无异议。并有被害人黄某某的陈述，证人郝某某、梁某某、朱某某的证言，现场勘验笔录、现场照片、现场图及有关书证等证据证实，足以认定。

【案件焦点】

本案中行为人以非法占有为目的，将他人遗忘在银行柜台上的物品掩盖后偷偷进行转移，能否以盗窃罪追究其刑事责任。

【法院裁判要旨】

河南省柘城县人民法院经审理认为：被告人李某某以非法占有为目的，采取秘密手段，窃取他人财物，数额较大，其行为已构成盗窃罪。公诉机关指控被告人李某某犯盗窃罪，事实清楚，证据确实充分，罪名成立，本院予以支持。被告人李某某在案发后，能如实供述自己的犯罪事实，属坦白，依法可从轻处罚。

河南省商丘市柘城县人民法院根据《中华人民共和国刑事法》第二百六十四条，第六十七条第三款，第五十二条，第七十二条第一款、第三款，第七十三条第一款、第三款之规定，判决如下：

被告人李某某犯盗窃罪，判处拘役四个月，缓刑六个月，并处罚金人民币2000元（已缴纳）。

宣判后，被告人未提出上诉，公诉机关未提起抗诉，该判决现已发生法律效力。

【法官后语】

本案在审理过程中，出现了两种观点：

第一种观点：被告人李某某以非法占有为目的，采取秘密手段窃取他人合法财物，其行为构成盗窃罪。第二种观点：被告人李某某以非法占有为目的，将他人的遗忘物非法占为己有，数额较大，应以侵占罪追究其刑事责任。

笔者同意第一种观点，被告人李某某以非法占有为目的，采取秘密手段，窃取他人财物，数额较大，其行为已构成盗窃罪。具体理由如下：

从基本特征上来说，盗窃罪的基本特征，是违反被害人的意志，使用平和的方式，将他人占有的财物转移为自己或者第三者占有。而侵占罪的基本特征，是将自己占有的他人财物转移为自己所有，或者将脱离了占有的他人财产（遗忘物、埋藏物）转移为自己所有。因此，区分盗窃罪与侵占罪的关键在于判断作为犯罪对象的财物是否脱离占有以及由谁占有。行为人不可能盗窃自己事实上占有的财物，对自己事实上已经占有的财物只能成立侵占罪。但是，行为人在法律上占有的财物而事实上由他人占有时，仍然可以成为盗窃罪的对象。由于侵占罪的特点是将自己占有的财产不法转变为所有，因此，只要某种占有具有被处分的可能性，便属于侵占罪中的代为保管，即占有。所以，侵占罪既可能侵占自己事实上占有的财物，也可能侵占自己在法律上占有的财产。司法实践所遇到的疑难问题，是如何判断事实上的占有，即某种财物在事实上是属于行为人占有还是被害人占有或暂时脱离了占有。

从犯罪对象上来看，盗窃罪的对象必须是他人占有的财物，对于自己占有的他人财物不可能成立盗窃罪。从客观上说，占有是指事实上的支配，与非法占有目的中的占有不是等同概念，不仅包括物理支配范围内的支配，而且包括社会观念上可以推知财物的支配人的状态。第一，只要是在他人的事实支配领域内的财物，即使他人没有现实地握有或监视，也属于他人占有。第二，虽然处于他人支配领域之外，但存在可以推知由他人事实上支配的状态时，也属于他人占有的财物。以非法占有目的取得这些财物的，应认定为盗窃罪，而非侵占罪。第三，主人饲养的、具有回到原处能力或习性的宠物，不管宠物处于何处，都应认定为饲主占有。行为人非法取得该宠物的，成立盗窃罪。第四，即使原占有者丧失了占有，但当该财物转移为建筑物的管理者或者第三者占有时，也应认定为他人占有的财物。从主观上说，占有只要求他人对其事实上支配的财物具有概括的、抽象的支配意识，既包括明确的支配意识，也包括潜在的支配意识。占有意思对事实支配的认定起补充作用。在判断财物由谁占有、是否为遗忘物时，还要通过考察财物的形状、体积、价值、通常的存放状态等，得出合理结论。例如，一辆新轿车，一般来说，无论停放在何处，也无论是否锁门，都不能认定为遗忘物，而应认定为他人占有的财物。一辆停在马路边的自行车，即使没有上锁，一般也应认定为他人占有的财物，不能认定为遗忘物。而马路上的一个钱包，一般会被认为是遗忘物。但如果钱包所有者就在旁边注视着钱包，则仍然由所有者占有。

需要说明的是，某些财物，本来由他人占有，但行为人可能误认为遗忘物。这是事实认识错误问题，不是财物本身的性质问题。例如，长途客车司机乙将代为他人购买的10余部手机装入一黑色包内，然后将包放在驾驶座位后（第一排乘客座位前）。甲上车后坐在第一排时，就发现该包，并以为该包为与自己同排并坐的C

所有。丙下车后，甲发现该包仍在车内，便以为丙遗忘了包，于是甲提前下车，将包据为己有。实际上，该包属于乙占有，而非遗忘物，但甲误以为是遗忘物。也可能存在完全相反的情况，即本来是遗忘物，但行为人误以为是他人占有的财物。对此类案件，应根据主客观相统一的原则，认定为侵占罪，而不能认定为盗窃罪。

本案中，被告人李某某以非法占有为目的，将他人在公共场所的遗忘物掩盖后偷偷进行转移，秘密窃取他人财物，且数额较大，应以盗窃罪追究其刑事责任。

编写人：河南省商丘市柘城县人民法院　张汉元

61

取走滞留在ATM机中无卡无折存款行为的定性

——吕某、陈某盗窃案

【案件基本信息】

1. 裁判书字号

江苏省泰州市兴化市人民法院（2017）苏1281刑初315号刑事判决书

2. 案由：盗窃罪

【基本案情】

2017年4月1日20时许，被告人吕某、陈某至兴化市人民医院对面的甲银行金城支行自助区中间一台ATM机无卡存款时，发现之前的存款人忘记按“确认”键，有人民币13000元尚未存款成功。经计议，被告人吕某让被告人陈某取消前面的操作，致使ATM机出钞口打开，两名被告人取走人民币13000元。

【案件焦点】

滞留在ATM机中未被银行接收的款项归谁占有。

【法院裁判要旨】

江苏省泰州市兴化市人民法院经审理认为：被告人吕某、陈某以非法占有为目的，秘密窃取他人财物，数额较大，其行为均已构成盗窃罪，且系共同犯罪，依法应予惩处。

江苏省泰州市兴化市人民法院依照《中华人民共和国刑法》第二百六十四条、第六十七条第三款、第七十二条第一款及第三款之规定，判决如下：

一、被告人吕某犯盗窃罪，判处有期徒刑六个月，缓刑一年，并处罚金人民币6500元；

二、被告人陈某犯盗窃罪，判处有期徒刑六个月，缓刑一年，并处罚金人民币6500元。

【法官后语】

本案的处理重点主要在于认定ATM机中未被银行接收的款项的占有状态从而认定两名被告人行为的性质。刑法占有的建立需要占有者依凭一定的时空条件，并且这种占有关系一旦建立之后并不需要占有者对自己的财物寸步不离。即使占有者暂时离开也并不必然导致已建立的占有的丧失。因为本案中被害人葛某某是在未完成操作的情况下离开ATM机的，在等待其下一步操作的时间段内，都应将机器内的待存现金归于被害人葛某某占有。原因在于：一是虽然ATM机实际储存着被害人的现金，但是这种源自封闭空间的实际控制力无法与被害人作为原物主所产生的事实控制力相抗衡，只有当被害人彻底离开银行，才会发生占有的转移和让渡。二是因为ATM机之所以给储户预留操作时间就是把存款支配权交给储户，在此时段内储户仍然可以选择取消交易，在储户意愿尚未确定时银行不应提前接管占有且ATM机预留的待机时间都很有限，储户即便离去也并不距离太远，事实控制力并没有完全切断。

本案中被害人葛某某尚未完成剩余操作便离去，此时ATM机留出60秒的时间等待下一步操作，当60秒内未接受指令时便会自动作出反应，这也就意味着在被害人离开之后ATM机留给行为人的作案时间仅为60秒。当被害人葛某某走后，被告人吕某立马指使被告人陈某取消前者的交易并取走钱款。由此，足以推定二名被告人系明知他人未操作完毕而离去，于是替被害人终止交易并取走钱款，此时便属于以非法手段获取他人并未失去占有的遗忘物，应成立盗窃罪。

编写人：江苏省泰州市兴化市人民法院　顾逸凡　朱锦程

62

擅自使用他人网络账户行为性质的认定

——杜某某盗窃案

【案件基本信息】

1. 裁判书字号

北京市丰台区人民法院（2017）京 0106 刑初 1590 号刑事判决书

2. 案由：盗窃罪

【基本案情】

2017 年 4 月 20 日至 23 日，被告人杜某某在北京市丰台区科技园某广场某刀削面店内，在被害人陈某不知情的情况下，利用陈某的身份信息和手机号码私自注册支付宝账号，在绑定了陈某的银行卡并设置了支付密码后，被告人杜某某通过自己的手机登录被害人陈某的支付宝，多次盗刷陈某银行卡内的人民币共计 32000 元。案件审理过程中，被告人杜某某家属代其退赔被害人陈某经济损失 32000 元。

【案件焦点】

擅自使用他人网络支付账户内钱款支付的行为应界定为盗窃罪还是冒用型的信用卡诈骗罪。

【法院裁判要旨】

北京市丰台区人民法院经审理认为：网络账户与刑法上的信用卡有本质区别，不宜将刑法上的信用卡扩张理解为网络账户而直接认定为信用卡诈骗罪。第一，账户的管理主体不同；第二，作用功能不同；第三，适用的法律关系不同；第四，账户资金的享有权利不同。

从犯罪构成要件来看，被告人杜某某的行为符合盗窃罪的犯罪构成。从侵犯客体角度来看，两类行为都未改变银行、支付平台和持卡人之间的法律关系，未对金融管理秩序产生影响，所侵犯的属于单一客体即公民的财产权利；从客观方面而言，其一，其所实施的行为是秘密窃取公民的网络支付的账户名和密码，并非以非法方式获取他人的信用卡资料；其二，通过网络账户进行支付时，是银行先将钱款支付到网络平台，银行在这一过程中并没有错误支付，仅有平台也并不是信用卡的直接冒用。故这种行为应当界定为秘密窃取行为。

被告人杜某某以非法占有为目的，采取秘密手段窃取公民财物，数额较大，其行为已构成盗窃罪，应予处罚。北京市丰台区人民检察院指控被告人杜某某犯盗窃罪的事实清楚，证据确实充分，罪名成立。鉴于被告人杜某某到案后能够如实供述犯罪事实，且已退赔被害人经济损失，本院依法对被告人杜某某予以从轻处罚。鉴于被告人杜某某曾因盗窃受过行政处罚，本院在量刑时予以考虑。依照《中华人民共和国刑法》第二百六十四条、第六十七条第三款、第五十二条、第五十三条、第六十四条、第六十一条之规定，判决如下：

一、被告人杜某某犯盗窃罪，判处有期徒刑一年三个月，并处罚金人民币2000元；

二、已退赔人民币32000元，发还被害人陈某。

【法官后语】

利用网络实施犯罪是传统犯罪在信息化时代的新型表现形式。本案是典型的利用网络支付实施的一类犯罪行为。

本案处理的重点是擅自使用他人网络支付账户内钱款支付的行为应界定为盗窃罪还是冒用型的信用卡诈骗罪。区分二者的关键在于能否对刑法上的信用卡做扩张解释，确定网络支付账户在刑法上的属性。

1. 合议庭认为刑法的谦抑性和罪刑法定原则决定了不宜对网络支付账户做扩张解释。目前的刑法条款足以规制擅用他人网络账户的行为。在司法实践中，当某种行为并不处于刑法用语的核心含义之内，但处于刑法用语所可能具有的含义范围之内时，如果行为具有严重的社会危害性，具有处罚的必要性与合理性时，可对刑法用语作扩大解释，可以作出不利于被告人的扩大解释，从而实现处罚的妥当性。擅自使用他人网络账户的行为，本质上是传统犯罪与网络技术方法相结合，形成新的技术型犯罪，其作案技术性特征更加明显，但是从目前的司法实践而言，擅用他人网络账户的行为只是存在罪名选择的冲突，而并不存在罪与非罪的问题。这是罪刑法定原则的应有之义。

2. 合议庭同时认为不宜做扩张解释也是网络账户概念的内在要求。就网络账户而言，它与刑法上的信用卡有本质区别：二者账户的管理主体不同、作用功能不同、适用的法律关系不同、账户资金的享有权利不同，不能因为网络账户与银行卡有牵连关系，就将网络账户等同于银行卡。

3. 在司法实践中，处理此类问题时应结合行为的具体方式认定被告人的行为性质。对于不改变网络账户与银行卡之间的绑定关系，直接通过网络账户使用被害人银行卡内钱款的行为应界定为盗窃罪，因为从此类行为侵犯客体角度来看，未改变银行、支付平台和持卡人之间的法律关系，未对金融管理秩序产生影响，所侵犯的属于单一客体即公民的财产权利；从客观方面而言，所实施的行为是秘密窃取公民的网络支付的账户名和密码，并非以非法方式获取他人的信用卡资料；通过网络账户进行支付时，是银行先将钱款支付到网络平台，银行在这一过程中并没有错误支付，仅有平台也并不是信用卡的直接冒用，故符合秘密窃取的构成要件。对于改变网络账户与银行卡之间的绑定关系，使用网络账户的行为应界定为冒用型的信用卡诈骗罪。改变网络账户与银行卡之间的绑定关系，本质上是改变了平台账户的实际所有人与绑定卡的银行之间的合同关系，通过冒用账户的方式将合同的相对方进行了变更。当使用银行卡进行支付时，银行错误地理解为是对依据原有与持卡人之间的合同关系进行支付，行为本质上符合冒用信用卡的构成要件。

编写人：北京市丰台区人民法院　王静　薛碧晗

63

未经允许擅自对他人微信账户银行卡进行转账的性质认定

——金银某盗窃案

【案件基本信息】

1. 裁判书字号

北京市海淀区人民法院（2017）京0108刑初1329号刑事判决书

2. 案由：盗窃罪

【基本案情】

被告人金银某与被害人李某某均在微信中玩“全民飞机大战”游戏，且二人均在同一个“团”中。案发前，被害人李某某系该“团”的“团长”，因被告人金银某借用，被害人李某某将自己微信号的账号、密码以及游戏中的支付密码（与微信支付密码相同）提供给被告人金银某。后被告人金银某利用被害人李某某上述微信信息资料，在2017年1月28日凌晨，将被害人李某某微信号绑定的储蓄卡中人民币47150元分七次转至其微信里，后又转至其另外一个微信号里并全部提现到银行卡中后挥霍。

2017年2月25日，被告人金银某被公安机关抓获归案。民警当场起获涉案赃款人民币1.2万元，后发还给被害人李某某，其余赃款尚未退赔。

【案件焦点】

被告人的行为应认定为信用卡诈骗罪还是盗窃罪。

【法院裁判要旨】

北京市海淀区人民法院经审理认为：微信支付以绑定银行卡的快捷支付为基础，只要用户输入了微信的支付密码，银行卡即可完成支付。在本案中，被害人李某某在将微信绑定银行卡时，已经完成了对微信从银行卡中支出钱款的授权，使得银行卡基于与微信的原始绑定协议，在收到微信支付密码时当然进行支付。被告人金银某虽然获取了被害人李某某的微信账号、密码等信息，但其并未改变微信与银行卡之间原始绑定的关键信息，其只是利用了上述微信与银行卡之间的绑定协议以及微信本身的支付功能将被害人李某某银行卡中的钱款转出，故被告人金银某的行为并未跟信用卡直接相关联，亦未妨害到银行对信用卡的管理秩序，不宜认定为信用卡诈骗罪。被告人金银某在明知被害人李某某的微信号已经绑定了银行卡的情况下，在凌晨时分，利用微信的支付功能多次将被害人李某某银行卡中的钱款转至自己的微信里，后又将该钱款转至自己其他微信号里提现，并更改了涉案微信号的相关信息且不再登录，明显是采取了自认为可以不被被害人发觉的方式，非法占有被害人的钱款，应以盗窃罪追究其刑事责任。

依照《中华人民共和国刑法》第二百六十四条、第六十七条第三款、第五十三条第一款、第六十四条之规定，判决如下：

一、被告人金银某犯盗窃罪，判处有期徒刑二年，罚金人民币10000元；

二、责令被告人金银某向被害人李某某退赔人民币35150元。

【法官后语】

关于本案中被告人的行为如何定性，有两种观点：

第一种观点认为，本案构成信用卡诈骗罪，因为现有的法律以及司法解释只将盗窃信用卡并使用的行为规定为盗窃罪，而将拾得、骗取他人信用卡并使用以及窃取、收买、骗取或者以其他方法非法获取他人信用卡信息资料，并通过互联网、通信终端等使用的，都规定为信用卡诈骗罪中的“冒用他人信用卡”的情形，更有一个兜底条款“其他冒用他人信用卡的行为”，故从法律规定来看，除了盗窃信用卡并使用的定性为盗窃罪，其他冒用行为均应定性为信用卡诈骗罪。本案中，被告人并未盗窃被害人的银行卡，而是使用被害人微信的支付密码直接从被害人的银行卡中转款，系一种以真实卡主的身份冒用他人信用卡的情形，符合“其他冒用他人信用卡的行为”。

第二种观点认为，本案构成盗窃罪，因为信用卡诈骗罪的犯罪对象为信用卡，只有行为人针对信用卡实施相关行为才构成此罪。而在本案中，被告人并未冒用银行卡主的真实身份，其行为并未直接针对信用卡本身，而是利用了微信与银行卡之间的原始绑定协议，将钱款转至本人微信之中，这就类似于行为人将他人微信的“零钱”转至本人处一样，应当定性为盗窃罪。

经过审理，笔者认为，微信支付是以微信绑定银行卡的快捷支付为基础，只要用户输入了微信的支付密码，银行卡即可完成支付。在此情况下，真实银行卡主基于微信与银行之间的协议，在利用微信绑定银行卡时已经对微信使用银行卡内的资金完成了授权，只要这种授权或者绑定关系没有被人为改变，被告人的行为还是在针对第三方支付平台，而未直接针对与之绑定的银行卡本身。在本案中，被害人李某某在将微信绑定银行卡时，已经完成了对微信从银行卡中支出钱款的授权，使得银行卡基于与微信的原始绑定协议，在收到微信支付密码时当然进行支付。被告人虽然擅自冒用他人第三方支付平台账户，但其并为改变银行卡与微信之间的原始绑定关系，故银行卡仍是在根据之前的绑定协议支付，在此过程中不存在被骗，被告人的行为未直接跟银行信用卡相关联，亦未妨害到信用卡的管理。

被告人金银某在明知被害人李某某的微信号已经绑定了银行卡的情况下，在凌晨时分，利用微信的支付功能多次将被害人李某某银行卡中的钱款转至自己的微信里，后又将该钱款转至自己其他微信号里提现，并更改了自己的微信号的相关信息且不再登录，明显是采取了自认为可以不被被害人发觉的方式，非法占有被害人的钱款，应以盗窃罪追究其刑事责任。

编写人：北京市海淀区人民法院　张小平

64

通过支付宝窃取他人银行卡行为的定性

——冯征盗窃案

【案件基本信息】

1. 裁判书字号

北京市丰台区人民法院（2017）京0106刑初1404号刑事判决书

2. 案由：盗窃罪

【基本案情】

2016年5月至2017年5月，被告人冯征在北京市丰台区西马某小区棋牌室内，私自将被害人张某某放置于棋牌室手机内的SIM卡卸下安装在自己手机内，下载并注册了支付宝账户，并将被害人张某某放置于棋牌室内的多张银行卡先后进行绑定。后被告人冯征使用手机内的支付宝通过扫码支付等方式进行消费及套现，先后从“甲烟酒店”“乙超市”等商家盗刷被害人银行卡内资金，并盗取被害人张某某丙银行卡在丁通讯器材经营部使用POS机套现，共计人民币八万余元。后被害人张某某查询银行转账记录发现异常并报警，被告人冯征得知事情败露，后于2017年5月11日到北京市丰台区大红门派出所投案。

【案件焦点】

1. 被告人冯征通过支付宝窃取被害人张某某银行卡内欠款的行为应该认定为盗窃罪还是诈骗罪；2. 被告人冯征于2017年5月10日醉酒到达公安机关，至2017年5月11日被约束至酒醒，其行为能否构成自首。

【法院裁判要旨】

北京市丰台区人民法院经审理认为：被告人冯征以非法占有为目的，盗窃他人信用卡并使用，数额巨大，其行为已构成盗窃罪，应予处罚。北京市丰台区人民检察院指控被告人冯征犯盗窃罪的主要事实清楚，证据确实充分，罪名成立。鉴于被告人冯征在犯罪以后自动投案，到案后基本能够如实供述犯罪事实，系自首，故本院依法对其予以从轻处罚。辩护人的辩护意见本院酌予采纳。

根据被告人冯征犯罪的事实、性质、情节和对社会的危害程度，依照《中华人民共和国刑法》第二百六十四条、第一百九十六条第三款、第六十七条第一款、第五十二条、第五十三条、第六十四条、第六十一条之规定，判决如下：

一、被告人冯征犯盗窃罪，判处有期徒刑三年，并处罚金人民币六千元；

二、责令被告人冯征退赔被害人张某某的经济损失；

三、在案扣押手机一部、银行卡十一张，均由扣押机关依法处理。

【法官后语】

在社会迅速发展的大潮流下，科技的进步促使以支付宝、微信支付为代表的新型支付方式逐渐代替现金交易支付方式，为财富的流转提供了更加多元化的渠道。但与此同时，新型的支付方式使得侵财行为也有了“升级”。区别于传统盗窃、诈骗等侵财行为，新型支付方式所催生的侵财行为更加具有隐蔽性与复杂性，为司法实务增加了困难指数，也需要我们积极应对。

本案被告人冯征的盗窃手段是通过支付宝这种媒介，盗窃他人信用卡并使用，根据《刑法》第一百九十六条第三款的规定，盗窃信用卡并使用的，依照《刑法》第二百六十四条关于盗窃罪的规定定罪处罚。但是，在司法实务中，对于利用“支付宝”等这类新型支付方式侵财的行为，有关于“盗窃罪”与“诈骗罪”之罪名争议。

笔者认为，转移他人支付宝账户钱款的行为不符合诈骗罪的构成要件。就是否有虚构的事实、被害人是否有产生错误认识的可能性及是否具备处分选择权等因素来看，通常不符合诈骗罪的犯罪构成。

首先，对于被害人即“支付宝”公司有无产生错误认识的可能性来看。支付宝公司与财产所有人的协议约定了当其收到正确的用户名及密码时，支付宝公司就应该提供相应的服务，并没有审核行为人身份的责任，当然具体审核行为人身份在现实生活中也不可行。因此，只要输入的用户名和密码正确，支付宝就不可能产生错误的认识。机器是不能被骗的，因为它们没有思维，依靠指令办事。因此，这点不符合诈骗罪要求的通过虚构事实或隐瞒真相致使被害人产生错误认识的构成要件。

其次，就财产处分行为来说，支付宝相应的平台不具有处分选择权。支付宝所提供的一切服务，都是以之前与用户签署的协议为前提，依照指令，接收指令，进而提供相应的服务。如果行为人输入了正确的用户名和密码，那么作为一个第三方平台的程序而言，就会接收，进而提供服务，包括资金转移等财产处分行为。因此，支付宝这个平台是不具备单独的财产处分权限与能力的。这也不符合诈骗罪对于财产处分的要求。

综上，无论是就被害人是否有可能产生错误认识这一点，还是就是否被害人具有财产处分选择权这一点来看，非法侵入他人支付宝转移钱款的行为都不符合诈骗罪的特性。笔者建议在处理利用支付宝等新型支付手段所涉及的侵财类犯罪时，更多的是把利用支付宝之类的第三方平台作为一种手段行为，而不是纯粹依据这些来给案件定性。本案被告人就是以支付宝作为转移财产的媒介，其本质是盗窃了被害人的信用卡并使用，因此根据《刑法》第一百九十六条第三款的规定，盗窃信用卡并使用的，依照《刑法》第二百六十四条关于盗窃罪的规定定罪处罚。

编写人：北京市丰台区人民法院　侯亚

65

偷换商家 POS 机并占有货款的行为应当认定为盗窃罪而非诈骗罪

——李某盗窃案

【案件基本信息】

1. 裁判书字号

四川省彭州市人民法院（2017）川 0182 刑初 471 号刑事判决书

2. 案由：盗窃罪

【基本案情】

四川省彭州市人民检察院指控，被告人李某通过非正常程序为客户吴某办理 POS 机，导致 POS 机无法升级而被停用。2015 年 3 月，被告人李某明知被害人吴某的 POS 机不能使用，仍对吴某谎称可以对 POS 机进行升级，将绑定其妻子张某银行卡的 POS 机（编号为 S/N：3C53××××7）与被害人吴某的 POS 机进行调换，并将调换后的 POS 机交予吴某使用。2015 年 5 月 26 日，被害人吴某在不知情的情况下使用该 POS 机收取货款人民币 9 万元，次日扣除手续费后的 89922 元被转入张某的银行卡中。事后被告人李某将该款用于个人使用。

公安机关于 2017 年 1 月 13 日将被告人挡获归案。2017 年 1 月 17 日，被告人李某的家属积极退赔被害人的经济损失，被害人吴某对李某的行为表示谅解。

公诉机关认为，被告人李某盗窃他人财物，数额巨大，其行为触犯了《中华人民共和国刑法》第二百六十四条之规定，构成盗窃罪。

被告人李某及其辩护人对公诉机关指控的犯罪事实无异议，但对罪名有异议。辩护人认为李某的行为不符合盗窃罪的构成要件，被告人没有秘密窃取被害人吴某的POS机，获取的货款被害人吴某也未实际占有过。被告人的行为应构成合同诈骗罪，因为被告人与被害人之间存在代理服务合同关系，被告人在后期履行合同义务过程中，调换了被害人吴某的POS机，使吴某基于错误认识对客户支付的货款这一债权进行处分，错误指示客户将货款通过该POS机支付，被告人的行为符合合同诈骗罪的构成要件。且被告人系初犯、偶犯，如实供述犯罪事实，且案发后超额退赔被害人经济损失，并取得被害人的谅解，其社会危害性和犯罪情节轻微，不存在继续犯罪的社会危险，综上，请求法院对被告人作出有罪免处的刑事判决或适用缓刑。

四川省彭州市人民法院经庭审查明的案件事实与公诉机关指控的犯罪事实一致。

【案件焦点】

被告人偷换商家POS机并占有货款的行为性质属于窃取他人财产还是以欺骗方法骗取公私财物，应构成盗窃罪、诈骗罪还是合同诈骗罪。

【法院裁判要旨】

四川省彭州市人民法院经审理认为：被告人李某以非法占有为目的，盗窃他人财物，数额巨大，其行为构成盗窃罪。对被告人的辩护人提出的被告人的行为不构成盗窃罪，应构成合同诈骗罪的辩护意见，四川省彭州市人民法院认为，被害人对钱款将进入被告人账户完全不知情，没有基于错误认识而产生任何处分财产的行为，被告人的行为不构成合同诈骗罪，被告人是以调换POS机的方式将被害人确定、可控的财产权利转移到自己占有，属于窃取行为，应构成盗窃罪，对被告人的辩护人提出的该辩护意见不予采纳。被告人李某到案后如实供述自己的罪行，并当庭自愿认罪，本院予以从轻处罚。案发后，被告人的家属积极赔偿被害人的损失，被害人对被告人的行为已表示谅解，本院在量刑时予以体现。对被告人的辩护人提出的被告人系初犯、如实供述犯罪事实、赔偿并取得谅解的辩护意见予以采纳。

四川省彭州市人民法院依照《中华人民共和国刑法》第二百六十四条、第六十七条第三款、第六十四条、第七十二条第一款、第七十三条第二款及第三款、第五十二条、第五十三条之规定，判决如下：

一、被告人李某犯盗窃罪，判处有期徒刑三年，缓刑四年，并处罚金人民币20000元；

二、对扣押在案的无线POS终端一台，依法予以没收。

判决宣告后，被告人没有上诉，公诉机关未提出抗诉，该判决已发生法律效力。

【法官后语】

偷换POS机并占有货款的行为，与近期盛行的偷换商家二维码并收款的案例类似，行为侵犯的对象均属于财产性利益，该类财产性利益应纳入《刑法》规定的“财物”，受到刑法保护；行为方式均为通过调换商家电子“收银箱”占有货款。关于本案行为性质的认定，应当从被告人的行为方式入手，应当从盗窃罪与诈骗罪、合同诈骗罪在占有财物客观要件上的核心区别和被告人的行为方式上进行分析评论，主要在于分析行为人是否实施了使受骗人（被害人）陷入认识错误的欺骗行为，受骗人（被害人）是否基于该认识错误处分了被害人的财物。

本案中，李某调换吴某POS机的行为，让吴某错误地认为顾客已经在自己的POS机上完成付款义务，从而将商品交付给顾客，若顾客与被告人是一伙的，被告人与顾客则构成诈骗罪，诈骗的对象是商家的商品。但顾客并未实施欺骗行为，也未获取商品以外的多余财物，本案中的行为人是被告人并非顾客，行为对象是银行债权并非商品。被告人除了调换POS机以外，未对商家吴某及顾客的付款做任何明示或暗示行为，商家吴某和顾客对银行债权将进入被告人李某账户完全不知情，主观上未认识到顾客将银行债权转移给了被告人，客观上也没有主动将银行债权转移给被告人的行为表示，虽然实质上顾客处分的银行债权进入了被告人的账户，但却是被动进入的，商家作为被害人缺乏处分银行债权的认识和行为，顾客也没有将银行债权转移给被告人的认识，并且顾客处分的是自己的银行债权，未处分被害人商家的财物，故被告人对商家不成立诈骗罪。再者，顾客在本次交易中没有任何财产损失，不是被害人，被告人对顾客也不成立诈骗罪。本案中，被告人李某也未在签订、履行合同过程中，骗取被害人吴某的财物，也不符合合同诈骗罪的构成要件。

本案中，商家吴某与顾客之间存在买卖合同关系，根据交易规则，商家吴某向顾客交付货物，顾客通过在商家吴某提供的POS机上刷卡付款，双方便各自履行了合同的义务。从民事合同上讲，商家没有要求顾客再次付款或退还商品的权利，商家只能要求被告人退还顾客支付的银行债权，因此被告人的行为侵犯的是商家的银行债权。商家吴某的POS机可以看作电子收银箱A，被告人的POS机看作电子收银箱B，顾客向商家刷卡付款是要向电子收银箱A放入货款，被告人调换商家POS机相当于将电子收银箱B通过管道与电子收银箱A接通，从而使得顾客放入电子收银箱A的货款通过管道落入电子收银箱B。顾客在向电子收银箱A放入货款时，商家对货款具有可控性，即实质上占有该货款，被告人通过调换POS机的方式将商家占有的货款转移到自己占有，属于盗窃罪中的窃取行为，符合盗窃罪的构成要件。

编写人：四川省彭州市人民法院　曾耀林　王丽

66

虚构用户充值的事实，利用电信公司漏洞非法占有钱款的行为，构成盗窃罪

——王庆余盗窃案

【案件基本信息】

1. 裁判书字号

江苏省无锡市中级人民法院（2017）苏02刑终18号刑事裁定书

2. 案由：盗窃罪

【基本案情】

2015年10月1日至10日，被告人王庆余利用甲手机经营部为电信无锡公司代办电信业务过程中发现的电信业务系统漏洞，多次使用工号WD4099登录电信系

统，对其实际掌握的多个天翼手机号码对应的翼支付账号进行虚假充值，共计充值人民币 205600 元，后将已充值到翼支付账号中的人民币 194590 元转账至其个人银行卡中用于个人赌博以及借给他人使用。具体分述如下：

1. 2015 年 10 月 1 日，被告人王庆余在甲手机经营部内，利用上述方式分别向其控制的手机号为 15358××××59、18118××××70、15358××××89、18118××××68、18151××××59 对应的翼支付账户中各充值人民币 1 万元，并将上述 5 万元转至其个人银行卡内，其中 2800 元在次日以退款方式退还翼支付账户中。

2. 2015 年 10 月 2 日，被告人王庆余在甲手机经营部内，利用上述方式分别向其控制的手机号为 15358××××59、18118××××70、15358××××89、18118××××68、18151××××59 对应的翼支付账户中各充值人民币 1 万元，并将上述 5 万元转至其个人银行卡内。该款在 2015 年 10 月 8 日已经退还电信无锡公司指定的结款账户。

3. 2015 年 10 月 4 日，被告人王庆余在甲手机经营部内，利用上述方式向其本人手机号 15358××××59 对应的翼支付账户中充值人民币 5600 元，并连同 10 月 2 日退还的人民币 2800 元款项一并转至其个人银行卡内。其中人民币 5600 元于当日退还电信无锡公司指定的结款账户。

4. 2015 年 10 月 9 日，被告人王庆余在甲手机经营部内，利用上述方式分别向其控制的手机号为 15358××××59、18118××××70、15358××××89、18118××××68、13373××××78 对应的翼支付账户中各充值人民币 1 万元，并将其中的 49990 元转至其个人银行卡内。

5. 2015 年 10 月 10 日，被告人王庆余在甲手机经营部内，利用上述方式分别向其控制的手机号为 15365××××56、15358××××86、15358××××07、18118××××70、18118××××68、15358××××89、15358××××59 对应的翼支付账户中共计充值人民币 5 万元，并将其中的人民币 39000 元转至其个人银行卡内，其余人民币 11000 元被冻结。

【案件焦点】

被告人王庆余虚构用户充值，利用电信公司业务延迟的漏洞非法占有钱款的行为如何定性。

【法院裁判要旨】

江苏省无锡市惠山区人民法院经审理认为：被告人王庆余以非法占有为目的，利用电信公司业务系统漏洞，多次秘密窃取单位钱款，数额巨大，其行为已构成盗窃罪。关于被告人王庆余提出其行为系业务差错不构成盗窃罪的辩解，经查，被告人王庆余利用为电信公司代办业务过程中知悉的翼支付系统漏洞，在无实际业务交易的情况下，向其掌控的多个翼支付账号虚假充值，并将充值款项转至个人银行卡变现据为己有，造成电信公司资费损失巨大，其行为符合盗窃罪的构成要件，并非业务差错，系故意行为，故对其辩解不予采纳。江苏省无锡市惠山区人民法院依照《中华人民共和国刑法》第二百六十四条、第六十四条之规定，作出判决如下：

一、被告人王庆余犯盗窃罪，判处有期徒刑六年六个月，并处罚金人民币5000元；

二、被告人王庆余应退赔人民币138990元，由本院发还被害单位。

一审判决后，被告人王庆余不服，提出上诉。

江苏省无锡市中级人民法院经审理后同意一审法院的认定，依照《中华人民共和国刑事诉讼法》第二百二十五条第一款第一项①之规定，裁定如下：

驳回上诉，维持原判。

【法官后语】

本案被告人王庆余多次虚假充值后将钱款提现转移至个人账户用于赌博等，非法占有他人钱财的目的明显，并非其自己辩称的一般业务差错，但是关于被告人王庆余行为的定性，却有两种不同意见：第一种意见认为被告人王庆余虚构虚假充值的事实，使支付方陷入错误认识，其行为构成诈骗罪；第二种意见认为被告人王庆余利用电信和第三方支付结算存在时间差，将虚假充值的钱款提现，其行为构成盗窃罪。最终，一审、二审法院均支持了第二种意见。

诈骗罪和盗窃罪的目的均是非法占有他人财物，区别主要是看行为人取得财物所实施的手段行为。诈骗罪要求被害人基于错误认识处分财物，而盗窃罪则是行为人秘密窃取财物的行为。本案中首先要确定的是谁是被害人——是翼支付的第三方

① 对应2018年《刑事诉讼法》第二百三十六条第一款第一项。

支付公司，还是电信公司。很显然，本案的被害人是电信公司。被告人王庆余经营电信充值店，为电信公司代办相关业务，如果有用户来进行翼支付充值，其应当登录自己的账号然后通过系统完成充值，而第三方支付公司基于系统指令，需将相应钱款打入充值账户。在正常情况下，被告人王庆余应该于当日结业后将钱款上交到电信公司账户。而本案被告人王庆余虚构了有人充值的事实，即在无实际充值的情况下，用自己掌握的电信号码进行翼支付充值，再将翼支付账户的钱提到自己卡内变现，故其于当日结业后也未将钱款交到电信公司账户。但无论实际情况如何，第三方支付公司基于系统指令支付了充值钱款，电信公司基于和第三方支付公司的业务合同，必须将钱款结算给第三方支付公司，所以最终的被害人是电信公司。

本案是典型的以虚构事实为先期手段，但实际是利用网络支付充值结算有延迟性的漏洞，实施的秘密窃取他人钱财的行为。被告人王庆余如果在本案中不是虚构充值的事实，而是在有人充值的情况下，于业务结算当日不将钱款上交至电信公司账户，那么他的行为即职务侵占。

行为人为达到非法占有的目的，经常将虚构事实和秘密窃取的行为一同使用，这使得盗窃罪和诈骗罪在实务中经常难以区分。盗窃罪的起刑点比诈骗罪低，且在同等金额的情况下，盗窃罪的量刑比诈骗罪要重一点，这是因为一般诈骗罪被害人自己基于行为人虚构事实的行为陷入错误认识，其自身对处分财产是有一定责任的。故分清盗窃罪还是诈骗罪，无论是对定罪量刑还是对损失赔偿对象而言都是十分重要的。

编写人：江苏省无锡市惠山区人民法院　顾溶熔

（四）诈骗罪

67

诈骗罪中关于“虚构事实”的认定

——梁某诈骗案

【案件基本信息】

1. 裁判书字号

广西壮族自治区隆安县人民法院（2017）桂0123刑初84号刑事裁判书

2. 案由：诈骗罪

【基本案情】

2014年，被告人梁某到县水产畜牧局开会，得知规模养猪可以申请2012年度退耕还林补贴，由于被告人没有退耕还林证，其便借用其叔梁某某的退耕还林证和身份证，并伪造了其与梁某某一直合伙开办大存猪场的虚假证明，于2014年9月12日以梁某某名义，向县水产畜牧局申请了2012年度退耕还林补贴，骗取得补贴款25.2万元，并将其中的1万元分给梁某某。被告人梁某于2016年8月25日接到公安机关电话通知后，主动到公安机关接受调查，如实供述其犯罪事实。被告人梁某于2017年11月8日向法院退出违法所得25.2万元。

2010年某日，被告人梁某以凌某的名义向县畜牧局申请了2009年度退耕还林补贴，获得补贴款40000元。

【案件焦点】

1. 被告人主观上认为其与其叔共用一本退耕还林证，以此制造其与其叔合伙开办猪场的证明，是否属于“虚构事实”，能否认定其构成诈骗罪；2. 被告人仅以其他人的名义申报退耕还林补贴，并获得补贴，能否构成诈骗罪。

【法院裁判要旨】

广西壮族自治区隆安县人民法院经审理认为：被告人梁某以非法占有为目的，虚构其与退耕还林户合伙养殖的事实骗取国家补贴，其行为已构成诈骗罪。公诉机关指控被告人梁某的第一起诈骗事实清楚，证据确实充分，指控罪名成立。但指控被告人梁某第二起诈骗事实不清，证据不足，本院不予认定。被告人梁某接到电话通知后，能主动到公安机关接受调查，如实供述其犯罪事实，是自首，可以从轻或者减轻处罚，其对自身行为性质的辩解不影响对其自首的认定。案发后，被告人梁某主动退出违法所得25.2万元，可以酌情从轻处罚。被告人梁某骗取国家补贴25.2万元，属数额巨大，应判处三年以上十年以下有期徒刑，并处罚金。鉴于被告人梁某犯罪情节较轻，有明显的悔罪表现，没有再犯罪的危险，同时经隆安县司法局对梁某进行缓刑调查评估，认为其适合社区矫正，可以对其适用非监禁刑，宣告缓刑对其所居住社区没有重大不良影响，本院决定对梁某从轻处罚，并宣告缓刑。根据被告人梁某的犯罪事实、性质、情节和对社会的危害程度，依照《中华人民共和国刑法》第二百六十六条、第五十二条、第五十三条，第六十七条第一款、第七十二条、第七十三条，《最高人民法院、最高人民检察院关于办理诈骗刑事案件具体应用法律若干问题的解释》第一条第一款之规定，判决如下：

一、被告人梁某犯诈骗罪，判处有期徒刑三年，缓刑四年，并处罚金50000元；

二、被告人梁某退出违法所得的25.2万元，依法上缴国库。

【法官后语】

本案的争议焦点即罪与非罪的问题。对于公诉机关控诉的两起事实，被告人及其辩护人均认为不构成犯罪，对于第一起事实，其认为不构成犯罪的理由无外乎就是一点：被告人的叔叔梁某某所持有的退耕还林证是与被告人共有的，且被告人所属的村系退耕还林村，因此被告人认为，其是符合退耕还林后续建设项目补贴申报的条件，而并非虚构事实骗取国家补贴。经查，被告人梁某作为养殖户，其从未与退耕还林户梁某某合作养殖，却借用梁某某的退耕还林证，虚报与梁某某合作养殖，冒用梁某某退耕还林户的名义签订相关申报材料并申请了退耕还林补贴，获得补贴后被告人梁某将大部分补贴占为已有，仅将一万元作为好处费分给梁某某，此事实有相关的证人证言、书证及被告人供述等予以证实，足以认定，应予以确认。对于被告人及辩护人提出的所谓养殖户与退耕还林合作户可以“合作申报”补贴的意见，经查，所谓的“合作申报”是指养殖户与退耕还林合作户一起合作经营养殖，方是真正的合作，才可以合作申报退耕还林补贴，而不是虚报合作养殖的证明后就可以认定为“合作申报”，此事实有相关的书证以及原隆安县畜牧局的覃某、曾某、潘某、李某，隆安县发改局陆某五人作为证人出庭作证予以证实，而被告人与梁某某并非一起合作经营养殖，其系虚构合作养殖的事实，从而骗取退耕还林补贴款，故对其辩护意见不予采纳。辩护人提出被告人所在的村属于退耕还林村，且其与梁某某的退耕还林证系共有，其符合退耕还林后续补贴申报的条件的辩护意见，经查，退耕还林证按规定是一户一本证，不存在几户一本证的情况，辩护人提交的证据并不能证明被告人梁某与梁某某共有退耕还林证，且被告人在1992年至今的户口性质为非农业户口，住址为隆安县城厢镇国泰街××号×栋×单元×××室，说明其已经不属于该村村民，并非农业户口，其身份并不符合申报补贴的条件。综上所述，被告人梁某在该起事实中的行为，从主客观上均符合诈骗罪的构成要件，对被告人及其辩护人的不构成诈骗罪的意见，不予采纳。

对第二起事实，公诉机关认为构成犯罪的理由是因为被告人虚构了事实骗得国家补贴。然而综合本起事实的所有证据，在证人凌某的证言及被告人梁某的供述中，仅仅可以认定被告人梁某借用凌某的身份证和信用社账号交给隆安县畜牧局的工作人员帮忙申报补贴，并无证据证明被告人梁某参与了虚假申报的过程，亦无证据证明被告人梁某冒用凌某的名义与隆安县畜牧局签订了相关项目建设协议及验收申请书等，换言之即现有证据并不能证明相关项目建设协议及验收申请书等材料上“凌某”的签名为梁某冒名所签，亦无证据证明梁某伪造与凌某合作养殖的证明，因此，在客观上无法认定被告人梁某以虚构事实的方法骗取国家补贴，对该起事实，不予认定。

很多群众都存在同样的误区，认为自己在村里土生土长了几十年，应当享受该村民小组成员的待遇，在征地这方面亦普遍存在。殊不知其参加工作，或者户口外迁后，其已不再是该村民小组的成员，已经丧失了相应的待遇。若其仍以村民小组成员的身份去从事其他活动，就有可能产生“虚构事实”的情况，从而导致犯罪。

编写人：广西壮族自治区隆安县人民法院　卢丽琴　李常增

68

从行为模式角度评价被告人是否构成诈骗罪

——王某诈骗案

【案件基本信息】

1. 裁判书字号

北京市第二中级人民法院（2017）京02刑申23号申诉裁定书

2. 案由：诈骗罪

【基本案情】

在2010年2月至2011年，被告人王某欲挂靠具有送煤资质的投资公司，再通过他人“牵线搭桥”的方式给发电公司送煤，便找到多年未联系的彭某，谎称自己手头上有向甲发电有限责任公司送煤项目，欲与彭某合作，并开出高利润回报作为诱饵，彭某信以为真，便同意与之合作。之后，王某先后以合作经营及利用投资公司获得经营煤款等方式，骗取被害人彭某活动资金等费用共计人民币378800元。

【案件焦点】

1. 被告人王某与彭某二人是否是合伙做生意关系；2. 被告人王某是否有非法占有目的。

【法院裁判要旨】

北京市房山区人民法院经审理认为：关于被告人及其辩护人提出的，王某与彭某系合作做生意，王某不存在虚构事实，没有非法占有的目的的辩解和辩护意见，经查明，王某明知自己没有能力给甲发电有限责任公司送煤，仍然以高额回报为名，骗取彭某的信任，先后以合作经营及利用投资公司获得经营煤款等方式骗取彭某的钱财，数额巨大，其行为已构成诈骗罪。

北京市房山区人民法院对被告人依照《中华人民共和国刑法》第二百六十六

条、第五十二条、第五十三条、第六十七条第三款、第六十一条、第六十四条之规定，判决如下：

一、被告人王某犯诈骗罪，判处有期徒刑六年六个月，并处罚金人民币13000元；

二、责令被告人王某退赔人民币378800元，发还被害人彭某。

王某持原审辩解上诉。

北京市第二中级人民法院经审理认为：上诉人以非法占有为目的，采用虚构事实、隐瞒真相的方法，骗取他人财物，数额巨大，其行为已构成诈骗罪，依法应予惩处。一审法院根据王某犯罪的事实、犯罪的性质、情节及对于社会的危害程度所作出的判决，定罪及适用法律正确，量刑适当，判令退赔被害人经济损失亦无不当，审判程序合法，应予维持。依照《中华人民共和国刑事诉讼法》第二百二十五条第一款第一项①之规定，裁定如下：

驳回王某的上诉，维持原判。

驳回上诉后，王某持上诉理由申诉。

北京市第二中级人民法院经审查认为：王某明知自己不具有煤炭经营和融资的能力，仍以有向甲发电有限公司送煤的项目为由，以高额回报为诱饵，骗取被害人的信任。进而以合作经营、吸引投资等名义骗取被害人的钱款，数额巨大。上述事实，有证人证言及相关书证等证据在案证实。本案的所有证据，系公安机关依职权，通过法定程序合法调取，具有法律效力。上述证据之间形成完整的证据链，足以认定王某犯诈骗罪的事实。二审裁定认定事实清楚、适用法律正确，量刑适当，审判程序合法。王某的申诉理由无事实根据和法律依据，本院不予采信，根据《中华人民共和国刑事诉讼法》第二百四十二条②规定，裁定如下：

驳回王某的申诉。

【法官后语】

非法占有目的的认定是评价整个诈骗犯罪的核心，作为主观方面的犯罪构成要件，在实践中认定非法占有目的并非易事，因此就需要我们综合案情，以整个犯罪

---

① 对应2018年《刑事诉讼法》第二百三十六条第一款第一项。

② 对应2018年《刑事诉讼法》第二百五十三条。

行为为视角，多维度考量构成整个犯罪的行为模式，进而评判被告人是否构成诈骗罪。

1. 本案中二人合伙与否的认定

合伙，是指合伙双方或多方共同出资、共同经营、共负盈亏，合伙双方或多方知悉、了解合作经营的项目、内容，并共同承担合作经营风险。因此，合伙的基础是双方或多方对合伙全部事实的知情权。按照王某辩称的其与彭某是合伙做生意的思维来说，本案的应然事实应为，彭某确切知道王某不具有向甲发电有限责任公司送煤项目的事实，其出资是为了与王某找到愿意为他们提供挂靠的投资公司，而后，再通过王某的朋友宋某与董某牵线搭桥，才有可能给发电公司送煤。并且彭某在对可能因找不到投资公司而出资的钱财一去不复返的风险愿意负担的前提下，仍然愿意出资合作的，才是符合合伙做生意的情形。但是本案的实然事实却是王某并没有告知彭某其不具有向黄冈大别山发电有限责任公司送煤的事实，而是向彭某虚构自己手上有送煤的项目，同时，为取得彭某的信任，王某还向彭某虚构宋某、董某已经为送煤事项“打通了所有的关系”，只要给领导送礼20万元，就能送煤。正是在王某虚构的这些事实下，彭某在基于“所有的条件都已经满足，只要拿出20万元的送礼钱，就能进煤”的错误的认识下，才出资与王某合作送煤项目。彭某虽与王某一起去找过四川、南京、北京的投资公司，但是与投资公司之间的联系始终都由王某一人负责，彭某只负责出资，并没有与投资公司直接接触，对王某与投资公司之间的交谈内容及王某是否真有做生意的能力，彭某一无所知。

可以看出，王某打的算盘是利用彭某等人的出资寻找所谓的“项目”，以此为名达到自己实际占有钱款的目的；而彭某所被告知和理解的合伙是向发电公司送煤项目本身，而非出资寻找可挂靠的投资公司等，对王某的真实目的彭某并不知情，其对二人合伙从事的内情并不了解，因此不能认定他们是合伙做生意关系。

2. 关于非法占有目的的认定

诈骗罪的主观方面是行为人基于非法占有财产的目的为之的诈骗行为。对非法占有的目的判断，是评价整个诈骗罪的核心，非法占有目的是指经过非法手段对财产持有人所持的财产作为自己财产进行使用和支配。简单来说，“排除意思” + “利用意思”两个方面构成非法占有的全部内容。具体到本案中来说，一方面，王某利用被害人的不知情，将从彭某处取得的涉案款项用在所谓寻找挂靠的投资公司及支付办事费等费用支出上，这与彭某认为的出资用于煤炭经营业务背道而驰，这就属于排除彭某所认为的将涉案钱财用到送煤业务上的目的，即排除钱财的应然使用轨道；另一方面，彭某基于错误认识被动处分钱财，钱财的实际使用与流向完全由王某来决定与掌控，这也就是利用被害人钱财的情形。因此，可以认定王某具有非法占有的目的。

综上来看，一审、二审法院均认为被害人彭某对二人合作做生意的实质内容并不知情，王某虚构事实，骗取了被害人的信任，主观上具有非法占有他人钱财的目的，客观上实施了骗取他人钱财的行为，符合诈骗罪的构成要件。

编写人：北京市第二中级人民法院　赵静　程欢欢

69

抵押借款型诈骗罪中的“非法占有目的”如何推定

——廖钧朕诈骗案

【案件基本信息】

1. 裁判书字号

福建省厦门市中级人民法院（2018）闽02刑终38号刑事裁定书

2. 案由：诈骗罪

【基本案情】

2016年8月7日，被告人廖钧朕将其父亲名下的闽DM××××白色小轿车以人民币4.5万元抵押给被害人徐某，后被告人廖钧朕陆续向徐某借款，至2016年12月1日，共向徐某抵押借款人民币8.79万元。2016年12月10日被告人廖钧朕以还钱为由，让徐某驾驶该小轿车到甲汽车站对面乙银行内，并骗徐某到银行内，后将该小轿车开走、手机关机。2016年12月15日，被告人廖钧朕又将其父亲名下的闽DM××××小轿车以人民币5万元抵押给被害人陈某，并将抵押款用于其个人生活挥霍。

【案件焦点】

1. 被告人的行为是民事抵押借款行为，还是诈骗犯罪行为；2. 如何推定抵押借款型诈骗罪中的被告人主观上具有非法占有的目的。

【法院裁判要旨】

福建省厦门市同安区人民法院经审理认为：关于被告人廖钧朕提出的其与徐某、陈某之间系抵押借款关系，不是诈骗行为的辩解意见。经查，被告人廖钧朕在向徐某抵押借款之前即诈骗被害人邵某 3.5 万元以及向他人借款 10 余万元，其无固定工作和稳定的经济收入，缺乏履行能力，抵押借款后将钱款用于个人花费；在 2016 年 12 月 10 日将抵押的车辆从被害人徐某处骗走后，又在短时间内将车辆再次抵押给陈某。被告人廖钧朕主观上具有非法占有的目的，客观上实施了以抵押借款的方式骗取他人钱财的行为，其行为符合诈骗罪的特征，已经构成诈骗罪，依法应予惩处。

福建省厦门市同安区人民法院依照《中华人民共和国刑法》第二百六十六条、第六十四条之规定，判决如下：

一、被告人廖钧朕犯诈骗罪，判处有期徒刑三年六个月，并处罚金人民币10000元；

二、责令被告人廖钧朕分别退赔被害人邵某、徐某、陈某人民币 35000 元、87900 元、48000 元。

廖钧朕持原审辩解提起上诉。

福建省厦门市中级人民法院经审理认为：首先，廖钧朕在尚未还款的情况下，将抵押的车辆从被害人徐某处骗走，并切断和徐某的联系；其次，廖钧朕在短时间内又将该车辆再次抵押给被害人陈某，并将借款用于个人消费；最后，廖钧朕无固定工作和稳定收入，其明知没有归还能力而多次将同一车辆用于抵押借款。综上，认为廖钧朕主观上具有非法占有的目的，客观上实施了骗取被害人钱款的行为，其行为符合诈骗罪的特征。

福建省厦门市中级人民法院依照《中华人民共和国刑事诉讼法》第二百二十五条第一款第一项①的规定，裁定如下：

驳回上诉，维持原判。

---

① 对应 2018 年《刑事诉讼法》第二百三十六条第一款第一项。

【法官后语】

本案处理的重点在于如何推定被告人主观上具有非法占有的目的。笔者认为要以行为人的客观行为进行综合的考虑，即主观的客观化，根据客观存在的事实推定行为人主观目的之存在。

具体到本案中，一审、二审法院都认定廖钧朕的行为不是抵押借款的关系，应构成抵押借款型的诈骗罪。被告人在负债且没有履行能力的情况下，多次用同一车辆用于抵押借款，并以虚构还款支开被害人的方式取回车辆，后将借款用于个人挥霍，被告人的这种客观行为足以说明其具有非法占有的目的，其行为符合诈骗罪的犯罪构成。

在实践中，由于行为人的主观心理状态是抽象的，往往难以判定行为人是否具有非法占有的目的。在此，为了判定行为人具有非法占有的目的，笔者认为可以适用主观的客观化——根据客观存在的事实推定行为人主观目的之存在。客观行为是行为人主观心理的外化。要准确认定行为人是否具有非法占有目的，就必须以行为人的客观行为进行综合的考虑。在司法实践中，推定行为人是否具有非法占有为目的，应当坚持主客观相一致的原则，既要避免单纯根据损失客观归罪，也不能仅凭被告人的供述来判断，而应当结合案件的具体情况进行综合考量。根据司法实践，对行为人通过诈骗的方法非法获取资金，给被害人造成经济损失，并具有下列情形之一的，可以认定具有非法占有的目的：（1）明知没有归还能力而大量骗取资金的；（2）非法获取资金后逃跑的；（3）肆意挥霍骗取资金的；（4）使用骗取的资金进行违法犯罪活动的；（5）抽逃、转移资金、隐匿财产，以逃避返还资金的；（6）隐匿、销毁账目，或者搞假破产、假倒闭，以逃避返还资金的；（7）其他非法占有资金、拒不返还的行为。

同时，为了克服推定的局限性，保障犯罪嫌疑人、被告人的权益和落实无罪推定原则，准确适用推定认定非法占有目的，必须严格遵守以下原则：第一，适用推定必须确保基础事实存在且真实；第二，基础事实与推定事实之间须有逻辑的必然联系；第三，适用推定必须坚持主客观相统一的原则；第四，允许当事人采用反驳方式和反证。只有这样才能准确打击犯罪，促进人权保障。

编写人：福建省厦门市同安区人民法院　潘艺晴　林碰狮

70

电信诈骗中帮助取款人的行为性质分析

——钟嘉宝诈骗、妨害信用卡管理案

【案件基本信息】

1. 裁判书字号

江苏省无锡市中级人民法院（2017）苏02刑终453号刑事裁定书

2. 案由：诈骗罪、妨害信用卡管理罪

【基本案情】

1. 诈骗的事实

2015年12月至2016年3月，被告人钟嘉宝明知他人实施电信诈骗，仍非法购得大量银行卡并将卡号提供给电信诈骗人员用于诈骗犯罪使用。当其他电信诈骗人员在电话中冒充被害人的熟人或亲戚等实施诈骗得手、被害人将受骗资金汇入钟嘉宝控制的银行卡后，钟嘉宝迅速到附近银行的ATM机提现，或通过支付宝、POS机等支付平台将赃款转移到其他银行卡内，然后在各银行ATM机提现。被告人钟嘉宝与他人先后共同作案11起，涉案金额合计人民币（下同）215400元。

2. 妨害信用卡管理的事实

2016年3月，公安机关在被告人钟嘉宝处查获到其非法持有的信用卡200余张，其中150余张已经银行核实系他人名下信用卡。

【案件焦点】

1. 电信诈骗犯罪的“上家”未到案，只抓获了帮助取款人，对其罪名及在共同犯罪中的地位、作用如何认定；2. 帮助取款人触犯妨害信用卡管理罪，是否与其所犯的诈骗罪实行数罪并罚。

【法院裁判要旨】

江苏省无锡市锡山区人民法院经审理认为：被告人钟嘉宝伙同他人以非法占有为目的，虚构事实骗取公民钱财，数额巨大，其行为已构成诈骗罪，系共同犯罪。被告人钟嘉宝非法持有他人银行卡，数量巨大，其行为又构成妨害信用卡管理罪。被告人钟嘉宝一人犯有两罪，应予并罚。被告人钟嘉宝参与通过拨打电话，虚构事实，对不特定多数人实施诈骗犯罪，酌情从重处罚。江苏省无锡市锡山区人民检察院起诉指控被告人钟嘉宝犯诈骗罪和妨害信用卡管理罪，事实清楚，证据确实、充分，指控罪名成立，本院予以支持。

江苏省无锡市锡山区人民法院依照《中华人民共和国刑法》第二百六十六条、第二十五条第一款、第一百七十七条之一第一款第二项、第六十九条第一款与第三款、第六十四条，《最高人民法院、最高人民检察院关于办理诈骗刑事案件具体应用法律若干问题的解释》第一条第一款、第七条之规定，判决如下：

一、被告人钟嘉宝犯诈骗罪，判处有期徒刑四年六个月，并处罚金人民币50000元；犯妨害信用卡管理罪，判处有期徒刑三年，并处罚金人民币20000元，决定执行有期徒刑六年，并处罚金人民币70000元；

二、涉案赃款人民币215400元继续追缴，发还给相关被害人。

上诉人钟嘉宝以其不是诈骗行为的直接实施者，不知所取钱款是诈骗的钱，不构成诈骗罪，亦不构成妨害信用卡管理罪，应构成洗钱罪为由提出上诉。

江苏省无锡市中级人民法院经审理认为：原审判决认定上诉人钟嘉宝犯诈骗罪、妨害信用卡管理罪的事实清楚，证据确实充分，量刑适当。钟嘉宝明知诈骗人员采用冒充熟人的方法实施电信诈骗而为其提供大量银行卡号，多次使用他人名下银行卡将诈骗所得赃款进行转账、取款，其行为符合诈骗罪的构成要件。钟嘉宝非法持有他人名下的银行卡，且数量巨大，其行为符合妨害信用卡管理罪的构成要件。原审判决根据钟嘉宝的犯罪数额、情节，并综合考虑其认罪态度等处罚情节，依法对其数罪并罚，所处刑罚量刑适当。上诉人钟嘉宝提出的上诉理由不能成立，均不予采纳。江苏省无锡市中级人民法院依照《中华人民共和国刑事诉讼法》第二百二十五条第一款第一项①之规定，裁定如下：

---

① 对应2018年《刑事诉讼法》第二百三十六条第一款第一项。

驳回上诉，维持原判。

【法官后语】

本案的争议焦点一是电信诈骗犯罪的“上家”未到案，只抓获帮助取款人，对其罪名及在共同犯罪中的地位、作用如何认定。二是帮助取款人触犯妨害信用卡管理罪，是否与其所犯的诈骗罪实行数罪并罚。

关于争议焦点一，《最高人民法院关于审理掩饰、隐瞒犯罪所得、犯罪所得收益刑事案件适用法律若干问题的解释》第五条规定，事前与盗窃、抢劫、诈骗、抢夺等犯罪分子通谋，掩饰、隐瞒犯罪所得及其产生的收益的，以盗窃、抢劫、诈骗、抢夺等犯罪的共犯论处。2016 年《最高人民法院、最高人民检察院、公安部关于办理电信网络诈骗等刑事案件适用法律若干问题的意见》第三条第五项亦明确规定，明知是电信网络诈骗犯罪所得及其产生的收益，以下列方式予以转账、套现、取现的，以掩饰、隐瞒犯罪所得、犯罪所得收益罪追究刑事责任……实施上述行为，事前通谋的，以共同犯罪论处。因此，区分诈骗罪的共犯和掩饰、隐瞒犯罪所得罪的关键在于认定帮助取款人与诈骗团伙之间是否事前有通谋。

电信网络诈骗犯罪团体因人数众多、分工负责、层级明确、流水线作业，且多是单线联系等特征，导致在认定共同犯罪的主观故意以及区分主从犯方面，成为司法实践的难点。对于如何认定事前通谋及在共同犯罪中的地位作用，我们认为应结合帮助取款人的认知能力、既往经历、行为次数和手段，其与诈骗团伙发生关联的时间点及持续时间、帮助取款人参与程度、获利情况、是否曾因电信网络诈骗受过处罚等主客观因素进行综合判断。结合本案，我们认定钟嘉宝的行为已构成诈骗罪，且不宜认定为从犯。(1) 被告人钟嘉宝在侦查期间多次供述稳定一致，均供认在犯罪前知道同案人员采用冒充熟人的方法进行电话诈骗，且其所作供述笔录与被害人的报案笔录、证人证言笔录、银行卡交易明细、支付宝账号及转账记录、视频截图照片等证据相吻合，其当庭翻供未作出合理解释，故应当认定钟嘉宝在犯罪前已与其他诈骗分子有犯意联络。(2) 钟嘉宝购买 POS 机、购买 57 张他人身份证、银行卡，用他人身份证注册支付宝账号，持有 200 余张信用卡，先后 11 次使用他人名下银行卡将诈骗所得赃款进行转账、取款，并收取 10% 的好处费，上述事实均证明钟嘉宝深度参与共同诈骗犯罪，且根据其行为次数和手段，其与诈骗团伙发生关联的时间点及持续时间、帮助取款人参与程度、获利情况，不宜认定为从犯。

关于争议焦点二，非法持有信用卡后实施电信诈骗犯罪是否构成牵连犯，从一重罪处罚，抑或数罪并罚。

非法持有信用卡与电信诈骗行为能否认定为牵连犯，应当区分不同情况作出不同处理。首先，有证据证明非法持有的他人或本人信用卡系用于实施电信诈骗犯罪，根据牵连犯的处罚原则，从一重罪处断。其次，行为人非法持有的部分非本人信用卡，如缺乏证据证明该信用卡系从事电信网络诈骗犯罪的，对上述情形2016年12月9日《最高人民法院、最高人民检察院、公安部关于办理电信网络诈骗等刑事案件适用法律若干问题的意见》第三条第四项规定，非法持有他人信用卡，没有证据证明从事电信网络诈骗犯罪活动，符合《刑法》第一百七十七条之一第一款第二项规定的，以妨害信用卡管理罪追究刑事责任。上述司法解释明确规定该情形应认定为妨害信用卡管理罪。最后，行为人持有大量的本人信用卡，如没有证据证明从事电信网络诈骗犯罪活动的，不宜作为犯罪处理。

针对本案，钟嘉宝的行为构成诈骗罪、妨害信用卡管理罪，应当数罪并罚。理由为：（1）公安机关在钟嘉宝住处起获信用卡204张，已查实150张在他人名下，钟嘉宝使用8张信用卡为本案认定的诈骗行为取现，其余持有信用卡行为已不能被诈骗罪所评价。（2）钟嘉宝虽陈述所持有的204张信用卡均准备用于帮助他人取现，但现有证据不能证明其持有上述信用卡均从事电信网络诈骗犯罪活动，故非法持有信用卡为独立的犯罪行为，应当与诈骗罪数罪并罚。

编写人：江苏省无锡市锡山区人民法院　王万钰

71

电子商务情境下“三角诈骗”的数额认定

——郭晓达诈骗案

【案件基本信息】

1. 裁判书字号

福建省泉州市安溪县人民法院（2017）闽0524刑初613号刑事判决书

2. 案由：诈骗罪

【基本案情】

被告人郭晓达自2016年7月以来，在湖北省黄冈市黄梅县某小区一单元×××室租房等地，通过互联网查找手机销售者、收购者的联系方式，然后分别联系，谎称其要购买手机、出售手机，诱骗手机销售者发货到收购者指定的地点，再利用销售者发送的货物骗取收购者的货款。至2016年11月11日被查获时止，共骗取被害人林兴旺等人40500元，拨打诈骗电话4415人次。被告人郭晓达于2016年11月11日被公安机关抓获，当场被扣押涉案的笔记本电脑、手机、手机卡、记录本等。在本案审理中，被告人郭晓达退缴赃款40500元。

【案件焦点】

利用信息网络实施的“三角诈骗”如何认定数额。

【法院裁判要旨】

福建省泉州市安溪县人民法院经审理认为：被告人郭晓达以非法占有为目的，采用虚构事实的方法，骗取公民财物，数额巨大，其行为已构成诈骗罪。公诉机关指控被告人郭晓达的犯罪事实及罪名成立。被告人郭晓达既有诈骗既遂，又有诈骗未遂，分别达到同一量刑幅度，依照诈骗既遂处罚。被告人郭晓达当庭认罪，酌定从轻处罚。其退清赃款，酌定从轻处罚。

福建省泉州市安溪县人民法院依照《中华人民共和国刑法》第二百六十六条、第六十四条，《最高人民法院、最高人民检察院关于办理诈骗刑事案件具体应用法律若干问题的解释》第六条，《最高人民法院、最高人民检察院、公安部关于办理电信网络诈骗等刑事案件适用法律若干问题的意见》第二条第一项之规定，作出如下判决：

一、被告人郭晓达犯诈骗罪，判处有期徒刑三年三个月，并处罚金8000元；

二、被告人郭晓达退缴的违法所得款40500元，发还给被害人林某某（发还时应先确定购买方林某某与销售方后期实际分担损失情况）；

三、没收被告人郭晓达被扣押的作案工具。

【法官后语】

本案争议焦点在于电子商务情境下三角诈骗的数额认定。基于电商平台交易与物流交付的便利性，利用货物与货款交付时间差进行“买卖通吃”的三角诈骗案件时有发生。例如，通过互联网查找有相对需求的买卖双方联系方式，分别联系，谎称买货、卖货，诱骗卖方将货物交付至买方指定地点，再利用卖方的货物骗取买方的货款。在此类三角诈骗案件中，作为实际买卖双方的被害人在经济损失上是有显著差异的，有的财货两空，有的换回部分货物，如何确定双方的实际损失和款项返还比例不能一概而论，需要具体案件具体分析。三角诈骗是我国从欧陆刑法引进的一个概念，我们同时也接受了其对该种特殊诈骗形式的界定。我国《刑法》对诈骗罪的规定属简单罪状，因此存在解释的空间。诈骗罪作为一种独立的侵财类型而存在，那么其在各个向度都具有典型特征可循。而三角诈骗虽然在形式上特殊，但其毕竟是诈骗罪的一种类型，因此当然应当体现出后者的这些典型性特征。这类三角诈骗案件的诈骗数额如何认定亦是实务界颇有争议的问题，一种观点认为，应以被害双方本利相抵后的亏空部分作为认定数额的依据，因为刑事犯罪案件大多以客观损失论；另一种观点认为，既然行为人的诈骗行为分别欺骗了买卖双方被害人，两个诈骗行为的犯罪对象和客观方面均不同，应按不同被害人分别累加计算诈骗数额。

利用信息网络实施的三角诈骗如何认定数额？笔者认为，首先需要明确的是，本案的被害人卖方存在不同的损失，但不能重复评价。一方面，卖方将手机发货，转移占有权给被告人是一种损失，此时的行为对象是手机本身。另一方面，也可以说，卖方将手机发货给被告人后，应当得到的货款没有得到，从经营过程来看，具体表现为买方支付的货款应当转移给卖方，但事实上却转移给被告人。这也是一种损失，此时的行为对象为货款。这两个损失只能评价一个，不能两个同时评价。对于买方而言，其支付货款后如果获得手机，则不存在实际的财产损失。禁止重复评价原则虽并不属于我国《刑法》的三大基本原则，但在我国司法实践中也有很大的体现。禁止重复评价原则可以理解为在刑法定罪量刑过程中禁止对同一犯罪实施重复评价。虽然三角诈骗行为针对的是买卖双方不同的诈骗对象，但是却是为了同一非法占有目的，缺了其中一方，三角诈骗关系都无法成立，卖方处分的财产与买方取得的财产具有同一性。因此，利用信息网络同时欺骗交易市场上下游的行为仅能认定为一个诈骗行为，其数额也只能根据被告人的非法获利情况计算一次，不可累加计算，否则客观上将加重对被告人的惩罚，有悖于罪责刑相适应原则。

编写人：福建省泉州市安溪县人民法院　陈洁　陈榕钜

72

汽车承租人骗租他人车辆并抵押借款行为构成诈骗罪还是合同诈骗罪

——林邦某诈骗案

【案件基本信息】

1. 裁判书字号

福建省宁德市中级人民法院（2017）宁刑终字第440号刑事判决书

2. 案由：诈骗罪

【基本案情】

2015年10月，林邦某以将王某所有的闽J3××××小型轿车（价值73277

元）放在其车行转租，并每月支付给王某租金6000元为由，从王某处取得该车。同月10日，林邦某在该车未实际转租他人的情况下，未经王某同意，伪造王某的承诺书，谎称王某委托其办理闽J3××××小车的质押手续，愿意将该车作为抵押物向被害人林庆某借款40000元。在取得林庆某信任后，林邦某以王某名义和林庆某签订旧车转让协议，同日，林庆某在预先扣除1600元后，通过手机银行转账到林邦某账户38400元。2016年2月，林邦某向林庆某支付利息2800元后，因无法还款予以逃匿。

另查明，被害人王某在收取上诉人林邦某小车租金11000元后，因无法联系到林邦某，经查找于2016年3月17日晚23时将停放在宁德市会展中心地下停车库的闽J3××××小轿车开走。同年4月6日，被害人林庆某向公安机关报案。同年10月29日，林邦某在湖北省武汉市蔡甸区东荆路附近被公安人员抓获。

【案件焦点】

对于汽车承租人骗租他人车辆并抵押借款行为应如何定罪量刑。

【法院裁判要旨】

福建省宁德市蕉城区人民法院经审理判决如下：

一、被告人林邦某犯诈骗罪，判处有期徒刑一年八个月，并处罚金人民币30000元；

二、责令被告人林邦某于本判决生效之日起三十日内退出赃款人民币37200元返还被害人林庆某。

宣判后，林邦某提出上诉。

福建省宁德市中级人民法院经审理认为：上诉人林邦某以非法占有为目的，采取虚构事实、隐瞒真相的方法，将从王某处租来的价值73277元车辆予以抵押，骗取林庆某借款35600元，其行为已构成诈骗罪。关于上诉人林邦某上诉称其向王某租车主观上并不具有非法占有车辆的故意，不应认定为犯罪的意见。经查，在案证据虽无法证实林邦某在租车之前就对王某所有的车辆具有非法占有故意，但租车后不久，其在未将车辆实际用于转租且未经王某本人同意的情况下，隐瞒真相并伪造虚假承诺书，以王某名义将该车转让抵押给林庆某用于借款，主观上对王某所有的车辆具有非法占有的故意，其行为构成犯罪。关于上诉人林邦某上诉称其行为应认定为合同诈骗罪，且原判诈骗数额认定有误的意见。经查，合同诈骗罪侵犯的客体不仅侵犯他人财产所有权，而且还侵犯合同管理制度和市场交易秩序。本案林邦某与王某口头约定的车辆租赁关系并非严格意义上的市场交易行为，林邦某将从王某处租借的汽车用于抵押借款，其侵犯的只是车主王某的财产所有权。林邦某虚构承诺书将车辆以车主王某的身份抵押给林庆某，从林庆某处骗取现金的行为，侵犯了林庆某的个人财产所有权。故上诉人林邦某的行为特征不符合合同诈骗罪构成要件，其行为应认定为诈骗罪。对于诈骗数额，上诉人林邦某基于一个非法占有的目的，连续实施两个诈骗行为，应择一重行为处罚，诈骗数额应以上诉人林邦某实际骗取的车辆价值予以认定。上诉人林邦某归案后能如实供述自己的犯罪事实，依法予以从轻处罚。上诉人林邦某向王某支付的租金 11000 元作为犯罪成本不应当从诈骗数额中予以扣除，鉴于上诉不加刑原则，按有利于被告人原则予以处理。原判定罪准确，量刑适当，审判程序合法，但原判责令退赔数额有误，应予纠正。上诉人的上诉意见无理，不予采纳。

福建省宁德市中级人民法院依照《中华人民共和国刑法》第二百六十六条、第六十七条第三款、第六十四条，《最高人民法院、最高人民检察院关于办理诈骗刑事案件具体应用法律若干问题的解释》第一条，《中华人民共和国刑事诉讼法》第二百二十五条第一款第一项及第二项①之规定，判决如下：

一、维持宁德市蕉城区人民法院（2017）闽 0902 刑初 378 号刑事判决第一项对上诉人林邦某定罪量刑部分之判决；

二、撤销宁德市蕉城区人民法院（2017）闽 0902 刑初 378 号刑事判决第二项中对赃款退赔之判决；

三、责令上诉人林邦某于本判决生效之日起二十日内退赔经济损失人民币 35600 元返还给被害人林庆某。

【法官后语】

近年来，我国融资需求与供给的矛盾催生了大量的民间非正规金融业务。在此背景下，借车或租车抵押借款的诈骗类案件频频发生。在审判实践中，对于此类案

① 对应 2018 年《刑事诉讼法》第二百三十六条第一款第一项、第二项。

件定性并非一概而论，而是需要根据具体案情作出具体认定。对于汽车承租人骗租车辆抵押借款行为是构成诈骗罪还是合同诈骗罪的问题。因合同诈骗罪侵犯的客体不仅侵犯他人财产所有权，而且还侵犯合同管理制度和市场交易秩序，故若承租人是向租赁公司骗租车辆并实施质押、典当、抵押借款等变现行为，其行为侵害到汽车租赁这一市场秩序，应定性为合同诈骗罪；若承租人是向自然人骗租车辆，达成的租赁协议并非基于生产经营目的，而是基于驾驶使用，犯罪行为侵犯的并非汽车租赁这一市场秩序，而是被害人的财产所有权，应当认定为一般诈骗罪。结合本案案情，林邦某与王某之间没有签订书面租赁合同，属于公民之间的一种临时的有偿借用关系，林邦某将王某处租借的汽车用于抵押借款套取现金，侵犯了王某的财产所有权，未实际侵害到汽车租赁这一市场秩序，故林邦某骗租王某车辆的行为应认定为诈骗罪。从本案情况来看，存在两个诈骗环节：一是林邦某以租车为名将王某的车辆骗到自己名下，侵犯了王某的财产所有权，林邦某实际取得的是汽车；二是林邦某虚构承诺书将车辆以车主王某的身份抵押给林庆某，从林庆某处骗取现金的行为，侵犯了林庆某的个人财产所有权。林邦某基于一个非法占有的目的，连续实施两个诈骗行为，并分别实际骗取他人财物62277元和35600元，这两个诈骗行为系手段行为和目的行为的牵连关系，应择一重行为处罚，本案诈骗数额以林邦某实际骗取的车辆价值62277元予以认定。另本案在案证据证实林庆某通过手机银行实际转账给林邦某38400元，后共收取林邦某利息款2800元，故林邦某实际变现得款为35600元。一审法院以双方约定的40000元扣除利息2800元作为实际变现钱款与在案证据相矛盾，二审法院予以纠正。

编写人：福建省宁德市中级人民法院　史玲芝

73

合同诈骗罪与诈骗罪的界限与区分

——洪建兴、黄雄师诈骗案

【案件基本信息】

1. 裁判书字号

福建省福州市鼓楼区人民法院（2017）闽0102刑初2号刑事判决书

2. 案由：诈骗罪

【基本案情】

2014年7月，惠安甲机械有限公司（以下简称甲公司）的一张4000万元的承兑汇票（保证金1600万元，实际贷款2400万元）到期。甲公司法人代表胡锦某请尤泽某（另案处理）帮忙还款2400万元后再贷款4000万元。尤泽某答应帮忙，后来还款成功但贷款失败，于是尤泽某与被告人洪建兴、黄雄师在甲公司驻点讨债。不久，尤泽某与洪建兴称他们在乙银行泉州分行（以下简称乙银行）有关系可以办理贷款，但要先做一个3000万元的百分百银行承兑汇票，贴现后支付六个月的利息给银行。尤泽某与洪建兴、黄雄师称他们可以找人办理这个承兑汇票，但别人要收取利息，胡锦某对此表示同意。2014年8月，尤泽某以到乙银行开具百分百银行承兑汇票需预存保证金3000万元的名义，经由黄雄师联系中介陈庆仪，后通过陈庆仪的介绍取得被害人蒋某某的信任，蒋某某同意借款2800万元并约定8月22日代打这笔保证金。

2014年8月14日，洪建兴和尤泽某到乙银行开立甲公司对公账户并购买转账支票、网银密钥、提交承兑汇票申请，同时预留了黄雄师的电话号码作为胡锦某的联系方式。2014年8月16日至21日，黄雄师到丙银行晋江龙湖支行（以下简称丙银行）开立甲公司对公账户并购买转账支票、网银密钥，同时预留了洪建兴的电话号码作为胡锦某的联系方式。其间，洪建兴在电话中冒充胡锦某同意甲公司在丙银行开户。同年8月21日，尤泽某将事先填好的面值2500万元的甲公司乙银行转账支票等寄存在乙银行经理涂书某处。

同年8月22日，由于蒋某某的资金尚未到位，洪建兴称如果资金不足，可以只要出资2400万元，甲公司自筹600万元。同年8月25日上午，尤泽某与洪建兴的账户共计转账110万元至甲公司乙银行的账户。同日上午9时许，蒋某某派人在陈庆仪的陪同下与胡锦某在甲公司内正式签订借款合同，洪建兴、黄雄师当时也在场。合同签订后，洪建兴将胡锦某于8月22日转入的前期费用20万元中的16.8万元转给陈庆仪作为中介费用，陈庆仪把其中的11.2万元转到蒋某某的建设银行账户作为借款利息。蒋某某于当日上午10时许通知财务人员在福州市鼓楼区五四路丁广场办公室内通过网银向甲公司乙银行账户转账人民币2400万元。上述款项到账后正式冻结为承兑汇票保证金前，涂书某通过尤泽某事先寄存的转账支票将2500万元转到上述甲公司丙银行账户。随后尤泽某又通过转账及网银将这笔资金进行拆解，转到另外的数十个账户，用于归还债务等。其间，乙银行、丙银行工作人员分别向黄雄师、洪建兴询问是否是公司法人胡锦某与是否同意将相应款项转出，黄雄师、洪建兴均冒充胡锦某并同意转账。随后，尤泽某与洪建兴、黄雄师变更通信方式逃匿。

【案件焦点】

在本案中，被告人洪建兴、黄雄师通过借款合同骗取被害人蒋某某的财物，其行为构成合同诈骗罪还是诈骗罪。

【法院裁判要旨】

福建省福州市鼓楼区人民法院经审理认为：被告人洪建兴、黄雄师伙同他人以非法占有为目的，采用虚构事实、隐瞒真相的方法，骗取他人钱款人民币2388.8万元，数额特别巨大，其行为均已构成诈骗罪。公诉机关指控的犯罪事实成立，但认定罪名及金额有误，应予纠正。[①] 本案中，被告人洪建兴、黄雄师等人在事先已经计划或者明知被害人转入的款项将被转走，根本无法正常办理承兑汇票的情况下，主导与被害人签订借款合同，其目的只是确保被害人将款项转入实际由他们控

① 公诉机关认定罪名：合同诈骗罪，认定金额：2400万元。

制的甲公司账户，并非实际想与被害人签订、履行合同，其行为符合诈骗罪的构成要件。另查明，被害人蒋某某于2014年8月25日已收到被告人洪建兴支付的借款利息人民币11.2万元，故该金额应在诈骗金额中予以扣除。被告人洪建兴明知被害人转入的款项将被转走，却积极主动地参与联系中介、开户、购买转账支票、签订借款合同、冒充他人同意转账等整个过程，且其与尤泽某系合伙关系，其名下的银行账户在案发前后与甲公司账户及涉案款项均有密切往来，其在共同犯罪中起着不可或缺的作用，应认定为主犯。被告人黄雄师在共同犯罪中起次要、辅助作用，系从犯，依法予以减轻处罚，但其在牵线联系出资人后尤泽某告知其款项会被转走的情况下，仍按照尤泽某指示到银行开户、购买转账支票、冒充他人同意转账，致使涉案人民币2400万元被转走，在量刑时减轻幅度应从严掌握。被告人黄雄师基本能如实供述自己的罪行，可以从轻处罚。

福建省福州市鼓楼区人民法院依照《中华人民共和国刑法》第二百六十六条、第二十五条第一款、第二十六条第一款、第二十七条、第六十七条第三款、第五十六条第一款、第五十五条第一款、第六十四条之规定，作出如下判决：

一、被告人洪建兴犯诈骗罪，判处有期徒刑十五年，剥夺政治权利二年，并处罚金人民币300000元；

二、被告人黄雄师犯诈骗罪，判处有期徒刑九年，并处罚金人民币100000元；

三、责令被告人洪建兴、黄雄师退赔被害人蒋某某人民币23888000元。

【法官后语】

本案的核心问题在于被告人通过借款合同骗取被害人财产的行为构成合同诈骗罪还是诈骗罪。准确把握合同诈骗罪和诈骗罪的界限，合理区分合同诈骗罪和诈骗罪的行为模式，是处理本案及其他相关案件的关键所在。

合同诈骗罪和诈骗罪的界限在于：第一，被告人与被害人之间是否订立合同。没有合同的存在，合同诈骗罪就丧失了赖以存在的基础。但是，即使双方订立了合同，具备了合同诈骗罪的基本构成要素，被告人骗取被害人财物的行为仍不一定构成合同诈骗罪。第二，被告人是否实施与合同约定内容相关的市场经济活动。我国刑法分则将合同诈骗罪规定在第三章“破坏社会主义市场经济秩序罪”的第八节“扰乱市场秩序罪”中，将诈骗罪规定在第五章“侵犯财产罪”中，因此对合同诈骗罪法律评价的侧重点在于被告人骗取被害人财物的行为对市场经济秩序的破坏，对诈骗罪法律评价的侧重点在于被告人骗取被害人财物的行为对公民基本财产权利的侵犯。合同诈骗罪的成立要求被告人必须为了签订、履行合同而实施了相关的市场经济活动，即事前筹备规划、事中协商约定与事后经营管理。如果被告人在客观上没有实施任何与合同约定内容相关的市场经济活动，那么双方订立的“合同”就仅仅是被告人骗取财物的工具而已。在这种情况下，即使合同中明确规定了双方在市场经济活动中的权利和义务，被告人骗取财物的行为也没有实际破坏、扰乱市场经济秩序，而仅仅是侵犯了被害人的基本财产权利，被告人的行为构成诈骗罪。第三，被害人是否因订立的合同而陷入认识错误并处分财物。即使被告人与被害人订立了合同且被告人实施了与合同约定内容相关的市场经济活动，认定合同诈骗罪的条件仍未充分，还必须要求订立的合同是导致被害人陷入认识错误而处分财产的主要原因。如果被害人陷入认识错误而处分财产与订立的合同无关，则被告人的行为不构成合同诈骗罪。

具体到本案中，双方虽然签订了借款合同，但被告人洪建兴、黄雄师客观上并没有实施与借款合同约定内容相关的市场经济活动，即借款的用途并不是用于到乙银行预存保证金、开具百分百银行承兑汇票，而是把借款合同作为骗取被害人蒋某某钱款的工具。被告人洪建兴、黄雄师的目的只是确保被害人蒋某某将款项转入实际由他们控制的甲公司账户，并非实际想与被害人蒋某某签订履行借款合同，这种行为没有实际扰乱市场经济秩序，而是侵犯了被害人的基本财产权利。此外，被告人洪建兴、黄雄师在整个犯罪过程中还多次冒充甲公司法人代表胡锦某开户和转账。因此，被告人洪建兴、黄雄师以非法占有为目的，采用虚构事实、隐瞒真相的方法骗取被害人蒋某某钱款的行为构成诈骗罪而非合同诈骗罪。

编写人：福建省福州市鼓楼区人民法院　罗增湧

西南政法大学法学院　马锦鸿

74

隐瞒真相以签订“确认书”的方式骗取赞助款的行为构成合同诈骗罪还是诈骗罪

——谭树某诈骗案

【案件基本信息】

1. 裁判书字号

湖南省耒阳市人民法院（2017）湘0481刑初347号刑事判决书

2. 案由：诈骗罪

【基本案情】

2015年7月以来，被告人谭树某利用其之前在“甲杂志社”隶属的“甲网”的工作经验以及熟悉“甲网”工作流程的便利，继续以“甲杂志社”衡阳站执行站长的身份到耒阳市各单位以廉洁共建以及帮对方做宣传为由拉取赞助款。谭树某通过与各单位签订其自行设计并加盖“甲网”公章的“××·衡阳”廉洁共建确认书（“甲网”对其自行设计的“××·衡阳”廉洁共建确认书一事并不知情），让对方将赞助款项汇入其个人的衡阳市乙文化有限公司账户。其间共骗取耒阳市丙中学、丁中学、戊办事处、己办事处、庚局、辛局等单位赞助款138780元（其中128780元既遂，10000元未遂）

【案件焦点】

签订“廉洁共建确认书”是否是平等民事主体间签订合同的行为。

【法院裁判要旨】

湖南省耒阳市人民法院经审理认为：被告人谭树某冒充“甲网”工作人员以签订廉洁共建确认书的方式收取“赞助款”，各被害单位基于对谭树某“甲网”衡阳频道执行站长身份的错误认识而交付“赞助款”，廉洁共建确认书仅仅是交付钱财的形式，不能认定为在合同签订、履行过程中骗取对方当事人财物，应认定为普通诈骗罪。

湖南省耒阳市人民法院依照《中华人民共和国刑法》第二百六十六条、第六十七条第一款、第七十二条第一款及第三款、第七十三条第二款及第三款、第五十二条、第五十三条的规定，作出如下判决：

被告人谭树某犯诈骗罪，判处有期徒刑二年，缓刑三年，并处罚金人民币10000元。

宣判后，被告人未提起上诉，公诉机关也未提起抗诉。

【法官后语】

本案处理重点主要在于判断签订“廉洁共建确认书”是否是合同法上的签订、履行合同。对此有一种观点认为，《刑法》第二百二十四条规定，“有下列情形之一，以非法占有为目的，在签订、履行合同过程中，骗取对方当事人财物，数额较大的，处三年以下有期徒刑或者拘役，并处或者单处罚金；数额巨大或者有其他严惩情节的，处三年以上十年以下有期徒刑，并处罚金；数额特别巨大或者有其他特别严重情节的，处十年以上有期徒刑或者无期徒刑，并处罚金或者没收财产：（一）以虚构的单位或者冒用他人名义签订合同的……”，本案被告人与被害单位的廉洁共建业务，具有市场交易性质，是平等主体的具有经济内容的文化产业领域事务，属于商事合同，被告人收款均在签订、履行合同过程中，且所收取的款项均是确认书的款项，符合刑法规定合同诈骗罪的以虚构的单位或者冒用他人名义签订合同的情形，应当以合同诈骗罪对被告人定罪。另一种观点认为，合同是指当事人之间为实现一定目的，明确相互权利义务的协议，合同法律制度集中体现和反映了商品经济关系发展的内在要求和一般规则，是维护社会经济秩序的基本保证。合同诈骗罪侵犯的是双重客体，即既侵犯了合同对方当事人的财产所有权，又侵犯了市场秩序。其保护的法益是国家的经济秩序。故此，合同诈骗罪中的合同应仅指经济合同。本案被告人以非法占有为目的，隐瞒其已不具备“甲网”衡阳频道执行站长身份的真相，以签订廉洁共建确认书的方式，骗取被害单位的“赞助款”，被害单位是基于其身份而交付钱财，而不是基于确认书的内容交付钱财，该廉洁共建确认书表面上具备合同形式，双方实际上并不是在履行合同的过程，被告人也只是利用廉洁共建确认书这一形式实施诈骗行为。故对被告人应以普通诈骗罪定罪。

编写人：湖南省耒阳市人民法院 李慧

75

骗用型非法占有目的的认定

——陈某诈骗案

【案件基本信息】

1. 裁判书字号

北京市石景山区人民法院（2017）京0107刑初232号刑事判决书

2. 案由：诈骗罪

【基本案情】

2016年6月28日，被告人陈某以帮助被害人李某某孩子上大学为名，骗取其信任并索要钱款。后李某某在北京市石景山区苹果园大街甲银行ATM机上汇款给陈某人民币12万元，陈某将钱款用于偿还其个人欠款。被告人陈某于2017年2月17日被公安机关查获。

被告人陈某家属代陈某于2017年2月23日将赃款12万元全部退赔被害人李某某并赔偿被害人经济损失2.5万元，被害人李某某对陈某予以谅解。

公诉机关认为陈某以非法占有为目的，采用虚构事实的方法，骗取他人财物，数额巨大，其行为已构成诈骗罪，依法应予惩处。陈某对公诉机关指控的事实不持异议，辩称：其不属于非法占有，仅系挪用该钱款并具有返还意思。辩护人的辩护意见为：陈某系初犯，已退赔被害人经济损失并得到被害人谅解，认罪悔罪态度较好。

【案件焦点】

如何理解与认定“以非法占有为目的”这一诈骗犯罪的主观要件。

【法院裁判要旨】

北京市石景山区人民法院经审理认为：被告人陈某以非法占有为目的，采用虚构事实的方法，骗取他人财物，数额巨大，其行为已构成诈骗罪，依法应予惩处。北京市石景山区人民检察院指控被告人陈某犯诈骗罪的事实清楚，证据确实、充分，指控的罪名成立。鉴于被告人陈某到案后能够如实供述犯罪事实，当庭自愿认罪，已积极退赔被害人经济损失，并取得被害人谅解，可对其依法从轻处罚并依其悔罪表现适用缓刑。被告人陈某对公诉机关指控的事实均予认可，陈某关于其不属于非法占有，仅系挪用该钱款并具有返还意思之意见，法院认为，虽然大多数财产犯的行为人具有永久性占有财产的目的，但非法占有目的并不以永久性的排除意思为必要，只要行为人出于自己获利的目的将他人财产作为自己的所有物进行支配、利用及处分，即便待一定时间利用完成后具有返还的意思，亦属非法占有的一种表现形式，故陈某的上述意见，法院不予采纳。辩护人关于被告人陈某系初犯，已退赔被害人经济损失并得到被害人谅解，认罪悔罪态度较好的辩护意见，法院予以采纳。

北京市石景山区人民法院依照《中华人民共和国刑法》第二百六十六条，第六十七条第三款，第七十二条第一款、第三款，第七十三条第二款、第三款，第五十二条，第五十三条，第六十一条及《最高人民法院关于适用财产刑若干问题的规定》第五条之规定，作出如下判决：

被告人陈某犯诈骗罪，判处有期徒刑三年，缓刑四年，并处罚金人民币4000元。

【法官后语】

成立诈骗等财产罪以非法占有目的为要件，针对非法占有目的的基本含义，存在两种不同观点：第一种观点认为，行为人必须具有将他人财物非法占为己有，即永久性剥夺他人财产的意图，才能认定为非法占有目的。第二种观点认为，非法占有目的并不以永久性的排除意思为必要，只要行为人出于自己获利的目的将他人财产作为自己的所有物进行支配、利用及处分，即便待一定时间利用完成后具有返还的意思，亦属非法占有的一种表现形式。

对于达到一定数额、程度的骗用他人财物的行为，是否应当认定行为人属于以非法占有为目的，进而构成诈骗罪。笔者同意上述第二种意见——非法占有目的的认定不必须以行为人永久性剥夺他人财产的意图为必要，只要行为人具有将他人的财产作为自己的财产进行支配、利用、处分的意思时，便具备非法占有的目的。

首先，认为非法占有目的仅指“永久性剥夺公私财产的意图”，会出现将应予以处罚的骗用行为排除在诈骗罪之外的情况。诚然，并非任何的骗用行为都成立犯罪，如以使用后返还的意思，骗用他人的财物致轻微侵害的，不值得科处刑罚。但是，并非所有以使用后返还为目的的一时使用的行为均不具有可罚性。对于可罚性的判断，不仅要考虑行为人有无返还的意思、使用时间的长短，更要考虑财物的重大性、对被害人的利用可能性的妨害程度等。因此，妨害他人利用财物达到一定可罚程度的骗用行为，即行为人虽然具有返还的意思，但具有侵害所有人相当程度的利用可能性的意思时，应当认定为以非法占有为目的，构成诈骗犯罪，科处刑罚。

其次，从骗用行为所侵害的法益上看，具有归还意思的骗用行为，行为人一方面消耗了财物的利用价值，更为重要的另一方面是，即使是一时性地取得财物的行为，也可能造成值得科处刑罚的法益侵害。例如，本案陈某利用被害人一方上大学心切的急迫心理，以能够帮助被害人孩子上大学为名，骗取被害人的信任并索要钱款 12 万元。在收到钱款后，陈某将该钱款用于归还其个人债务。陈某的供述及被害人的陈述等能够相互印证，证明在约定期满后，陈某欲分期归还上述钱款，后被害人不满分期、要求一次性归还而未果。自 2016 年 6 月骗得钱款至 2017 年 2 月案发后退赔期间，陈某占有、支配、使用该钱款为自己所用，其行为侵害了被害人的财产权。因此，即使一时地取得财物的行为也造成了法益的侵害，不能一概要求行为人具有永久性排除意思才构成非法占有目的。

综合以上分析，陈某采用虚构事实、隐瞒真相的方法，骗取他人财物为己所用，即便主观上具有利用后即返还的意思，仍属于以非法占有为目的，构成诈骗罪，且数额巨大，依法应予惩处。鉴于陈某到案后能够如实供述犯罪事实，已积极退赔被害人经济损失，并取得被害人谅解，可对其依法从轻处罚并依其悔罪表现适用缓刑。最终判处陈某有期徒刑三年，缓刑四年，并处罚金人民币 4000 元。

编写人：北京市石景山区人民法院　李婧

76

以高息借贷为名的诈骗犯罪中被告人非法占有的主观故意的认定

——李某诈骗案

【案件基本信息】

1. 裁判书字号

云南省玉溪市中级人民法院（2017）云 04 刑终 155 号刑事判决书

2. 案由：诈骗罪

【基本案情】

2011 年至 2016 年，被告人李某在投资股票、期货严重亏损，明知自己无偿还能力的情况下，仍隐瞒真相，虚构入股公司分红、投资理财、资金周转等事实，允诺以高额利息回报，先后向被害人赵某等三十人多次借款。借款被其用于投资股票、期货、×××金融互助平台及支付借款利息等。2016 年 6 月，因投资股票、期货、×××金融互助平台均亏损，李某无力偿还到期借款，其销毁账本，于 2016 年 6 月 19 日携带部分资金潜逃，后于 2016 年 7 月 10 日在广西壮族自治区北海市海城区被民警抓获。案发至今，李某退缴赃款共计人民币 316370 元（其中 3300 元为航天纪念币）。至案发借款共计人民币 10750329 元，其间偿还本金共计人民币 1433000 元，支付利息共计人民币 2921034 元，案发后被害人自行追回人民币 69660 元，无法偿还人民币 6326635 元。

【案件焦点】

以高息借贷为名实施的诈骗犯罪中，被告人李某认为自己是投资失败暂时无力偿还，不具有非法占有的主观故意。如何根据在案证据认定此类诈骗罪中非法占有的主观故意。

【法院裁判要旨】

云南省玉溪市江川区人民法院经审理认为：被告人李某的供述、证人施某甲、施某乙等人的证言、账户交易情况等证据均能相互印证李某曾因投资股票等严重亏损，之后不断借钱投资股票、期货、×××金融互助平台以及支付借款利息，在上述投资均严重亏损后销毁账本、携款潜逃的事实下，足以证实其无偿还借款的能力，对借款具有非法占有的主观故意。其次，在客观方面，本案证据证实被告人李某允诺高息，以资金周转、帮人刷信用卡、投资理财等虚假事实为由向本案被害人借款，隐瞒了其无能力归还的财务状况及其不归还相关借款的心理事实，就是虚构事实、隐瞒真相。综上，李某主观上具有非法占有的主观故意，客观上也实施了虚构事实、隐瞒真相、骗取钱财、销毁账本、携款潜逃的行为，其行为构成诈骗罪。所以，李某认为其是欠钱暂时还不了，以及辩护人提出不能确认李某何时丧失偿还能力、对民间借款具有非法占有的目的的辩护意见，不予采纳。

云南省玉溪市江川区人民法院依照《中华人民共和国刑法》第二百六十六条、第六十七条第三款、第六十四条之规定，作出如下判决：

一、被告人李某犯诈骗罪，判处有期徒刑十四年，并处罚金人民币120000元；

二、随案移送的涉案款人民币316370元（含航天纪念币）发还被害人（详见附后的《涉案款发还清单》），白色甲牌手机十部、白色乙牌手机二部、蓝边黑色乙牌手机一部、金色丙手机一部、墨蓝色丁牌手机一部（粉色手机套）、白色戊牌手机一部、记事本九本、中国己银行卡七张、中国庚银行卡二张、云南省辛银行卡二张、中国壬银行卡一张、黑色POS机三台，予以没收。

判决宣判后，被告人李某持原审辩解提起上诉。

云南省玉溪市中级人民法院经审理认为：李某投资亏损无实际偿还能力，以给付高息、编造借款用途等手段，骗取他人资金，至案发时尚有600余万元未偿还，其行为触犯我国刑法第二百六十六条、《最高人民法院、最高人民检察院关于办理诈骗刑事案件具体应用法律若干问题的解释》第一条之规定，构成诈骗罪，且数额特别巨大，应在十年以上有期徒刑定罪处罚。原判根据本案的证据及据以认定的案件事实，结合本案的犯罪情节和危害程度，对上诉人李某的定罪处刑并无不当。但原判未依据我国刑法第六十四条及《最高人民法院关于适用刑法第六十四条有关问题的批复》的规定，责令原审被告人对非法占有的财产予以退赔，应予纠正。

云南省玉溪市中级人民法院依照《中华人民共和国刑法》第二百六十六条、第六十七条第三款、第六十四条，《中华人民共和国刑事诉讼法》第二百二十五条第一款第一项及第二项①的规定，作出如下判决：

一、维持玉溪市江川区人民法院（2017）云0421刑初66号刑事判决；

二、责令上诉人（原审被告人）李某退赔玉溪市江川区人民法院（2017）云0421刑初66号刑事判决书确定的各被害人的损失认定金额。

【法官后语】

本案处理的重点在于对被告人非法占有他人财物的主观故意的认定。诈骗罪具有以下特征：（1）行为人主观上出于故意，并且具有非法占有公私财物的目的。（2）行为人实施了诈骗行为。（3）诈骗公私财物数额较大。其中，行为人是否具有非法占有公私财物的目的是区分诈骗罪与民事债务纠纷的重要界限。如果行为人只是由于客观原因，一时无法偿还，则可能只是属于民事债务纠纷；而如果行为人是以非法占有为目的，不是因为客观的原因不能归还，而是根本不打算偿还，那其行为可构成诈骗罪。

在本案中，在实施诈骗之前，李某投资股票、期货严重亏损，其明知自己无偿还能力，仍隐瞒真相，虚构入股公司分红、投资理财、资金周转等事实，允诺高额利息回报，先后向多名被害人借款。借款的资金用于投资股票、期货、×××金融互助平台及支付借款利息等。之后因投资股票、期货、×××金融互助平台均亏损，其无力偿还到期借款，便销毁账本，携带部分资金潜逃。从行为人事前、事中、事后的客观表现，可以推定其具有非法占有他人财物的主观故意。

值得注意的是，在通过行为人的客观表现来认定其主观犯罪故意时需要十分谨慎，要达到证据方面排除一切合理性的怀疑。因为行为人的主观心态隐藏于其内心，我们只能通过行为人外部的行为进行推定，而推定又是司法人员的主观判断，不同的司法人员根据同一案件中的证据会构建出不一样的案件事实，得出不同的结论。所以，在运用推定时，必须严格遵守“无罪推定”的原则，对实施以高息借款为名的诈骗行为应予以充分考量，充分考量行为人诈骗前有没有偿付能力，借款的

① 对应2018年《刑事诉讼法》第二百三十六条第一款第一项、第二项。

用途与实际用途的区别、高息借款与实际收益的差额、是否转移、挥霍款项、是否有销毁账本等因素。只有所有的证据都能构成完整的证据锁链，才能以诈骗罪予以定罪量刑。反之，其中任何一个环节，可能有其他合理解释，如行为人借款之前有偿付能力，在借款后改变借款用途，导致借款不能归还则属于民事纠纷的范畴。

编写人：云南省玉溪市江川区人民法院　唐炳丽

（五）职务侵占罪

77

信用社人员用他人姓名办理贷款的行为应如何定性

——吕广武职务侵占案

【案件基本信息】

1. 裁判书字号

河南省新乡市延津县人民法院（2017）豫0726刑初15号刑事判决书

2. 案由：职务侵占罪

【基本案情】

2008年5月，被告人吕广武利用其担任延津县甲信用社信贷员并保管张某某、李某某等人（曾在甲信用社担保贷款）身份信息的职务便利，在张某某、李某某等人不知情的情况下，使用其身份信息和印章，伪造两笔虚假贷款借据，其中以张某某为借款人的一笔400000元，以李某某为借款人的一笔500000元，共计骗取延津县甲信用社贷款900000元。

案发前，被告人吕广武归还延津县甲信用社167976元；案发后，退还200000元，余下532024元未退还。

【案件焦点】

对被告人的行为如何定性。

【法院裁判要旨】

河南省新乡市延津县人民法院经审理认为：被告人吕广武身为延津县甲信用社信贷员，利用职务上的便利，冒用他人的名义骗取本单位贷款，据为已有，且数额较大，其行为已构成职务侵占罪，延津县人民检察院变更起诉指控的罪名成立。针对被告人及其辩护人辩称被告人吕广武的行为构成骗取贷款罪。经查，被告人吕广武身为甲信用社信贷员，利用其保管借款人张某某、李某某等人的信息和短期借款不用领导审批的职务便利，在借款人和担保人均不知情的情况下，冒用其名义签订借款合同，骗取本单位资金，并将该款打入本人存折上后支取。其主观上具有非法占有目的，客观上也将该款项据为已有。被告人及辩护人的该辩护意见，理由不成立，不予采纳。针对辩护人辩称吕广武有自首情节，可以从轻或减轻处罚。经查，被告人吕广武虽系主动到案，但在取保候审期间外逃，后被公安机关抓获归案。根据《最高人民法院关于处理自首和立功具体应用法律若干问题的解释》第一条第一项“犯罪嫌疑人自动投案后又逃跑的，不能认定为自首”的规定，被告人吕广武不构成自首，依法不予从轻处罚。鉴于被告人吕广武案发前后已归还部分款项，系初犯，可酌情从轻处罚。辩护人的该项辩护意见，予以采纳。根据《中华人民共和国刑法》第二百七十一条第一款、第六十四条之规定，判决如下：

一、被告人吕广武犯职务侵占罪，判处有期徒刑三年六个月；

二、责令被告人吕广武退赔被害单位延津县农村信用合作联社人民币532024元。

【法官后语】

本案的争议焦点是被告人身为信用社信贷员，利用其掌管原借款人的身份证复印件的便利条件，采取欺骗的手段骗取了所在金融机构的贷款，最终给所在的金融机构造成了重大的经济损失，对被告人的行为到底该如何定性。

认为构成骗取贷款罪的意见是，吕广武的行为表面上看是利用了其信贷员身份的职务之便侵吞了单位的资金，但实质上是行为人吕广武采取虚构事实、隐瞒真相的手段和方法，冒用他人身份信息和签名，使信用社相关人员陷入了错误的认识，并在这个错误认识的基础上决定向吕广武发放贷款资金，吕广武从而取得了涉案的90万元资金，给信用社造成了重大损失。吕广武的欺骗行为和信用社工作人员的发放贷款行为之间具有刑法上的因果关系，故应认定吕广武的行为构成骗取贷款罪。

认为被告人构成职务侵占罪的意见是，吕广武作为信用社信贷员，利用自己在信用社经手贷款业务、熟悉客户信息的便利条件，取得了张某某、李某某的身份信息和印章，并采取伪造贷款手续的方法，骗取了本单位的90万元贷款，且对该90万元贷款并没有按期还款的打算，具有非法占有的目的。吕广武身为信用社信贷员，利用职务上的便利，冒用他人的名义骗取本单位贷款，据为己有，且数额较大，其行为触犯了《中华人民共和国刑法》第二百七十一条第一款的规定，应当以职务侵占罪追究其刑事责任。

从两罪的犯罪构成来看：骗取贷款罪是指以欺骗手段取得银行或者其他金融机构贷款，给银行或者其他金融机构造成重大损失或者有其他严重情节的行为。该罪的构成要件是：(1) 侵犯的客体是金融秩序和安全；(2) 客观方面表现为以欺骗手段取得银行或金融机构贷款，给银行或其他金融机构造成重大损失；(3) 犯罪的主体是一般主体；(4) 主观方面表现为故意。职务侵占罪是指公司、企业或者其他单位的人员利用职务上的便利，将本单位财物占为己有，数额较大的行为。本罪的构成要件是：(1) 侵犯的客体是公私财产的所有权。(2) 客观方面表现为利用职务上的便利，将本单位财物非法占为己有，数额较大的行为。(3) 本罪为特殊主体，即公司企业或者其他单位的人员。(4) 主观方面表现为故意，即具有将本单位财物非法占为己有的目的。

骗取贷款罪与职务侵占罪的主要区别：一是在主观方面，骗取贷款罪不要求行为人在主观上具备非法占有的目的，而职务侵占罪在主观上表现为直接故意，且具有非法占有公司、企业或其他单位财物的目的。二是在主体方面，骗取贷款罪的主体是一般主体，任何达到刑事责任年龄，具有刑事责任能力的自然人均可构成，而职务侵占罪要求特定的主体，是指公司、企业或者其他单位的员工以及国家机关、国有公司、企业、事业单位中并未从事公务的非国家工作人员。

结合本案来看，被告人系信贷员，符合特殊主体要件，其虽然没有直接保管贷款的权利，但是本人有经手发放贷款、替贷款户归还贷款的权利。本案中贷款是在两位借款人都不知情、都没有到场的情况下，完全由被告人一人将贷款手续全部办理，正如被告人自己供述的短期借款可以简便手续，暂时不用领导审批，被告人正是利用本人手中保管有其他贷款人个人身份信息的便利条件，伪造了贷款手续，骗取单位领导的信任后，获得了贷款。在获得贷款后，被告人并未将贷款交付两位借款人，而且事后利息一直也是由被告人直接归还，应当认定被告人具有非法占有贷款的目的，综上，被告人吕广武的行为应按照职务侵占罪定罪处罚。

编写人：河南省新乡市延津县人民法院　王颖

（六）挪用资金罪

78

利用职务便利虚设同类企业，挪用原单位资金为己谋利行为的定性

——章永某挪用资金案

【案件基本信息】

1. 裁判书字号

浙江省绍兴市中级人民法院（2017）浙06刑终456号刑事裁定书

2. 案由：挪用资金罪

【基本案情】

诸暨市甲针织科技有限公司（以下简称甲公司）系从事针织品、纺织品的研发、制造、销售以及进出口业务经营的有限责任公司，肖华某系该公司的法定代表人。2014年9月，被告人章永某被甲公司聘用为业务副总经理，负责甲公司的外贸业务和日常管理。2015年8月31日，被告人章永某与李军某出资设立与甲公司从事相近业务的诸暨市乙针纺有限公司（以下简称乙公司）。2015年9月，被告人章

永某利用其主管甲公司业务的职务便利，通知与甲公司有业务往来的美国丙有限责任公司和我国台湾地区丁公司，谎称已经改由乙公司的账户代收甲公司的货款，要求对方把应付给甲公司的货款打入乙公司账户。后美国的丙有限责任公司在2015年9月25日汇入乙公司账户4864.80元美金、10月8日汇入59095.80元美金、10月27日汇入7488.12元美金、12月7日汇入17000元美金，四笔货款合计88448.72元美金；丁公司于2015年10月9日向乙公司账户汇入27180元美金，10月26日汇入12990元美金，二笔货款合计40170元美金。上述甲公司的应收货款在汇入乙公司的账户后，共结汇人民币816557.20元。货款到账后，被告人章永某向甲公司的法定代表人肖华某隐瞒了已经收到货款的事实。2015年10月，甲公司的法定代表人肖华某在感觉到甲公司的货款回收不正常后，欲将甲公司转让给被告人章永某并由其经营。2015年10月28日，肖华某与其妻子陈晓某（亦为甲公司的股东）作为甲方与被告人章永某作为乙方订立股权转让协议一份，约定：甲方同意将其在甲公司所持的股权全部转让给乙方，转让价为人民币1000元；甲公司在2015年10月31日之前购置的固定资产、办公用品及相应的订单出货、出口退税、债权等均归甲方所有，乙方在2015年11月1日之后购置的所有固定资产、办公用品等属于乙方拥有并享有支配权；协议经双方签订后于2015年11月1日生效等。同日，双方又签订股权转让补充协议一份，约定：2015年10月31日前，公司所有相对应订单出货或出货的货款由乙方负责催收，对应收款日期的货款尚未到账的，甲方允许乙方延后30天时间催收，在催收时间还未到账，乙方承担全部对应的未到货款并在10个工作日内支付甲方，若乙方违约须支付甲方违约金2万元并赔偿甲方的一切经济损失；2015年10月31日之前甲乙双方一致同意所有的债权债务需要涉及公章部分，必须有公章和法人签字或者法人的手印方可生效，单一公章甲方不认可，也是无效的；2015年10月31日之前所有相对应的订单、货款，在甲方全部收到及退税完毕后，甲方在15个工作日内将公司的法人章以及授权U盾转交乙方并在15个工作日内变更手续。该补充协议经双方签字后，肖华某通过对账，发现在补充协议上载明的需由章永某催收的货款明细与实际入账的金额存在着较大的出入，随即在补充协议上另行载明“经核实，以上明细和金额双方确认（有）较大误差，在2015年11月11日之前由双方另签补充协议。现补充协议作废，公司每单出货数量应对（即对应）付加工户货款数量”等字样，并由肖华某和章永某对手写部分签名确认。嗣后，被告人章永某未能支付股权转让款1000元，亦未将在协议签订时已经收到的以及后续收到的、属于甲公司的货款按照股权转让协议的约定支付给肖华某。反而在2015年10月，被告人章永某以乙公司的名义向诸暨市大唐镇金家村的孙红云租赁厂房，通过银行转账在2015年10月29日支付租金10万元、11月10日支付租金5万元，并用现金缴纳保证金1万元。同时，被告人章永某用收到的货款为甲公司支付郭奎某、万义某等加工户的加工费，退还定金，支付相关运费等，合计开销25万元左右。2015年12月10日，肖华某向诸暨市公安局报案，控告章永某利用职务之便将业务单位回收的货款打入其个人设立的乙公司账上。诸暨市公安局以章永某涉嫌职务侵占于2015年12月14日立案侦查，并于2015年12月15日由杭州铁路公安处诸暨站派出所的民警在诸暨火车站将其抓获归案。案发后，被告人章永某及其家属已退还甲公司款项48.5万元，并向诸暨市公安局退缴人民币6.8万元。

【案件焦点】

被告人章永某的行为是一般的经济领域中擅自处分公司财产行为，还是构成了挪用资金罪。

【法院裁判要旨】

浙江省诸暨市人民法院经审理认为：首先，在主体身份上，被告人章永某自2014年9月起至案发时止担任甲公司的业务副总经理，负责甲公司的外贸业务和日常管理，而甲公司系由自然人肖华某与陈晓某出资设立的有限责任公司，因此，被告人章永某的身份属于非国有公司中的非国家工作人员，符合挪用资金罪的主体构成要件。

其次，被告人章永某是否存在利用职务上的便利，擅自使用本单位的资金归个人进行营利活动的行为。依据现有证据，可以认定：被告人章永某在甲公司担任副总经理期间，利用其负责公司外贸业务的便利条件，擅自告知相关业务单位将甲公司的应收货款汇至其私自设立的乙公司的账户；同时，被告人章永某与甲公司的法定代表人肖华某在2015年10月28日签订股权转让协议时，其已经明知美国的丙有限责任公司、我国台湾地区的丁公司在此之前均已有货款汇入。在明知甲公司的应收款已经回收的情况下，被告人章永某仍恶意隐瞒上述事实，给肖华某造成应收货款尚未收到的假象，之后又用汇入乙公司账户的货款为乙公司支付租赁厂房的租金15万元。而乙公司系被告人章永某于2015年8月31日与李军某共同出资设立、由其实际控制、与甲公司从事相近业务的有限责任公司。虽被告人章永某在审查起诉阶段和审判阶段均辩解其告知相关业务单位将甲公司的应收货款汇入乙公司系得到甲公司的授权，并以加盖甲公司公章的授权委托书为证，而且其以乙公司的名义租赁厂房，其也是为了甲公司的生产经营，不能视作为其个人进行营利活动。对此，甲公司的法定代表人肖华某明确予以否认。其表示从未授权章永某以其个人名义或者以乙公司的名义收取甲公司的货款，也不需要章永某为甲公司另行租赁厂房。本院认为，从肖华某与被告人章永某签订股权转让协议、补充协议的整个过程和两份协议上体现的内容上综合分析，单凭盖有甲公司公章的授权委托书在公司法定代表人予以否认，且在订立补充协议时双方明知仅加盖公章存在形式上的瑕疵，需要进一步满足形式要件的情形下，无法证实被告人章永某以及乙公司代收甲公司的货款是征得甲公司及其法定代表人肖华某的明确授权，肖华某在签订协议时并不知晓涉案的货款已经回收，其亦没有必要在甲公司租赁的厂房尚未到期的情况下需要章永某为其租赁其他的厂房。因此，被告人章永某的上述行为仍是为了章永某个人的营利活动。被告人章永某就此作出的辩解与客观事实不符，本院不予采信。本院认定，被告人章永某利用收取甲公司的货款以乙公司的名义租赁厂房系其利用职务上的便利，擅自使用本单位的资金归个人使用进行营利活动的行为。

基于上述理由，被告人章永某挪用的资金属于甲公司的应收货款，故侵犯的客体是甲公司对应收货款的占有权、使用权、收益权。在主观方面，被告人章永某从设立乙公司，进行虚假陈述，恶意隐瞒收款真相，又从乙公司的账户中转出款项用于支付自身企业的租金等一系列明示的行为表现出其挪用资金的行为具有长期的预谋和准备，各阶段的犯意相连，犯罪手段隐蔽，应属直接故意。综上，被告人章永某的行为符合挪用资金罪的犯罪构成，被告人和辩护人关于被告人无罪的辩护意见不能成立。据此，依照《中华人民共和国刑法》第二百七十二条第一款、第六十四条、第六十五条，《最高人民法院、最高人民检察院关于办理贪污贿赂刑事案件适用法律若干问题的解释》第十一条、第六条之规定，判决如下：

一、被告人章永某犯挪用资金罪，判处有期徒刑一年；

二、退缴在诸暨市公安局的赃款人民币68000元返还被害单位诸暨甲针织科技有限公司。

被告人章永某坚持其在原审过程中的辩解意见提起上诉。

浙江省绍兴市中级人民法院经审理确认了一审认定的事实和证据，认为原审判决认定的事实清楚，适用法律正确。根据《中华人民共和国刑事诉讼法》第二百二十五条第一款第一项①之规定，裁定如下：

驳回上诉，维持原判。

【法官后语】

挪用资金罪，是指非国有的公司、企业或者其他单位中的非国家工作人员，利用职务上的便利，挪用本单位资金归个人使用或者借贷给他人，数额较大，超过三个月未还的，或者虽然未超过三个月，但数额较大，进行营利活动的，或者进行非法活动的行为。因此，本罪的主体为非国有的公司、企业或者其他单位中的非国家工作人员，侵犯的客体是公私财产所有权中的占有权、使用权、收益权，主观方面表现为直接故意，客观方面表现为利用职务上的便利，擅自动用本单位的资金归个人使用或者借贷给他人的行为。本案中，被告人章永某的犯罪手段隐蔽，与传统犯罪中利用职务便利直接挪用单位资金不同，其是利用自身的职务便利一手操控"公、私"两家公司，"明修栈道、暗度陈仓"，为己谋私利，在现实社会生活中具有典型意义。因被告人章永某精通外贸业务，故甲公司的法定代表人肖华某才聘其作为公司的副总，负责公司的外贸业务。就商业信誉和职业道德而言，被告人章永某应从甲公司利益的角度考虑，为甲公司谋利。但其却另有打算，作为甲公司外贸业务的实际执行人，其拥有得天独厚的便利条件，可以利用自身懂业务、懂外语的优势，垄断公司与客户之间的联系、发货、结算等业务往来。其一边为单位工作，一边利用自身优势偷偷设立具备同业竞争关系的公司，私下转移甲公司的应收款，为己谋利。该行为已经严重违反职业道德和商业从业人员的诚信底线。甲公司的法定代表人肖华某也正是看到其已经无法掌控甲公司的业务之后才萌生退意，愿意将公司的股权转让给被告人，但在此之前甲公司的应收款应当予以结清。但被告人章永某却私下将回收的货款汇入自己公司的账户，并挪用其中的部分资金用于支付自

① 对应2018年《刑事诉讼法》第二百三十六条第一款第一项。

己公司的房租，进行营利活动，挪用的数额到达司法解释规定的标准，故应当以挪用资金罪予以打击。对被告人章永某占有的其他回收的货款，因其辩解系准备用于甲公司的经营活动，现有的证据无法证实其在主观上具有非法占有的故意，故不能以职务侵占罪进行评价。随着社会经济的迅速发展，类似于被告人章永某的行为在现实生活中经常会出现，不少犯罪分子的作案手段也日益高明，披着合法的外衣实施非法的勾当，遇到查处时则两边抵赖、企图蒙混过关，严重侵害了企业的合法财产权。本案对打击“假公济私、吃里爬外”型的职务犯罪具有一定的借鉴意义。

编写人：浙江省诸暨市人民法院　魏岩岩

（七）敲诈勒索罪

79

民间纠纷引发敲诈勒索案中被害人过错对被告人量刑的影响

——程会某敲诈勒索案

【案件基本信息】

1. 裁判书字号

北京市第二中级人民法院（2017）京02刑终204号刑事判决书

2. 案由：敲诈勒索罪

【基本案情】

2016年11月13日凌晨，在北京市房山区长沟镇甲小区×区××号楼×单元101室、601室，被告人程会某以其妻子李艳某与被害人杨有某发生不正当男女关系为由，使用暴力方法强迫被害人杨有某书写一张人民币10万元的借据，此过程中致被害人杨有某左侧第7根至第11根肋骨骨折。经北京市房山区公安司法鉴定中心认定，被害人杨有某身体所受损伤程度属轻伤二级。2016年11月13日，被告人程会某被公安机关电话传唤到案。

【案件焦点】

民间纠纷引发的敲诈勒索案中，被害人过错对被告人量刑的影响程度应如何评判。

【法院裁判要旨】

北京市房山区人民法院经审理认为：被告人程会某无视国家法律，敲诈勒索公私财物，数额巨大，其行为已构成敲诈勒索罪，依法应予惩处。鉴于程会某有自首、未遂情节，认罪态度好，此案的发生，被害人有责任，对其从轻处罚。

北京市房山区人民法院依照《中华人民共和国刑法》第二百七十四条、第六十七条第一款、第二十三条、第五十二条、第五十三条之规定，作出如下判决：

被告人程会某犯敲诈勒索罪，判处有期徒刑一年六个月，并处罚金人民币10000元。

宣判后，程会某提出上诉。程会某的上诉理由及其辩护人的辩护意见为：程会某属犯罪未遂，且有自首、认罪悔罪等法定、酌定从轻、减轻处罚情节；被害人的伤情鉴定并非第一时间作出，该证据的真实性存疑，证明力不足；被害人有过错，且在二审期间出具谅解书，对程会某表示谅解。综上，请求二审法院对程会某减轻处罚。

北京市第二中级人民法院经审理认为：上诉人（原审被告人）程会某敲诈勒索他人财物，数额巨大，其行为已构成敲诈勒索罪，应依法惩处。程会某已经着手实施犯罪，由于意志以外的原因而未得逞，系犯罪未遂，可比照既遂犯从轻或减轻处罚。程会某主动到案并如实供述犯罪事实，属自首，可以从轻或减轻处罚。程会某当庭认罪悔罪，被害人对引发本案负有过错责任，现被害人出具谅解书对程会某表示谅解，综上可对程会某减轻处罚。

北京市第二中级人民法院依照《中华人民共和国刑事诉讼法》第二百二十五条第一款第二项①之规定，判决如下：

一、撤销北京市房山区人民法院（2017）京0111刑初216号刑事判决；

---

① 对应2018年《刑事诉讼法》第二百三十六条第一款第二项。

二、上诉人（原审被告人）程会某犯敲诈勒索罪，判处有期徒刑七个月，罚金人民币2000元。

【法官后语】

在司法实践中，因民间纠纷引发的敲诈勒索案，犯罪人经常呈现出由“被害人”角色向被告人身份的逆转。本案便是其中之一，且表现得尤为明显。因杨有某与程会某的妻子发生不正当男女关系，程会某使用暴力强迫杨有某书写了10万元的“借据”，并造成杨有某轻伤。杨有某破坏他人婚姻家庭在先，程会某激情状态下使用暴力强迫杨有某写下“借据”在后，杨有某的过错诱发了程会某的犯罪行为，一审和二审法院均对该事实进行了认定。《最高人民法院、最高人民检察院关于办理敲诈勒索刑事案件适用法律若干问题的解释》第六条第二款规定：“被害人对敲诈勒索的发生存在过错的，根据被害人过错程度和案件其他情况，可以对行为人酌情从宽处理……”由此可见，敲诈勒索案中被害人的过错程度，直接影响到被告人刑罚的轻重。

在本案中，一审和二审法院在杨有某过错程度及对程会某量刑影响的大小问题上，发生重大分歧。我们认为：

1. 被害人过错程度以及司法机关对被告人的从宽幅度，应结合案发地社会的容忍和接受程度进行判定

我国深受儒家传统文化影响，社会上强调和推崇夫妻之间相互忠诚。以上精神还被写入了《婚姻法》，其中第四条明确规定：“夫妻应当互相忠实，互相尊重……”一方面，社会对介入他人婚姻，破坏他人夫妻感情的行为，容忍程度非常低；另一方面，此类行为对夫妻关系另一方造成的不良影响和感情伤害也极大，而受到伤害一方又难以诉诸法律寻求补偿和救济，因而常引发诉诸暴力的私力救济。被告人因他人破坏其夫妻关系，在激情状态下实施了以上行为，尚未造成特别严重的后果，能够认罪、悔罪，司法机关如给予被告人较大幅度的从宽处罚不会超出社会所能接受范畴。

2. 对此类案件被告人的量刑，还应考虑和重视社会矛盾化解

在被害人存在过错类案件中，被害人与被告人前期存在各种民间纠纷，因矛盾激化导致双方角色发生互换。在此类案件的审理中，单纯关注被告人行为造成的社

会危害后果并据此进行量刑，不仅对被告人起不到刑罚应有的教育、警诫效应，还容易进一步激化社会矛盾。因此，在此类案件审理中，还应重视通过案件审理去化解社会矛盾。具体到程会某敲诈勒索案。在二审期间经工作杨有某向法庭提交了谅解书，对程会某的犯罪行为表示谅解，请求法庭对程会某再予从宽处罚。程会某亦当庭认罪、悔罪，表示将吸取教训，正确处理矛盾。

基于上述理由，二审法院在一审法院量刑基础上，对程会某再予从宽处罚，改判较轻刑罚。

编写人：北京市第二中级人民法院　漆爱君

80

虚构事实使被害人精神上受到强制而支付财物应认定为敲诈勒索罪

——田某某敲诈勒索案

【案件基本信息】

1. 裁判书字号

北京市朝阳区人民法院（2017）京0105刑初862号刑事判决书

2. 案由：敲诈勒索罪

【基本案情】

2017年1月2日22时许，被告人田某某经事先联系，至北京市朝阳区甘露园南里一区××号楼×座××号被害人田某某的暂住地内，冒充人民警察，以查处田某某违法行为为由，利用田某某的恐惧心理迫使其交付人民币8万元。被告人田某某后被查获归案。其联系被害人使用的移动电话1部、冒充警察时穿着的上衣1件、迷彩裤子1条及现金人民币3300元现被扣押。

【案件焦点】

行为人出于非法占有目的，虚构事实，使被害人对其身份产生错误认识，并且精神上和心理上受到强制，在这种混合心理状态支配下交付财物的，应该认定行为人构成敲诈勒索罪、诈骗罪还是招摇撞骗罪。

【法院裁判要旨】

北京市朝阳区人民法院经审理认为：在本案的定性方面，被告人以非法占有为目的，采取冒充人民警察的手段获取财物，使被害人对被告人的身份产生了错误认识，这种错误认识并不足以使被害人自愿地向被告人交付财物。行为人冒充人民警察是为了达到其以查处被害人的违法行为威胁被害人的目的而采取的手段行为。被害人对被告人身份形成误解，进而感觉受到威胁，在精神上和心理上受到强制，基于此向被告人交付财物，应认定为敲诈勒索罪。

被告人田某某在归案后对自己的行为能够如实供述，审理期间在家属的帮助下赔偿了被害人的相关损失，当庭表示自愿认罪，有一定认罪认罚的态度，依法对其可从轻处罚。

北京市朝阳区人民法院依照《中华人民共和国刑法》第二百七十四条、第六十七条第三款、第五十二条、第五十三条、第六十一条、第六十四条之规定，作出如下判决：

一、被告人田某某犯敲诈勒索罪，判处有期徒刑三年三个月，罚金人民币6000元；

二、扣押之移动电话一部、上衣一件、迷彩裤子一条，依法没收；人民币3300元用于折抵罚金。

【法官后语】

本案中行为人采用冒充人民警察虚构事实的方式，使被害人对其身份产生一定程度的认识错误，也给被害人造成精神上和心理的强制。被害人交付了财物，其心理状态既有免除此次被追究的目的，同时也具有结识了警察以后可以受到一些照顾的目的。被害人在这种混合心态下交付财物的行为应认定为敲诈勒索罪还是诈骗罪、招摇撞骗罪？

在行为结构上，诈骗罪、招摇撞骗罪同敲诈勒索罪具有类似的结构：诈骗罪是行为人实施欺骗行为—受骗者产生错误认识—受骗者基于错误认识处分财产—行为人取得财产—受骗者遭受损失，而敲诈勒索罪则是行为人实施威胁、恐吓行为—对方产生恐惧心理、对方基于恐惧心理处分财产—行为人取得财产—被害人遭受损失。二罪在客观上都可以通过虚构事实的方式实施。在认定过程中，应当从以下三个方面考虑二者的区别：

第一，被害人交付财物的原因不同。诈骗罪、招摇撞骗罪中，行为人通过虚构事实、隐瞒真相的方式（招摇撞骗罪体现为假冒国家机关工作人员），使被害人陷入错误认识（招摇撞骗罪中体现为对假冒的身份信以为真），基于这种认识错误“心甘情愿”地交付财物。而敲诈勒索罪中被害人是受到了行为人的威胁、要挟，产生了恐惧、害怕的心理，在这种受强制的精神状态、心理状态下，被害人“迫不得已”交付财物。简言之，虽然两罪中被害人交付财物都是出于形式上的“自愿”，但这种意志自由的瑕疵程度不同，诈骗（招摇撞骗）是基于认识错误，敲诈勒索是基于精神受压制，但是尚未达到不能反抗的程度（如果达到就是抢劫了）。

在本案中，尽管被害人对行为人的身份也产生了错误的认识，但是这种认识错误并不足以使其交付财物。交付财物是因为行为人对被害人进行了威胁、要挟，其心里害怕威胁、要挟的内容实现，害怕违法行为败露，其精神上受到了强制，在“迫不得已”的情况下把钱财交与行为人。对于交付财物，其内心显然是不情愿的。

第二，行为方式不同。招摇撞骗罪主要是通过冒充国家机关工作人员，对行为人进行欺骗、炫耀，让被害人确信其国家机关工作人员的身份，继而获取非法利益；敲诈勒索罪则是以威胁、要挟的方式，以恶害相通告，对被害人造成精神强制，出现意思表示瑕疵，继而处分其财产。在本案中，被告人冒充人民警察，并不仅仅是想让被害人对其身份产生错误认识，而是想通过人民警察的身份对被害人进行胁迫，给其精神上造成压力，使其产生恐惧心理，行为人之所以选择冒充警察的身份，目的就是对被害人造成更有说服力的威胁，让其认为威胁、要挟的内容更有可能实现。如此看来，在被害人涉嫌违法的情况下，行为人冒充警察的行为本身就可以理解为是一种精神强制。故认定为敲诈勒索罪并不存在对行为评价过当的风险。

第三，侵犯的法益不同。从招摇撞骗罪与敲诈勒索罪侵犯的法益来看。前者侵犯的法益是国家机关的公共信赖，后者被规定在刑法分则侵犯财产罪的章节，侵犯的是公民的财产法益。招摇撞骗罪一般是行为人为了获取钱财地位、荣誉、待遇或者爱情，以国家工作人员的身份进行欺骗、炫耀，主要强调的是给国家机关及其工作人员的形象造成损害，不以获取某种利益为要件。虽然在招摇撞骗的过程中，也可能会获得一些财物或者财产性利益，但这只是附带性的其他后果，没有这种后果发生，也同样会构成招摇撞骗罪。而敲诈勒索罪侵犯的是财产法益，构成本罪要求行为人具有非法占有的目的，如果没有非法占有的目的，就不能构成敲诈勒索罪。在本案中，行为人假冒人民警察，以被害人涉嫌违法行为相要挟，很明显是想要从被害人处获取钱财，侵害其财产法益，非法占有的目的非常明确。本案被告人主观上想要侵犯被告人的财产法益，客观上也取得了财物，给被害人造成了损失，更符合敲诈勒索罪的构成。

综上，行为人虚构的事实如果对被害人产生了精神压制的效果，那么应该认定为敲诈勒索罪。在这种具有互动性的犯罪中，涉及被害人地位的判断。被害人的主观意思和心态对于准确定性具有重要的作用。虽然主观态度的具体内容具有变动性和混合性，证明起来非常棘手，但是也并非不可探知的，而且，证明上的困难不应成为影响实体法上逻辑演绎和推理的借口。

编写人：北京市朝阳区人民法院　刘砺兵　郭碧瑶

（八）故意毁坏财物罪

81

非法操纵他人金融资产行为的认定

——关某故意毁坏财物案

【案件基本信息】

1. 裁判书字号

北京市朝阳区人民法院（2017）京 0105 刑初 2219 号刑事判决书

2. 案由：故意毁坏财物罪

【基本案情】

被告人关某于2017年1月24日，在北京市西城区红莲北里×号楼×门×××号的家中，使用甲基金管理（北京）有限公司的交易账户，购买人民币498万元乙股票。因购买股票的498万元人民币需要在2月6日给客户兑付，甲基金管理（北京）有限公司，于1月25日将该股票抛售，造成27.0678万元的经济损失。被告人关某之后以涉嫌犯破坏生产经营罪被查获归案。公诉机关以被告人构成故意毁坏财物罪向法院提起公诉。

【案件焦点】

1. 股票等金融资产能否成为故意毁坏财物罪的对象；2. 非法操纵他人金融资产是否属于毁坏行为；3. 行为人非法操纵他人金融资产的行为应以故意毁坏财物定罪还是以破坏生产经营罪定罪。

【法院裁判要旨】

北京市朝阳区人民法院经审理认为：北京市朝阳区人民检察院指控被告人关某犯故意毁坏财物罪的事实清楚，证据确实、充分，指控的罪名成立。被告人关某为使公司财物受损，私自操作公司账户购买股票，造成公司经济损失，数额巨大，应当按照故意毁坏财物罪判处。

北京市朝阳区人民法院依照《中华人民共和国刑法》第二百七十五条、第六十七条第三款、第六十一条、第四十五条、第四十七条、第七十二条第一款、第七十三条第二款及第三款、第六十四条的规定，作出如下判决：

一、被告人关某犯故意毁坏财物罪，判处有期徒刑三年，缓刑三年；

二、在案之电脑一台，予以没收。

【法官后语】

本案审理重点在于股票等金融资产能否成为故意毁坏财物罪的对象，非法操纵他人金融资产是否属于毁坏行为，非法操纵他人金融资产的行为应以故意毁坏财物定罪还是以破坏生产经营罪定罪。

1. 股票等金融资产能否成为故意毁坏财物罪的对象

故意毁坏财物罪的对象是财物，在通常的认知观念里，财物一般是指有体物，是具有客体存在并且可以凭借人的感官能感觉到的物，如房屋、土地等；股票等金融资产在外在表现形式上有异于有体物，不能具化为能够被人感觉到的物体，属于无体物的范畴。以债权等权利为主要代表的无体物是不能触摸到的物①，其是否属于故意毁坏财物罪中财物的范畴，需要进行多方面的考虑。一方面，在当前社会发展形势下，无体物的价值越来越明显，尤其是股票等金融资产，在人们日常工作生活和社会经济发展中发挥着至关重要的作用，刑法不可能不对其加以保护。另一方面，具有客观价值的无体物能够为人力所支配，能够持有和转移。将故意毁坏财物罪的对象限于有体物的观点，显然不能满足现实生活的需要。财物的本质属性是具有价值，以股票等金融资产为例，能以金钱进行衡量和变现，其当然具有价值，属于财物。

本案中，行为人关某非法操纵他人股票账户，股票账户虽然是非实体的金融资产，但是其具有客观价值，并且能以金钱衡量，能够持有和转移，能够增值和亏损，因而属于财物范畴，能够成为故意毁坏财物罪的对象。

2. 非法操纵他人金融资产是否属于毁坏行为

故意毁坏财物罪的客观方面表现为毁坏财物。本罪的行为表现为毁坏。对于毁坏行为范围的界定是行为人是否构成故意毁坏财物罪的关键。《刑法》并没有故意毁坏财物罪的行为方式进行具体说明和细化，这也是司法实践和学界中对毁坏行为存在争议的原因之一。其中，按照界定毁坏行为范围由大至小，主要分为效用侵害说、有形侵害说和物质毁损说。有形侵害说和物质毁损说都要求行为对财物造成有形毁损，效用侵害说认为“毁坏”是行为对于财物的使用价值和价值的一切侵害。

故意毁坏财物罪中的毁坏行为应做广义理解，要根据时代背景和社会生活的多样性，以犯罪行为方式发展变化和法益保护的客观需要来界定毁坏行为的范围，否则将不当地缩小故意毁坏财物罪的保护范围。毁坏行为不仅包括物理上对某个财物的有形破坏，还包括使他人财物的使用价值或价值降低或丧失的一切行为。在本案中，关某为了让公司财物受损，私自操作公司账户购入股票，造成公司经济损失，其犯罪手段与一般毁坏财物的行为相比，较为隐蔽，但是其行为直接造成公司被侵

① ［意］彼德罗·彭梵得：《罗马法教科书》，黄风译，中国政法大学出版社 1992 年版，第 19 页。

害财产价值减少的结果，虽然公司仍然可以进行股票基金交易相关活动，但是前述公司所遭受的损失结果无法挽回。关某这种通过使用公司资金购买股票造成公司资金亏损的方式，在客观上造成了公司资产的减少，使公司的财产权受到了侵犯，从而毁坏了财产这部分本身应有的价值，因而属于毁坏行为的范畴。

3. 非法操纵他人金融资产的行为应当如何定性

在现今微信、支付宝等网络支付方式越发兴盛，纸币日渐式微的社会背景下，基金股票账户、银行账户等金融性资产进入人民群众日常接触的范畴。所谓金融资产主要是指权利人所拥有或控制的相对于有形财产的一种投资性无形财产①，主要以股票、债权、银行存款余额等形式存在，具有流动性强、风险性高等区别于有形资产的特点。毁坏财物不仅包括对实物财产的毁坏，还包括对金融资产等无形资产的毁坏。众所周知，偷他人账户中钱财的行为是盗窃，那么，类似于本案行为人关某这种未经他人允许非法操纵他人股票基金账户等金融资产高买低卖，造成他人损失的行为应该如何评价，股票基金理财涉及的罪名应该如何认定，成为司法实践操作中值得讨论的事项。

非法操纵他人股票账户等金融资产的行为性质评价，涉及破坏生产经营罪与故意毁坏财物罪之间的争辩。破坏生产经营罪的犯罪对象是特定财物，是与生产经营活动直接相关的，已经投入使用的机器设备、服役期间耕畜等②。该罪的犯罪目的是破坏生产经营，毁坏财物只是破坏生产经营的手段。而故意毁坏财物罪没有限定犯罪对象，也即该罪犯罪对象不特定，可以是各种形式的公私财物，既包括动产与不动产，也包括有形物与无形物。故意毁坏财物罪的目的就是将公私财物加以毁坏，与生产经营无关。非法操纵他人股票账户等金融资产的行为，若行为人主观上认识到自己的行为是在破坏他人正常的股票基金交易等生产经营活动，并且在客观上造成公司无法利用其账户进行股票基金交易、公司经营活动停止的后果，则构成破坏生产经营罪；若行为人只是出于报复泄愤、给他人财产造成损失的目的，主观上没有破坏他人股票基金交易等生产经营活动的故意，即使客观上造成他人股票基金账户等财产性损失，也应当认定为故意毁坏财物罪。

---

① 许凌艳：《金融资产证券化法律范畴研究》，载《法学杂志》第36辑。

② 高铭暄、马克昌：《刑法学》，北京大学出版社、高等教育出版社2007年版，第589页。

在本案中，关某私自操作公司账户购入股票，造成公司经济损失，侵害的是公司的财产权而不是生产经营权，侵犯的客体是公司账户中的钱款，仅是财产权益。另外，破坏生产经营罪要求行为人主观上认识到自己的行为是在破坏他人的生产经营活动，假如行为人没有这种主观认识，则不构成破坏生产经营罪。本案中关某是为了报复泄愤才故意用公司账户购入股票，是出于让公司财物受损的目的，主观上是为了给公司财产造成损失，追求的是公司财产价值的亏损或减少，而并没有破坏公司正常经营活动的目的，没认识到自己的行为在破坏他人的生产经营活动，没有破坏生产经营活动的故意。客观上，购买股票并不会直接造成公司经营活动的停止，公司仍然可以利用其账户进行股票基金交易，但是公司所遭受的经济损失客观存在。关某擅自利用公司账户购买股票的行为造成公司资金人民币27.0678万元的损失，符合《刑法》第二百六十五条规定的“数额巨大”。因此，关某的行为不应认定为破坏生产经营罪，而应构成故意毁坏财物罪。

编写人：北京市朝阳区人民法院　魏颖　成雅楠

82

故意毁坏财物罪与破坏生产经营罪、滥伐林木罪的界定

——李永某故意毁坏财物案

【案件基本信息】

1. 裁判书字号

福建省福鼎市人民法院（2017）闽0982刑初365号刑事判决书

2. 案由：故意毁坏财物罪

【基本案情】

2015年6月至2016年10月，被告人李永某为了垦种茶叶，在未获批准同意的情况下，先后四次雇请他人擅自对福鼎市叠石乡里湾集体林场位于杨梅溪村牛栏头深垅路下方和上方坡面至岗顶山场的林木进行砍伐，并用挖掘机对林地和林木进行

平整、填埋后种植茶叶等经济作物，致使里湾林场的集体林木遭受严重毁坏。被告人李永某毁坏林木数量经林业物证司法鉴定：挖掘开垦有林地面积合计34.1803亩，毁坏林木马尾松和杉木3971株，计34.7152立方米。

2017年4月27日，被告人李永某向福鼎市公安局森林分局投案。在法院审理过程中，被告人李永某委托其家属对被砍伐山场上自己种植的茶树进行全部清理，并作出补植复绿计划，取得福鼎市叠石乡人民政府的谅解。福鼎市司法局经调查评估，认为被告人李永某符合社区矫正条件。

【案件焦点】

故意毁坏财物罪与破坏生产经营罪、滥伐林木罪的界定。

【法院裁判要旨】

福建省福鼎市人民法院经审理认为：被告人李永某为侵占集体林地种植经济作物，擅自对福鼎市叠石乡里湾集体林场的林木进行砍伐，并对林地和林木进行平整、填埋，毁坏林木蓄积量达34.7152立方米，致使里湾林场的集体林木遭受重大毁坏，情节严重，其行为已构成故意毁坏财物罪，公诉机关指控罪名成立。被告人李永某案发后能自动投案，并如实供认自己的罪行，具有自首情节。综合考虑被告人李永某的犯罪情节、悔罪表现及所在社区的意见，决定予以从轻处罚，并宣告缓刑。辩护人有关从轻处罚、适用缓刑的意见，予以采纳。

福建省福鼎市人民法院依照《中华人民共和国刑法》第二百七十五条、第六十七条第一款、第七十二条第一款及第三款、第七十三条第二款及第三款之规定，作出如下判决：

被告人李永某犯故意毁坏财物罪，判处有期徒刑三年，缓刑四年。

【法官后语】

关于本案的定性，关键在于故意毁坏财物罪与破坏生产经营罪、滥伐林木罪三者之间的界定问题。

1. 故意毁坏财物罪的定义

故意毁坏财物罪是指故意毁灭或者损坏公私财物，数额较大或者情节严重的行为。本罪的构成要件：（1）侵犯的客体是公私财物的所有权。本案中李永某雇请他人擅自对山场的林木进行砍伐，侵犯了山场的财产所有权。(2) 客观方面表现为故意毁灭或者损坏公私财物数额较大或者情节严重的行为。本案中被告人李永某毁坏林木蓄积量达34.7152立方米，致使里湾林场的集体林木遭受重大毁坏，情节严重，已达到追诉标准。(3) 犯罪主体为一般主体，凡达到刑事责任年龄且具有刑事责任能力的自然人均能构成本罪。本案中被告人犯罪时已达刑事年龄，且精神正常。(4) 主观方面表现为故意。本案中李永某明知自己的行为会发生损害结果，却希望、放任这种结果的发生。综上，被告人李永某的行为完全符合故意毁坏财物罪的构成要件，应当以故意毁坏财物罪定罪处罚。

2. 与滥伐林木罪的区别

滥伐林木罪是指违犯森林法及其他保护森林法规，未经林业行政主管部门及法律规定的其他主管部门批准并核发采伐许可证，或者虽持有采伐许可证，但违背采伐证所规定的地点、数量、树种、方式而任意采伐本单位所有或管理的林木，以及本人自留山上的森林或者其他林木、数量较大的行为。滥伐的对象是本单位所有或管理的林木以及本人所有的林木。而本案中，李永某的行为貌似滥伐林木，但从犯罪对象上看，李永某毁坏的是山场种植、管理并直接受益的林木，并非被告人（或被告所在村民小组）所有或者管理，被毁坏的林木不属于滥伐林木罪所侵犯的对象，故不构成滥伐林木罪。

3. 与破坏生产经营罪的区别

破坏生产经营罪是指由于泄愤报复或者其他个人目的，故意毁坏机器设备，残害耕畜或者以其他方法破坏生产经营的行为。一般认为，成立本罪要求行为人主观上必须出于泄愤报复或者其他个人目的，由于《刑法》对故意毁坏财物罪没有规定泄愤报复目的，而对破坏生产经营罪规定了泄愤报复目的，所以传统观点认为两罪的区分就在于有无泄愤报复目的。但该种观点值得商榷。

首先，无论从行为无价值论还是从结果无价值论来看，泄愤报复目的并没有为破坏生产经营罪的违法性提供实质根据。它是指一种犯罪动机，仅具有提示机能。该规定在司法实践中系为了提醒法官应当注意行为人是否带有正当动机，以此考察案件中是否存在正当化事由。

其次，两罪的界限在于保护法益和行为对象。既然“泄愤报复目的”只是一种犯罪动机，仅具有提示功能，那就无法成为破坏生产经营罪与故意毁坏财物罪的界限标准，而且根据这一标准也无法区分这两罪。两罪的界限主要体现在客观方面，主要是行为对象不同。故意毁坏财物罪的行为对象是财物，保护法益是财物的效用及所有权；破坏生产经营罪的行为对象是生产经营，保护法益是生产经营的经济利益。

需要注意的是，破坏生产经营的手段有两种：一种是通过毁坏机器设备、残害耕畜来实现，另一种是通过不毁坏财物的手段来实现。当手段表现为毁坏财物的方式时，破坏生产经营罪与故意毁坏财物罪便产生竞合。这主要是因为作为破坏生产经营罪的行为对象，生产经营必须蕴含经济利益，也即该活动的价值能够用经济价值来衡量。如果该活动不蕴含经济价值，那么破坏这种活动，就无法计算被害人遭受的经济损失；侵害后果不能表现为经济损失，侵害行为就无法构成财产犯罪。

本案中，被告人李永某为侵占集体林地种植经济作物，擅自雇用他人对福鼎市叠石乡里湾集体林场的林木进行砍伐，并对林地和林木进行平整、填埋，毁坏林木蓄积量达34.7152立方米，致使里湾林场的集体林木遭受重大毁坏，从表面上看，其行为与破坏生产经营罪存在重合之处。但从行为对象和客体来看，李永某破坏的是山场林木的效用及所有权，而并非山场的生产经营活动。且其主观上并不具有泄愤报复等破坏山场的直接故意，故李永某的行为更加符合故意毁坏财物罪的构成要件。

编写人：福建省福鼎市人民法院　夏金莲

（九）拒不支付劳动报酬罪

83

合伙人“卷走”合伙财产，其他合伙人有能力支付而不支付劳动报酬的，构成共同犯罪

——姜宗某等拒不支付劳动报酬案

【案件基本信息】

1. 裁判书字号

安徽省阜阳市中级人民法院（2017）皖12刑终71号刑事判决书

2. 案由：拒不支付劳动报酬罪

【基本案情】

2013年4月20日，被告人姜宗某、陈荣某、史建某合伙承包界首市郦集乡甲建设项目，约定由陈荣某负责施工现场，姜宗某负责资金收进、支出、后勤伙食，史建某负责审核、做账、监督，本工程所欠外债共同承担。2014年4月，被告人陈荣某开始负责资金收进、支出。施工过程中，项目部已足额支付三人工程款，工程结束时，三人仍拖欠王在某、王子某等12名工人239920元工资。经王在某、王子某等人控告，界首市人社局于2014年12月10日责令姜宗某、陈荣某、史建某于同年12月14日9时前，足额发放拖欠的农民工工资，但三人未在责令的期限内支付工资。界首市公安局于2015年1月16日立案侦查后，被告人姜宗某于同年2月2日付完全部工资。被告人姜宗某、史建某、陈荣某于同年2月11日到公安机关投案，并如实供述犯罪事实。

【案件焦点】

合伙人卷走合伙财产，其他合伙人有能力支付而不支付劳动报酬的，是否构成拒不支付劳动报酬罪，若构成，是否属共同犯罪。

【法院裁判要旨】

安徽省界首市人民法院经审理认为：被告人姜宗某、陈荣某、史建某有能力支付而拒不支付劳动者的劳动报酬，数额较大，经政府有关部门责令支付仍不支付，三被告人的行为均已构成拒不支付劳动报酬罪。公诉机关指控三被告人的罪名均成立，本院均予以支持。被告人姜宗某、陈荣某、史建某共同故意犯罪，系共同犯罪。关于辩护人提出被告人史建某不构成犯罪的辩护意见，经查，证人梁祖某证言证实，三被告人承包工程时资金流动不足，一直从项目部提前借款，到工程完工时项目部已经全部足额支付三被告人的工程款。被告人姜宗某亦供述，其在工地工作时，项目方已经支付其200万元资金。被告人陈荣某亦供述，2014年11月工程完工，项目方把工程款都支付给他们了。证人梁祖某证言、被告人姜宗某及陈荣某供述与合肥市乙建筑安装工程有限公司界首市邴集乡丙项目部对账清单及陈荣某向项目部所打的欠条可以相互印证，证实三被告人在承建工程期间有能力支付所欠工人工资。被告人史建某供述，按照合同约定发包方已经多付他们工程款二三十万元，工程款领回来后在姜宗某那里，因发生矛盾，所以其也没有处理拖欠工人工资的事。界首市人力资源和社会保障局向三被告人催要所欠工人工资时，其没有钱，所以也没有解决此事。主观上，被告人史建某作为工程项目合伙方之一有义务支付其所雇用的工人工资，而故意无正当理由拖欠工人工资。客观上有能力支付而不支付劳动者的报酬数额较大，经有关部门责令支付仍不支付。被告人史建某的行为已构成拒不支付劳动报酬罪。辩护人该节辩护意见不予采纳。关于辩护人提出对被告人史建某免除刑事处罚的辩护意见，综合考虑被告人史建某的犯罪事实、犯罪情节及社会危害性，对被告人史建某不宜判处免除刑事处罚。辩护人该节辩护意见不予采纳。被告人姜宗某、陈荣某、史建某犯罪后主动投案，投案后如实供述其犯罪事实，系自首，对三被告人可从轻处罚。被告人史建某的辩护人该节辩护意见予以采纳。三被告人已经支付了所拖欠的劳动者的劳动报酬，对其可酌情予以从轻处罚。结合被告人姜宗某、陈荣某、史建某的犯罪情节、悔罪表现及合肥市包河区司法局出具的社区影响评估意见，依法可对三被告人适用缓刑。

安徽省界首市人民法院依照《中华人民共和国刑法》第二百七十六条之一第一款、第二十五条第一款、第六十七条第一款、第七十二条第一款、第七十三条第二款及第三款、第五十二条、第五十三条之规定，作出如下判决：

一、被告人姜宗某犯拒不支付劳动报酬罪，判处有期徒刑十个月，缓刑一年，并处罚金人民币10000元；

二、被告人陈荣某犯拒不支付劳动报酬罪，判处有期徒刑十个月，缓刑一年，并处罚金人民币10000元；

三、被告人史建某犯拒不支付劳动报酬罪，判处有期徒刑十个月，缓刑一年，并处罚金人民币10000元。

史建某提出上诉。

安徽省阜阳市中级人民法院经审理认为：上诉人史建某、原审被告人姜宗某、陈荣某作为承建工程的合伙人，在工程资金已足额拨付，且足以支付工人工资的情况下拒不支付，数额较大，经劳动监察部门责令整改后仍不支付，三人的行为均已构成拒不支付劳动报酬罪，且系共同犯罪，依法应予惩处。姜宗某、陈荣某、史建某主动到案后，如实供述犯罪事实，构成自首，依法可以从轻处罚，涉案工资已被足额支付，可酌情对三人从轻处罚。在案证据证明，姜宗某、陈荣某、史建某系合伙关系，共同对债务承担连带责任。同时，涉案工程款至工程结束时已足额拨付，亦足以支付拖欠的涉案工资，但三人在界首市劳动监察部门责令整改的期限内，故意无正当理由继续拖欠涉案工资，客观上有能力支付而不支付，且数额较大，符合拒不支付劳动报酬罪的构成。因此，关于史建某及其辩护人提出原判事实不清、证据不足，应当宣告史建某无罪的上诉理由、辩护意见不能成立，本院不予采纳。鉴于陈荣某在工人追讨涉案工资过程中，能够积极协助工人联系在合伙事务中负责财务的姜宗某，并主动到劳动监察部门说明情况，可酌情对其从轻处罚；史建某在合伙事务中仅负责审核、做账、监督，并未负责过工程资金的收支，亦能够积极协助联系姜宗某，并主动到劳动监察部门说明情况，可以对其单处罚金。综上，原判事实清楚，证据确实、充分，定罪准确，审判程序合法，对姜宗某量刑适当，对陈荣某、史建某量刑过重，本院予以改判。

安徽省阜阳市中级人民法院经院审判委员会讨论决定，依照《中华人民共和国刑事诉讼法》第二百二十五条第一款第二项①，《中华人民共和国刑法》第二百七十六条之一第一款、第二十五条第一款、第五十二条、第六十七条第一款、第七十二条第一款、第七十三条第二款及第三款之规定，作出如下判决：

一、维持安徽省界首市人民法院（2016）皖1282刑初230号刑事判决第一项，即“被告人姜宗某犯拒不支付劳动报酬罪，判处有期徒刑十个月，缓刑一年，并处罚金人民币10000元”；

二、撤销安徽省界首市人民法院（2016）皖1282刑初230号刑事判决第二项、第三项，即“被告人陈荣某、史建某犯拒不支付劳动报酬罪，判处有期徒刑十个月，缓刑一年，并处罚金人民币10000元”；

三、原审被告人陈荣某犯拒不支付劳动报酬罪，判处有期徒刑六个月，缓刑一年，并处罚金人民币10000元；

四、上诉人史建某犯拒不支付劳动报酬罪，判处罚金人民币10000元。

【法官后语】

本案中，姜宗某、陈荣某、史建某合伙以安徽乙建筑安装有限公司名义承包界首市邴集乡甲建设项目，施工过程中，项目部已足额支付三人工程款，可认定该合伙具有支付能力。工程结束时，三人仍拖欠王在某、王子某等12名工人239920元工资。工程款在负责合伙财务的姜宗某账户上，姜宗某逃匿，在界首市人社局责令期限内未支付工人报酬，构成拒不支付劳动报酬罪应无疑问。本案的争议焦点是，不负责合伙财务的陈荣某、史建某是否构成该罪，若构成该罪，与姜宗某是否构成共犯，能否区分主从犯。

1. 陈荣某、史建某是否构成拒不支付劳动报酬罪

工程款由谁负责是合伙的内部事务，无法对抗合伙的对外债务。合伙协议也约定，三人共同受益、风险共担，本工程所欠外债共同承担。三人对拖欠的涉案工资都承担连带责任。工程款在负责合伙财务的姜宗某账户上，陈、史无法动用，二人应穷尽一切力量寻找姜宗某要求其动用合伙财务支付工资，二人虽然积极与姜联系，但未穷尽一切力量且未产生动用合伙财产支付工资的结果，合伙债务依然存

① 对应2018年《刑事诉讼法》第二百三十六条第一款第二项。

在。二人作为合伙人，每个人都有全部清偿的义务。二人清偿后，可再向姜宗某追偿，而不能将债务无法清偿的风险转移到处于弱势的劳动者身上，这有悖于拒不支付劳动报酬罪的立法宗旨。二人明知姜宗某不肯支付劳动报酬，自己也不采取有效措施避免劳动者得不到报酬的结果的发生，就属于《刑法》第十四条规定的“明知自己的行为会发生危害社会的结果，并且希望或者放任这种结果发生”，属故意犯罪，应当承担刑事责任，而不单单承担民事责任。

根据《刑法》第二百七十六条之一的规定，拒不支付劳动报酬有两种表现形式：“以转移财产、逃匿等方法逃避支付劳动者的劳动报酬”或者“有能力支付而不支付劳动者的劳动报酬”。陈荣某、史建某多次积极配合与姜宗某联系，要求发放工资，甚至带领工人到界首市劳动监察部门控告姜宗某，不符合“以转移财产、逃匿等方法逃避支付劳动者的劳动报酬”。在无法动用合伙财务来支付劳动报酬时，两人应用自己的其他财产清偿债务，在财力所及的限度内，及时筹措资金，在界首市人社局责令支付的期限内付款。经查，两人的资产均足以支付，陈荣某未付款，史建某虽拿出汽车做抵押，但汽车价值与拖欠工资之间的差额仍然达到了“数额较大”的标准，都符合“有能力支付而不支付劳动者的劳动报酬”的表现形式，构成拒不支付劳动报酬罪。

2. 三人是否属于共同犯罪

拒不支付劳动报酬罪属于不作为犯，上述两种表现形式看似大相径庭，实质上都是不作为的方式，姜宗某属积极的不作为，陈荣某、史建某属消极的不作为。由于该罪只能是不作为的形式，故而属于纯正不作为犯。三人均有作为的义务，且三人的作为义务可以只依靠其中任意一人来履行，只要其中一人履行了作为义务，就可以防止结果发生。三人属于以自己的不作为参与他人不作为犯罪，共同导致损害结果。三人的行为对损害结果都有因果关系，各行为人都成立正犯。关键在于，应该以三人各自独立构成犯罪即同时正犯论处，还是以三人构成共同犯罪，以共同正犯论处。

《刑法》第二十五条规定：“共同犯罪是指二人以上共同故意犯罪……”由此可知，共同犯罪需要同时具备如下要件：(1) 二人以上；(2) 行为人之间有共同的犯罪故意；(3) 行为人有共同的犯罪行为。本案中，三人都没有履行支付劳动报酬的义务，可认定为有共同的犯罪行为，符合 (1) (3) 两个要件是确定无疑的，争议在于三人是否有共同的犯罪故意。若是无共同的犯罪故意，则属于两人以上在没有意思联络的情况下，同时对同一法益实施同一犯罪的情形，应定性为同时正犯（同时犯）。

在《刑法》规定中，共同故意的界定笼统含糊，而司法实践又不断有各种新情况出现，且共同犯罪理论本是因作为犯罪而产生，拒不支付劳动报酬罪属不作为犯，且为纯正不作为犯，又是以自己的不作为参与他人不作为从而导致危害结果发生的犯罪，当事人主观上是否存在共同故意，理论和实践上都有争议。

共同犯罪是一种修正的犯罪形式，它不是将单独犯罪简单地合并相加，而是数个单独犯罪的主观意思在某种程度上达成了一致，从而在这数人之间形成了内在一致的共同犯罪故意。各行为人认识到，除了自己以外尚有他人共同实施侵害法益的行为，且认识到自己行为与他人行为具有同一法益侵害上的互助性。这种主观意思的相连即犯意联络，其实质是各行为人共同实施特定犯罪行为的“合意”。

本案中，三名被告人多次进行电话联络，各行为人都认识到其他人的“不作为”，且知晓三人共同的“不作为”会导致不能在界首市人社局责令期限内支付劳动报酬的损害后果，即认识到三人行为在同一法益侵害上具有互助性。姜宗某逃避支付劳动报酬，陈荣某、史建某希望姜能支付劳动报酬，表面上看似乎并没有共同的犯罪故意，实质上却共同放任了法益侵害后果的发生，在这一层面上，应认定为具有共同的犯罪故意。

因此，三人构成拒不支付劳动报酬罪的共犯，应根据其在共同犯罪中的作用来区分主从犯。姜宗某负责合伙财务，又有逃匿行为，在共同犯罪中起主要作用，为主犯。陈荣某、史建某能够积极协助工人联系在合伙事务中负责财务的姜宗某，并主动到劳动监察部门说明情况，且史建某在合伙事务中从未负责过工程资金的收支，在共同犯罪中起次要作用，为从犯，应当从轻、减轻或免除处罚。

编写人：安徽省阜阳市中级人民法院　张非男　王楠楠

图书在版编目（CIP）数据

中国法院2019年度案例．刑事案例．三，侵犯公民人身权利、民主权利罪、侵犯财产罪／国家法官学院案例开发研究中心编．—北京：中国法制出版社，2019.4
ISBN 978－7－5216－0129－9

Ⅰ.①中… Ⅱ.①国… Ⅲ.①刑事犯罪－汇编－中国
Ⅳ.①D920.5

中国版本图书馆CIP数据核字（2019）第063682号

策划编辑：李小草（lixiaocao2008@sina.cn）
责任编辑：王　熹（wx2015hi@sina.com）　　封面设计：温培英　李　宁

中国法院2019年度案例·刑事案例三
ZHONGGUO FAYUAN 2019 NIANDU ANLI·XINGSHI ANLI SAN

编者/国家法官学院案例开发研究中心
经销/新华书店
印刷/三河市紫恒印装有限公司
开本/730毫米×1030毫米　16开　　印张/18.25　字数/238千
版次/2019年4月第1版　　2019年4月第1次印刷

中国法制出版社出版
书号 ISBN 978－7－5216－0129－9　　定价：56.00元

北京西单横二条2号
邮政编码 100031　　传真：010－66031119
网址：http：//www.zgfzs.com　　**编辑部电话：010－66010493**
市场营销部电话：010－66033393　　**邮购部电话：010－66033288**

（如有印装质量问题，请与本社印务部联系调换。电话：010－66032926）

中国法院2012～2019年度案例系列

国家法官学院案例开发研究中心　编

简便易用、权威实用——打造“好读有用”的案例

1. 权威的作者：国家法官学院案例开发研究中心持续20余年编辑了享誉海内外的《中国审判案例要览》丛书，2012年起推出《中国法院年度案例》丛书，旨在探索编辑案例的新方法、新模式，以弥补当前各种案例书的不足。

2. 强大的规模：2012、2013年各推出15本，2014年推出18本，2015年推出19本，2016年推出20本，2017年推出21本，2018、2019年推出23本，含传统和新近的所有热点纠纷，所有案例均是从全国各地法院收集到的上一年度审结的近万件典型案例中挑选出来的，具有广泛的选编基础和较强的代表性。

3. 独特的内容：不再有繁杂的案情，高度提炼案情和裁判要旨，突出争议焦点问题。不再有冗长的分析，主审法官撰写“法官后语”，展现裁判思路方法。

1. 婚姻家庭与继承纠纷
2. 物权纠纷
3. 土地纠纷（含林地纠纷）
4. 房屋买卖合同纠纷
5. 合同纠纷
6. 买卖合同纠纷
7. 借款担保纠纷
8. 民间借贷纠纷
9. 侵权赔偿纠纷
10. 道路交通纠纷
11. 雇员受害赔偿纠纷（含帮工受害纠纷）
12. 人格权纠纷（含生命、健康、身体、姓名、肖像、名誉权纠纷）
13. 劳动纠纷（含社会保险纠纷）
14. 公司纠纷
15. 保险纠纷
16. 金融纠纷
17. 知识产权纠纷
18. 行政纠纷
19. 刑事案例一
20. 刑事案例二
21. 刑事案例三
22. 刑事案例四
23. 执行案例

最高人民法院指导性案例裁判规则理解与适用系列

公司卷二	98 元	物权卷	88 元
公司卷（第二版）（上下册）	139 元	婚姻家庭卷（第二版）	68 元
民事诉讼卷（第二版）（上下册）	145 元	合同卷四（第二版）	98 元
侵权赔偿卷二	69 元	合同卷三（第二版）	98 元
侵权赔偿卷一	69 元	合同卷二（第二版）	108 元
房地产卷	98 元	合同卷一（第二版）	108 元
劳动争议卷	58 元	担保卷（第二版）（上下册）	139 元

最高人民法院知识产权审判实务系列

商标法适用的基本问题（增订版）	78 元
反不正当竞争法的创新性适用【精装】	68 元
知识产权保护的新思维——知识产权司法前沿问题	98 元
最高人民法院知识产权审判案例指导（第 9 辑）	88 元
最高人民法院知识产权审判案例指导（第 8 辑）	88 元
最高人民法院知识产权审判案例指导（第 7 辑）	98 元
最高人民法院知识产权审判案例指导（第 6 辑）	78 元
最高人民法院知识产权审判案例指导（第 5 辑）	88 元
最高人民法院知识产权审判案例指导（第 4 辑）	78 元
最高人民法院知识产权审判案例指导（第 3 辑）	78 元
最高人民法院知识产权审判案例指导（第 2 辑）	78 元
最高人民法院知识产权审判案例指导（第 1 辑）	48 元
中国知识产权指导案例评注（第 8 辑）	98 元
中国知识产权指导案例评注（第 7 辑）	118 元
中国知识产权指导案例评注（第 6 辑）	128 元
中国知识产权指导案例评注（第 5 辑）	118 元
中国知识产权指导案例评注（第 4 辑）	98 元
中国知识产权指导案例评注（第 3 辑）	98 元
中国知识产权指导案例评注（上、下卷）	188 元
知识产权法律适用的基本问题——司法哲学、司法政策与裁判方法	168 元
最高人民法院知识产权司法解释理解与适用（最新增订版）	69 元
最高人民法院知识产权案件年度报告（2008～2015）（中英文版）	198 元
知识产权司法实务新型疑难问题：专利、商标与著作权热点问题	138 元
知识产权司法实务新型疑难问题：知识产权司法保护与产业发展	120 元
商业特许经营合同原理解读与审判实务	58 元
赢在 IP：知识产权诉讼实战策略	49 元
网络游戏知识产权司法保护	68 元

最高人民法院审判指导书系

执行规范理解与适用——最新民事诉讼法与民诉法解释保全、执行条文关联解读（增订 2 版）	159 元
最高人民法院民事立案业务指导	108 元
最高人民法院审判监督业务指导	128 元
最高人民法院执行业务指导	128 元